2021/22

世界经济运行报告

SHIJIE JINGJI
YUNXING BAOGAO

国家统计局国际统计信息中心　编

中国统计出版社
China Statistics Press

图书在版编目(CIP)数据

世界经济运行报告. 2021/22 / 国家统计局国际统计信息中心编. -- 北京 : 中国统计出版社, 2022.6
ISBN 978-7-5037-9808-5

Ⅰ. ①世… Ⅱ. ①国… Ⅲ. ①世界经济-统计资料-研究报告-2021-2022 Ⅳ. ①F11-66

中国版本图书馆 CIP 数据核字(2022)第 073183 号

世界经济运行报告 2021/22

作　　者/国家统计局国际统计信息中心
责任编辑/郭　栋
封面设计/李雪燕
版式设计/张　冰
出版发行/中国统计出版社有限公司
通信地址/北京市丰台区西三环南路甲 6 号　邮政编码/100073
发行电话/邮购(010)63376909　书店(010)68783171
网　　址/http://www.zgtjcbs.com
印　　刷/河北鑫兆源印刷有限公司
经　　销/新华书店
开　　本/787×1092mm　1/16
字　　数/300 千字
印　　张/17.5
版　　别/2022 年 6 月第 1 版
版　　次/2022 年 6 月第 1 次印刷
定　　价/65.00 元

编者的话

2021年，世界经济在经历二战以来最大幅度衰退后实现恢复性反弹，在主要经济体宽松的财政货币政策以及全球疫苗生产和接种加速等因素共同推动下，全球经济活跃度有所增强，但新冠肺炎疫情在全球蔓延的态势未得到根本扭转，疫情的持续反复使世界百年变局加速演进。主要经济体经济复苏步伐分化；供应链瓶颈令全球贸易复苏动力不足，通胀水平快速攀升；美联储货币政策转向预期升温，金融市场波动加大。2022年，在疫情反复、供应受阻、通胀和债务水平高企等多重挑战下，世界经济复苏步伐将有所趋缓。同时，全球范围内地缘政治冲突和博弈的加剧，特别是俄乌局势陷入紧张，更为经济复苏前景蒙上阴影，我国经济面临的外部环境更趋复杂严峻。

在此背景下，密切关注世界经济运行状况、研判世界经济发展趋势尤显重要。国际统计信息中心作为国家统计局对外开展国际统计业务交流与合作的窗口，负有监测分析世界经济形势运行的重要职责。在康义局长和盛来运副局长的悉心指导和大力支持下，国际统计信息中心立足专业特长和资源优势，积极开发和利用大量翔实的国际统计数据，系统描述世界经济最新进展、及时捕捉热点和焦点、对世界经济形势做出研判和预测，并以国际视角定期开展更加深入、系统的专题分析和中外对比研究。《世界经济运行报告 2021/22》汇集了国际统计信息中心一年来分析研究的主要成果，内容包括世界经济月度监测、世界经济年度分析、国际比较研究、热点问题探索和统计数据五大部分。

需要说明的是，本书使用的数据均来自国际组织、有关国家政府统计部门及研究咨询机构。由于数据来源、汇总方法和发布时间不同，加之数据修订等原因，同一指标在不同的出处可能不一致，敬请读者注意。有关国际组织公布的中国统计数据可能与我国官方统计数据有出入，我们在数据表中均注明了数据来源，以便读者正确理解和使用。

受水平所限，书中难免存在不足，恳请批评指正。

编　者

2022 年 4 月

《世界经济运行报告2021/22》 目录

三、国际比较研究

四、热点问题探索

五、统计数据

专栏

世界经济月度监测

世界经济复苏预期升温 多重风险因素不容忽视

——2021 年 1-2 月世界经济形势分析

1 月份以来,世界经济延续复苏态势,美国经济逐渐修复,欧元区及日本延续上年末的弱势复苏态势,新兴经济体处于复苏轨道。随着更多财政刺激措施推出及新冠疫苗接种的普及,全球经济前景预期升温。经济合作与发展组织(OECD)近日发布预测报告,将 2021 年世界经济增速由此前预计的 4.2%大幅上调至 5.6%,但疫苗的分配及接种速度、财政金融政策的调整等将是影响经济走势的重要因素。

一、世界经济主要领域运行情况

(一)从经济景气看,主要经济体景气度继续上升

2 月份,OECD 公布的全球前十大经济体领先指标中有 9 个经济体上升,5 个经济体高于 100。发达经济体方面,美国、欧元区、日本等经济体的领先指标继续改善;新兴和发展中经济体中,仅巴西领先指标出现微幅下滑,中国领先指标连续六个月位于 100 以上,经济恢复位居全球前列。

(二)从需求端看,全球贸易反弹力度有所放缓

国际组织下调一季度全球贸易增速预期。2 月 10 日,联合国贸发会议(UNCTAD)发布的《全球贸易报告》预测,2021 年一季度全球货物贸易预计增长 6.5%,增速较 2020 年四季度收窄 1.5 个百分点。

贸易景气指标预警全球贸易反弹承压。2 月 18 日,世界贸易组织(WTO)发布的**货物贸易晴雨表指数**为 103.9,虽高于上季度的 100.7,但最重要的出口订单指数和汽车产品指数出现下降趋势。2 月份,**全球制**

造业 PMI 新出口订单指数为 50.9%,连续两个月下跌后上升 0.8 个百分点。

(三)从供给端看,行业复苏仍不均衡

全球制造业 PMI 升至近年新高。2 月份,IHS Markit 全球制造业 PMI 为 53.9%,较上月上升 0.3 个百分点,创近三年新高。其中,欧元区为 57.9%,上升 3.1 个百分点,创近三年新高;日本为 51.4%,上升 1.6 个百分点,再度脱离收缩区间;美国为 58.6%,较上月微降 0.6 个百分点,为有该项统计数据以来的次高水平。

全球服务业相对低迷。2 月份,全球服务业 PMI 为 52.8%,较上月上升 0.8 个百分点。其中,美国为 59.8%,上升 1.5 个百分点,创 2014 年 7 月以来新高。但是,部分经济体服务业 PMI 仍未回到 50%荣枯线上方,欧元区为 45.7%,连续 6 个月位于收缩区间;日本为 46.3%,连续 13 个月收缩;巴西为 47.1%,连续 2 个月收缩。

(四)从金融市场看,国际金融市场波动加大

全球股市高位震荡。截至 3 月 5 日,明晟全球股票指数较 2020 年 12 月末累计上涨 2.63%,其中 2 月 16 日创历史最高收盘 785.26,当月最大震幅达到 6.80%。

债市收益率大幅走高。截至 3 月 5 日,美国十年期国债收益率较 2020 年 12 月末累计上涨 63 个基点,当日一度触及 1.61%高位,为一年多以来最高水平。

美元指数波动上涨。截至 3 月 5 日,美元指数涨至近三个月新高,最高触及 92.2038,较 2020 年 12 月末累计上涨 2.27%。其他货币兑美元中,英镑升值 1.26%,欧元贬值 2.50%,日元贬值 4.46%。

(五)从商品市场看,大宗商品价格持续上涨

商品价格指数继续上涨。2 月份,国际能源价格指数为 79.2(2010 年=100),环比上涨 14.3%,已回升至疫情前水平;非能源价格指数为 104.2(2010 年=100),上涨 2.5%,创 2013 年 3 月以来新高。其中,农产品上涨 1.1%,原材料上涨 1.6%,化肥上涨 20.6%,金属和矿产上涨 3.6%。

国际油价震荡上行。截至 3 月 9 日,OPEC 一揽子原油价格为 66.38 美元/桶,较 1 月末上涨 22.2%。油价上涨的主要原因:一是全球积极推

进疫苗接种，需求加速回暖的预期提振油价上行；二是 OPEC+严格执行减产计划，并宣布将大幅放缓原油供应恢复节奏，叠加沙特、伊拉克继续执行额外减产行动，为油价提供支撑；三是沙特重要石油港口拉斯坦努拉港储油场地遭遇空袭，恐慌情绪推升油价短时大幅上涨。

二、主要经济体经济运行情况

（一）美国经济延续修复态势

高频综合指标显示经济继续改善。截至 2 月 27 日当周，美国经济周期研究所经济领先指标（ECRI）增长年率为 22.9%，较一月份平均水平（18.8%）加快 4.1 个百分点。

工业生产加速恢复。1 月份，美国工业生产同比下降 1.3%，制造业生产微降 0.8%，降幅较上月分别收窄 1.8 和 1.4 个百分点；工业产能利用率为 75.6%，较上月上升 0.7 个百分点，接近 2020 年年初水平。

消费市场较为强劲。1 月份，美国零售额同比增长 5.8%，增速较上月加快 1.5 个百分点，是疫情以来次高增速。高频数据显示，2 月份美国红皮书商业零售周度同比平均增速为 3.1%，较上月回落 0.5 个百分点，但基本延续了 2020 年四季度相对较为强劲的趋势，整体保持正增长。

通胀预期升温。2 月份，美国消费价格同比上涨 1.7%，涨幅较上月扩大 0.3 个百分点，为近一年最高水平；生产者价格上涨 2.8%，涨幅扩大 1.1 个百分点，为 2018 年 10 月以来最高水平。

对外贸易逐步改善。2 月份，美国货物和服务出口额同比下降 7.6%，降幅较上月收窄 2.5 个百分点，连续八个月收窄；进口额增长 3.2%，创 2018 年以来最快增速。贸易逆差 682 亿美元，连续 7 个月处于 600 亿美元以上的历史高位。

就业市场逐渐回暖。2 月份，美国失业率为 6.2%，较上月下降 0.1 个百分点；非农就业人口增加 37.9 万人，增幅较上月扩大 21.3 万人。其中，随着各州放宽商业限制，休闲和酒店业新增就业人口 35.5 万，是就业增长的主要来源。

（二）欧元区经济缓慢恢复

经济景气指数回暖。2 月份，欧元区经济景气指数（ESI）为 93.4，较

1月份回升1.7点,创近一年来最高水平。

制造业景气继续改善。1月份,欧元区工业生产同比增长0.1%,为近一年来首次转正增长。2月份,欧元区主要成员国制造业PMI全面上涨。其中,德国、法国和意大利制造业PMI分别为60.7%、56.1%和56.9%,较上月上升3.6、4.5和1.8个百分点,均创2018年1月以来新高。

服务业PMI仍低于荣枯线。2月份,欧元区主要成员国服务业PMI仍处于收缩区间。其中,德国和法国服务业PMI分别为45.7%和45.6%,较上月下降1.0和1.7个百分点;意大利为48.8%,上升4.1个百分点。

消费市场表现低迷。1月份,欧元区零售量同比下降6.4%,为近9个月最大降幅。2月份,消费者信心指数从1月份的-15.5小幅升至-14.8,仍明显低于疫情暴发之前的水平。

通胀水平较快上升。2月份,欧元区消费价格同比上涨0.9%,保持近一年来以来最大涨幅;核心消费价格同比上涨1.1%。1月份,欧元区生产者价格同比持平,此前连续26个月位于负增长区间。

就业市场较为稳定。1月份,欧元区失业率连续三个月持平于8.1%,失业人数为1328.2万人,较上月微幅增加0.8万人。

(三)日本经济复苏放缓

工业生产恢复乏力。1月份,日本工业生产同比下降5.3%,降幅较上月扩大2.7个百分点。2月份,日本炼油厂产能平均利用率83.6%,较上月下降0.1点;制造业景况指数DI为-44.8,回升3.7点。

消费需求疲弱。1月份,日本零售额同比下降2.4%,降幅较上月扩大2.2个百分点。2月份,新车登记数同比持平,增速回落7.8个百分点。

通缩压力持续存在。1月份,日本消费价格同比下降0.6%,连续4个月负增长;核心消费者价格下降0.6%。生产者价格同比下降1.6%,连续11个月位于收缩区间。

对外贸易有所改善。1月份,日本货物出口额同比增长6.4%,增速较上月加快4.4个百分点,创2018年10月以来最大增速;进口额同比下降9.5%,降幅较上月收窄2.1个百分点。

就业市场现好转迹象。1 月份,日本失业率为 2.9%,较上月回落 0.1 个百分点;求人倍率 1.10,较上月小幅回升,企业用人需求有所改善。

(四)新兴经济体经济处于复苏轨道

制造业景气继续扩张。2 月份,多数主要新兴经济体制造业 PMI 位于扩张区间,中国香港(50.0%)、中国台湾(60.4%)、韩国(55.3%)、越南(51.6%)、菲律宾(52.5%)、巴西(58.0%)和南非(53.0%)制造业 PMI 均有不同程度上涨;印度微跌 0.2 个百分点至 57.5%,仍保持高景气水平;墨西哥(44.2%)仍处于收缩区间。

进出口总额稳步回升。3 月份,越南进出口总额增速为 3.5%,已连续 10 个月正增长;1 月份,中国香港(38.4%)、中国台湾(33.6%)和韩国(11.6%)同比增速也达到两位数;印度、巴西、印尼和新加坡等经济体也连续两三个月正增长。

通胀水平分化。1 月份,俄罗斯通胀压力继续上升,达到 5.2%;2 月份,土耳其通胀水平升至 14.97%,较上月恶化 0.37 个百分点;印度通胀压力持续缓解,1 月份从 4.6%降至 4.1%;1 月份,马来西亚(-0.2%)、中国台湾(-0.2)和泰国(-0.3%)仍处于通缩区间。

就业压力增大。近期,南非(2020 年 12 月,32.5%)、巴西(2020 年 12 月,13.9%)和土耳其(2 月份,12.9%)失业率仍处两位数的高位;印度(1 月份,6.5%)、俄罗斯(1 月份,5.8%)、波兰(1 月份,6.5%)、中国香港(1 月份,7.0%)、菲律宾(2020 年 12 月,8.7%)和印尼(2020 年四季度,7.1%)失业率继续处于 5%以上的相对高位;韩国就业市场有所恶化,1 月份失业率上升 0.8 个百分点至 5.4%的高位。

三、OECD 对世界经济的最新判断

2021 年世界经济增速预期上调。3 月 9 日 OECD 发布《经济展望中期报告》预测 2021 年世界经济增速为 5.6%,较 2020 年 12 月份预测上调 1.4 个百分点。其中,美国 2021 年经济增速预期由此前的 3.2%上调至 6.5%,中国 2021 年经济增速预期由此前的 8.0%下调至 7.8%。

世界经济仍面临一些风险因素。一是疫苗生产和部署不及时。全球各地区疫苗接种比例差距较大,部分国家疫苗接种工作进展缓慢将极大地阻碍其经济复苏。**二是部分经济体财政能力限制其经济金融政策的支**

持力度和持续性。据报告,截至3月6日,美国宣布的财政刺激计划总额占其GDP的13.0%,欧元区为6.8%,日本为4.1%,而其他部分受疫情影响严重的经济体难以推出如此大规模的财政计划以支持经济复苏。**三是国际金融市场脆弱性凸显**。由于各国在短期内释放了过多的流动性,金融风险逐渐上升。**四是通胀压力渐成隐患**。据报告,美国通胀预期指数为2.78%,已远超2018-2019年1.9%的平均水平,欧元区、日本和英国的通胀预期指数也有较大幅度上涨。在央行试图确保经济在政策长期宽松的情况下平稳复苏之际,不断上升的通胀预期给央行带来了压力。

表　世界及前十大经济体OECD实际GDP增速预期(%)

经济体	2020年	2021年		2022年	
		3月份预测值	较上次预测值变化	3月份预测值	较上次预测值变化
世　界	-3.4	5.6	1.4↑	4.0	0.3↑
美　国	-3.5	6.5	3.3↑	4.0	0.5↑
中　国	2.3	7.8	-0.2↓	4.9	0.0-
欧元区	-6.8	3.9	0.3↑	1.8	0.3↑
德　国	-5.3	3.0	0.2↑	3.8	0.5↑
法　国	-8.2	5.9	-0.1↓	3.7	0.4↑
意大利	-8.9	4.1	-0.2↓	3.8	0.5↑
日　本	-4.8	2.7	0.4↑	4.0	0.8↑
印　度	-7.4	12.6	4.7↑	5.4	0.6↑
英　国	-9.9	5.1	0.9↑	4.7	0.6↑
巴　西	-4.4	3.7	1.1↑	2.7	0.5↑
加拿大	-5.4	4.7	1.2↑	4.0	2.0↑

数据来源:OECD。

2021年,新冠肺炎疫情控制程度、经济复苏节奏及各国财金政策退出步伐存在较大不确定性,成为制约世界经济复苏的重要因素,以及影响中国经济和金融市场稳定的外部风险,将对中国宏观经济及政策提出挑战,应密切关注,妥善应对。

(执笔:释经组①;成文于2021年3月)

① 成员:张军、石庆焱、石婷、张国洪、李婧婧、郝悦、王庭锡。

世界经济复苏延续 修复进程明显分化

——2021 年一季度世界经济形势分析

一季度,世界经济延续复苏态势,但结构和区域分化明显。主要经济领域方面,全球制造业复苏好于服务业,资本市场在全球流动性过剩及政策转向预期等多重因素作用下波动加剧;主要经济体方面,美国复苏快于欧元区和日本,亚太地区复苏快于非洲和拉美地区。IMF 近日发布报告将 2021 年世界经济增速由 1 月份预计的 5.5%上调至 6.0%,但新冠肺炎疫情或将继续蔓延、疫苗接种速度不达预期及新兴经济体的金融动荡等风险因素使得世界经济前景仍然具有高度不确定性。

一、世界经济主要领域运行情况

(一)从需求端看,全球贸易持续反弹

国际组织上调 2021 年全球贸易增速预期。 3 月 31 日,WTO 发布《全球贸易数据与展望》报告预计,2021 年全球货物贸易量将增长 8.0%,增速为五年最快。但因疫情影响,全球贸易反弹出现区域分化的迹象,进口增速最快的地区为北美洲(11.4%),出口增速最快地区为亚洲(8.4%)。

贸易景气指标预示全球贸易前景向好。 一季度,**波罗的海干散货指数**(BDI)上涨 49.8%,其中 3 月 22 日达到 2319 点,创 2019 年 10 月以来新高。3 月份,**全球制造业 PMI 新出口订单指数**为 53.4%,较上月上升 2.4 个百分点。1 月份,**全球货物贸易量**同比增长 5.7%,增速较上月加快 4.4 个百分点。

(二)从供给端看,行业复苏态势有所增强

全球制造业 PMI 再创新高。 3 月份,IHS Markit 全球制造业 PMI 为

55.0%,较上月上升1.1个百分点,创2011年2月以来新高。其中,欧元区上升4.5个百分点至1997年以来高位62.5%;日本上升1.3个百分点至52.7%,连续2个月超过荣枯线;美国上升0.5个百分点至59.1%,为2010年以来次高水平。

全球服务业复苏仍不均衡。3月份,全球服务业PMI为54.7%,较上月上升1.9个百分点,创2019年6月以来新高。其中,美国上升0.6个百分点至60.4%,创2014年7月以来新高,但部分经济体疫情持续扩散限制了服务业复苏,欧元区(49.8%)、日本(48.3%)和巴西(44.1%)等服务业PMI仍未回到荣枯线上方。

(三)从金融市场看,国际金融市场波动加剧

债市收益率波动上行。在美国财政刺激、通胀预期上升等因素作用下,一季度,美国十年期国债收益率较上年末累计上涨81个基点,3月30日一度触及1.77%高位,创一年来新高。

美元指数波动上涨。一季度,美元指数累计上涨3.59%,3月30日一度触及近五个月新高93.3331。其他货币兑美元中,英镑小幅升值0.87%,欧元贬值4.0%,日元贬值6.68%。

全球股市震荡上涨。一季度,明晟全球股票指数累计上涨5.46%,其中,2月16日创历史最高收盘价785.26,最大振幅达到6.8%。美国道琼斯股指累计上涨7.76%,最大振幅达到10.6%;由于美国国债收益率上升导致投资者抛售新兴市场资产,明晟新兴市场股指振幅达到12.3%,一季度累计上涨3.62%。

(四)从商品市场看,大宗商品价格持续上涨

商品价格指数持续上涨。一季度,国际能源平均价格指数为76.2(2010年=100),环比上涨35.3%,已回升至2019年平均水平;非能源平均价格指数为103.8(2010年=100),上涨11.8%,为近8年以来相对高位。其中,农产品上涨9.3%,原材料上涨4.2%,化肥上涨23.5%,金属和矿产上涨16.0%。

国际油价宽幅震荡。3月上旬,因"OPEC+"决定延续减产协议至4月底,叠加沙特重要石油港口遭袭,油价延续涨势。3月15日OPEC一揽子原油价格升至68.18美元/桶,为2020年1月8日以来新高。此后,随着德法意等国宣布暂停新冠疫苗接种,市场对经济复苏前景的悲观情绪有所增加，同时在美国原油库存不断增加、美元走强等多重因素影响下，油价大幅下跌，截至3月31日，OPEC一揽子原油价格为63.07美元/桶，较3月15日高点下跌7.5%。

二、主要经济体经济运行情况

（一）美国经济复苏势头向好

经济复苏步伐加快。4月7日，亚特兰大联储预计美国一季度GDP环比折年率增速为6.2%，较上季度加快2.1个百分点。**高频综合指标显示经济继续改善。**截至3月27日当周，美国经济周期研究所经济领先指标（ECRI）同比增长25.5%，是金融危机以来最高增速。

工业生产逐步恢复。1-2月，美国工业生产和制造业生产同比下降2.6%和2.3%，降幅较上季度分别收窄1.8和0.6个百分点；工业产能利用率为74.6%，较上季度上升0.7个百分点。

消费市场较为强劲。1-2月，美国零售额同比增长5.1%，增速较上季度加快1.2个百分点，是疫情以来最好季度表现。高频数据显示，4月3日当周，美国红皮书商业零售周度同比增速为10.6%，创2008年有记录以来的新高。

通胀预期升温。一季度，美国消费价格同比上涨1.9%，涨幅较上季度扩大0.6个百分点，其中3月份上涨2.6%，为2018年8月以来最大涨幅。1-2月，生产者价格上涨2.3%，较上季度扩大1.6个百分点，其中2月份上涨2.8%，是2018年10月以来最大涨幅。

对外贸易逐步改善。1-2月，美国货物和服务出口贸易额同比下降9.1%，降幅较上季度收窄3.1个百分点；进口额增长3.9%，疫情以来首次转正。2月份，贸易逆差继续扩大至710亿美元，为有记录以来首次突破700亿元。

就业市场逐渐回暖。一季度，美国失业率为6.2%，较上季度下降0.6个百分点，近一年来保持下降趋势；非农就业人口累计增加161.7万人，增幅扩大97.9万人。

（二）欧元区经济缓慢恢复

GDP**降幅收窄。**欧盟委员会2月份预测，欧元区一季度GDP同比下降0.9%，降幅较上季度收窄4.0个百分点。

工业生产缓慢改善,制造业 PMI 快速扩张。1 月份,欧元区工业生产同比增长 0.1%,为 2018 年 10 月以来首次正增长。3 月份,欧元区制造业 PMI 创有记录以来最高,其中,德国、法国和意大利分别为 66.6%、58.8%和 59.8%,均创最高纪录。

服务业表现分化。3 月份,德国服务业 PMI 升至 51.5%,时隔 5 个月后再度回到扩张区间;法国为 48.2%,较上月上升 2.6 个百分点;意大利服务业 PMI 为 48.6%,回落 0.2 个百分点。

消费者信心明显改善。3 月份,消费者信心指数从 2 月份的-14.8 升至-10.8,为一年来最高水平。

通胀水平有所抬头。一季度,欧元区消费价格同比上涨 1.0%,核心消费价格上涨 1.1%,已基本回升至疫情前水平。1-2 月,生产者价格同比上涨 1.0%,此前连续 26 个月位于负增长区间。

失业率维持高位。1-2 月,欧元区失业率为 8.3%,较上年末有所上升,处于疫情以来较高水平。2 月份,失业人数为 1357.1 万人,较上月增加 4.8 万人。

(三)日本经济缓慢复苏

经济恢复放缓。日本经济研究所最新预测,日本一季度 GDP 同比增速为-0.9%,环比增速为-0.1%,较上季度明显回落。

工业生产持续修复。1-2 月,日本工业生产同比下降 3.9%,降幅较上年同期收窄 0.2 个百分点。3 月份,炼油厂产能平均利用率 87.4%,较上月上升 2.6 个百分点;制造业景况指数 DI 为-33.6,大幅回升 11.2 点,均已接近疫情前水平。

消费需求缓慢回暖。3 月份,日本消费者信心指数 36.1,较上月回升 2.4 个点,为疫情暴发以来新高;新车登记数同比增长 2.3%,连续 6 个月保持正增长。

通缩压力有所减弱。1-2 月,日本消费价格、核心消费者价格同比均下降 0.5%,降幅较上季度收窄 0.1 个百分点。一季度,生产者价格同比下降 0.4%,其中 3 月份上涨 1.0%,时隔 11 个月再度转为正增长。

对外贸易持续改善。1-2 月,日本货物出口额同比增长 0.6%,进口额同比下降 0.2%,均较上年同期有所好转。3 月前 20 日,货物出口额同比大幅增长 11.8%,进口额增长 4.5%。

就业市场依然严峻。2 月份，日本失业率为 2.9%，仍为 2017 年以来相对高位；求人倍率 1.09，与上月基本持平，企业用人需求仍然较低。

（四）新兴经济体经济稳步复苏

新兴经济体经济继续向好。一季度，越南 GDP 同比增长 4.5%，增速与上季度持平。根据英国共识公司最新预测数据，中国台湾（5.5%）、印度（0.7%）、韩国（0.7%）、印尼（-0.7%）经济增速均快于上季度。

制造业景气继续扩张。3 月份，中国台湾（60.8%）、南非（57.4%）、印度（55.4%）、韩国（55.3%）、越南（53.6%）、印尼（53.2%）、巴西（52.8%）、土耳其（52.6%）和菲律宾（52.2%）制造业 PMI 均超过 52%，扩张态势明显。

进出口总额持续回升。3 月份，印度（56.2%）、巴西（44.6%）、中国台湾（26.7%）、越南（22.7%）和韩国（17.6%）进出口总额同比增速均达到两位数；2 月份，中国香港（20.2%）、马来西亚（19.0%）、印尼（11.4%）和南非（10.2%）进出口总额同比增速也达到两位数。

通胀水平继续上升。2 月份，土耳其通胀水平继续上升至 15.6%，较上个月恶化 0.6 个百分点。3 月份，巴西（6.1%）、印度（5.5%）和俄罗斯（5.8%）通胀压力持续，均超过 5%；泰国（-0.1%）仍处于通缩区间。

就业压力略有缓解。2 月份，韩国（4.0%）、墨西哥（4.4%）失业率分别回落 1.4 和 0.3 个百分点，俄罗斯（5.7%）和中国台湾（3.7%）均小幅回落 0.1 个百分点。

三、IMF 对世界经济的最新判断

4 月 6 日，IMF 发布最新《世界经济展望》报告指出，在大规模财政和货币政策的积极作用下，全球经济前景显著改善，预计 2021 年和 2022 年全球经济将分别增长 6.0% 和 4.4%，较 1 月份的预测分别上调 0.5 和 0.2 个百分点。

报告预计，今年发达经济体经济将增长 5.1%，较 1 月份的预测上调 0.8 个百分点。其中，美国将增长 6.4%，欧元区将增长 4.4%，日本将增长 3.3%。亚太地区经济将增长 8.6%，明显快于拉丁美洲 4.6% 和非洲 3.4% 的增速，其中，中国将增长 8.4%，印度将增长 12.5%，南非将增长 3.1%，巴西将增长 3.7%。

表 世界及部分经济体 2021、2022 年 GDP 增速预期(%)

经济体	2019 年	2020 年	2021 年		2022 年	
			4 月份预测值	较 1 月预测值变化	4 月份预测值	较 1 月预测值变化
世　界	2.8	-3.3	6.0	0.5↑	4.4	0.2↑
发达经济体	1.6	-4.7	5.1	0.8↑	3.6	0.5↑
美　国	2.2	-3.5	6.4	1.3↑	3.5	1.0↑
欧元区	1.3	-6.6	4.4	0.2↑	3.8	0.2↑
德　国	0.6	-4.9	3.6	0.1↑	3.4	0.3↑
法　国	1.5	-8.2	5.8	0.3↑	4.2	0.1↑
意大利	0.3	-8.9	4.2	1.2↑	3.6	0.0-
日　本	0.3	-4.8	3.3	0.2↑	2.5	0.1↑
英　国	1.4	-9.9	5.3	0.8↑	5.1	0.1↑
加拿大	1.9	-5.4	5.0	1.4↑	4.7	0.6↑
亚洲新兴市场	5.3	-1.0	8.6	0.3↑	6.0	0.1↑
中　国	5.8	2.3	8.4	0.3↑	5.6	0.0-
印　度	4.0	-8.0	12.5	1.0↑	6.9	0.1↑
拉丁美洲与加勒比地区	0.2	-7.0	4.6	0.5↑	3.1	0.2↑
巴　西	1.4	-4.1	3.7	0.1↑	2.6	0.0↑
撒哈拉以南非洲	3.2	-1.9	3.4	0.2↑	4.0	0.1↑
南　非	0.2	-7.0	3.1	0.3↑	2.0	0.6↑

数据来源:IMF。

一季度,随着新冠肺炎疫苗接种推进及财政货币政策持续发力,全球经济增长持续改善,同时伴随着不平衡加剧的状态。展望二季度,预计全球经济将在分化中加速复苏,由于主要发达国家复苏节奏快于大部分新兴市场,货币政策提前转向的预期可能引发部分新兴市场资本外流与汇率动荡,影响中国经济和金融市场稳定的外部风险加大,应密切关注,妥善应对。

(执笔:释经组①;成文于 2021 年 4 月)

① 成员:张军、石庆焱、石婷、张国洪、李婧婧、郝悦、王庭锡。

世界经济持续回暖 复苏基础仍不稳固

——2021 年 4 月份世界经济形势分析

近期,世界经济延续复苏态势,全球经济景气度持续回升,贸易、工业生产加速恢复,但通胀预期有所加大。主要经济体方面,美欧疫情边际趋缓,经济复苏步伐加快;日本及多数新兴经济体经济继续改善,但受疫情反弹影响部分经济领域恢复仍相对疲弱。当前,以新兴经济体为主的新一轮疫情有大规模扩散的风险,全球防疫进程再受拖累,世界经济复苏基础尚不稳固。

一、世界经济主要领域运行情况

(一)从经济景气看,主要经济体景气度持续回升

4 月份,全球 OECD 领先指标为 100.67,较上月回升 0.24 点,连续 12 个月保持较快回升速度。在 OECD 监测的 39 个国家中有 37 个国家经济领先指标较上月上升,美国(100.50)、日本(100.40)、德国(101.14)等主要发达经济体经济景气度自疫情以来呈整体向好趋势;新兴和发展中经济体景气度有所分化,中国(103.02)景气度连续 8 个月位于 100 以上,经济恢复位居全球前列,巴西(102.78)景气度较上月有所下滑。

(二)从需求端看,全球贸易加速反弹

全球贸易主要指标持续改善。4 月份,全球制造业 PMI 新出口订单指数为 54.7%,较上月上升 1.2 个百分点,创金融危机以来最高;全球制造业 PMI 新订单指数为 56.7%,较上月上升 0.9 个百分点,反映需求拉动贸易继续回暖。2 月份,全球货物贸易量同比增长 5.4%,较上月加快 0.2 个百分点,是 2018 年 10 月以来最高增速。**国际航运价格大幅上涨。**

受疫情影响，国际航运运力阶段性短缺现象仍在继续，运力紧张推动国际航运成本上升。截至5月11日，波罗的海干散货指数（BDI）涨至3254点，较3月末上涨59%，维持在2010年以来相对高位。4月末，上海集装箱运价指数（SCFI）[①]为2979.8，较上月末上涨409点，为2009年有记录以来最高。

（三）从供给端看，主要行业复苏步伐加快

全球制造业PMI再创新高。4月份，IHS Markit全球制造业PMI为55.8%，较上月上升0.8个百分点，创2010年4月以来新高。发达经济体方面，美国、欧元区制造业PMI分别为60.5%和62.9%，均创有记录以来最高水平；日本制造业PMI为53.6%，连续三个月超过50%荣枯线，呈持续恢复态势。新兴和发展中经济体方面，东盟、印度制造业PMI分别为51.9%和55.5%，较上月分别上升1.1和0.1个百分点。**主要经济体服务业PMI延续分化走势。**4月份，全球服务业PMI为56.6%，较上月上升1.9个百分点，创2007年7月以来新高。其中，美国升至64.7%，为2009年有记录以来新高；英国升至61.0%，为2013年10月以来新高。部分经济体服务业复苏态势仍相对疲弱，印度（54.0%）、俄罗斯（55.2%）服务业PMI均较上月有所回落，日本（49.5%）、意大利（47.3%）、巴西（42.9%）持续处于50%荣枯线下方。

（四）从金融市场看，国际金融市场持续波动

全球股市走势分化。截至5月13日，明晟全球股票指数较3月末累计上涨1.49%；美国道琼斯和标普500股指分别上涨3.15%和3.51%，5月7日均再创历史新高，纳斯达克股指下跌0.92%；英国FT100和德国DAX分别上涨1.27%和3.72%，日经225下跌5.93%。**债市小幅波动。**截至5月11日，美国十年期国债收益率较3月末累计下跌10个基点，德国上涨9个基点，英国上涨0.7个基点，日本下跌0.3个基点。**美元指数震荡走低。**截至5月12日，美元指数较3月末累计下跌2.55%，5月11日一度跌破90关口，跌至89.99的2月25日以来最低。主要货币兑美元中，欧元、英镑、日元分别升值2.91%、1.97%和0.95%。

---

① 上海集装箱运价指数（SCFI）作为反映上海出口集装箱即期运输市场运价变化的指数，是国际运输价格的重要参考指标。

（五）从商品市场看，大宗商品价格涨跌不一

商品价格走势有所分化。4 月份，国际能源价格指数为 79.4（2010 年＝100），环比微幅下跌 0.5%，仍处于疫情以来高位；非能源价格指数为 108.1（2010 年＝100），环比上涨 2.7%，创 2013 年 2 月以来新高。其中，农产品价格上涨 9.3%，金属和矿产价格上涨 4.6%，原材料价格下跌 1.8%，化肥价格下跌 2.5%。**国际油价震荡上涨。**截至 5 月 12 日，OPEC 一揽子原油价格为 67.10 美元/桶，较 3 月末上涨 6.4%。支撑油价上涨的主要因素：一是近期 IEA 和 OPEC 相继上调 2021 年全球石油需求预期，并表示在经济持续复苏下，市场有能力消化当前增加的原油产量。二是美国原油库存大幅下跌。截至 4 月 30 日当周，美国原油库存同比下降 8.9%，较近五年平均水平下降 2.0%。三是受港口物流限制，利比亚原油产量降至 100 万桶/日以下。

二、主要经济体经济运行情况

（一）美国经济持续复苏

经济复苏势头向好。一季度，美国 GDP 环比折年率增速为 6.4%，为 2003 年三季度以来第二快增速；同比增长 0.4%，是疫情以来首次正增长，其中个人消费支出拉动经济增速 7.0 个百分点，是经济复苏的主要动力。在疫苗接种计划大规模普及下，预计二季度美国经济将加速复苏，5 月 4 日，亚特兰大联储预测二季度美国 GDP 环比折年率增速有望达到 13.6%。

工业生产显著好转。3 月份，美国工业生产环比增长 1.4%，制造业生产环比增长 2.8%，均为 2020 年 8 月以来新高；工业产能利用率为 74.4%，较上月上升 1.0 个百分点。

消费需求旺盛。3 月份，受低基期效应和消费需求持续旺盛影响，美国零售额同比增长 30.4%，为 1993 年有该项数据以来最高；环比增长 9.8%，为除 2020 年 5 月异常波动外最快增速。截至 5 月 1 日当周，美国红皮书商业零售额同比增长 14.2%，连续十周加快，达 2008 年有该数据以来最高。

贸易逆差再创新高。3 月份，美国货物和服务出口贸易额同比增长 8.1%，是疫情以来首次转负为正；受国内需求激增影响，进口额同比增长

18.1%,创金融危机以来最快增速。贸易逆差从2月份的705亿美元继续扩大至744亿美元,再创历史新高。

价格水平大幅上涨。4月份,美国消费价格同比上涨4.2%,较上月扩大1.6个百分点,为金融危机以来最大涨幅;核心消费价格上涨3.0%,涨幅扩大1.4个百分点,为1996年以来最高水平。4月份,生产者价格上涨6.2%,较上月扩大2.0个百分点,为2010年有记录以来最大涨幅,表明美国正面临2010年以来最严重的成本压力。

就业增长放缓。4月份,美国失业率为6.1%,较上月上升0.1个百分点;由于短期服务和运输行业就业人数下降,新增非农就业人口为6.6万人,较上月减少65万人。

(二)欧元区经济加快修复

GDP降幅收窄。一季度,欧元区GDP环比下降0.6%,同比下降1.8%,降幅较上季度分别收窄0.1和3.1个百分点。主要成员国经济从疫情中加快恢复,法国GDP同比增长1.5%,为疫情以来首次转正;德国、意大利、西班牙GDP同比下降3.0%、1.4%和4.3%,降幅较上季度分别收窄0.3、5.2和4.6个百分点。

制造业PMI再创历史新高。4月份,欧元区制造业PMI较上月上升0.4个百分点至62.9%,创有记录以来最高。其中,德国和法国为66.2%和58.9%,均为有记录以来次高水平;意大利为60.7%,上升0.9个百分点,创有记录以来最高。

服务业PMI重回扩张区间,但成员国表现各异。4月份,欧元区服务业PMI升至50.5%,较上月上升0.9个百分点,历时7个月收缩后重回扩张区间。主要成员国服务业走势有所分化,法国升至50.3%,回到扩张区间;德国降至49.9%,再度收缩;意大利为47.3%,较上月回落1.3个百分点。

消费信心继续改善。受汽油销售和网购推动以及低基数效应影响,3月份欧元区零售量同比增长12.0%,创有记录以来最快增速。4月份,消费者信心指数从3月份的-10.8大幅升至-8.1,为2020年2月以来最高水平,好于长期趋势水平。

通胀水平快速抬升。4月份,欧元区消费价格同比上涨1.6%,创2019年4月以来最大涨幅;核心消费价格上涨0.8%,较上月回落0.1个百分点。3 月份,欧元区生产者价格同比上涨 4.3%,创 2018 年 10 月以来最大涨幅。

失业率缓慢改善。3 月份,欧元区失业率为 8.1%,较上月回落 0.1 个百分点;失业人数为 1316.6 万人,较上月减少 20.9 万人,为 2020 年 8 月疫情二次暴发以来新低。

(三)日本经济弱势复苏

工业生产加速修复。3 月份,日本工业生产同比增长 4.0%,为 17 个月以来首次转正。4 月份,制造业景况指数为-24.1,较上月回升 9.5 个点,为 2019 年 9 月以来新高。

消费信心再度转弱。3 月份,日本零售额同比增长 5.2%,为年初第三波疫情以来首次转正。4 月份,受上年低基数效应影响,新车登记数同比增长 26.3%;消费者信心指数为 34.8,较上月回落 1.3 个点,自上年疫情暴发以来第三次转弱。

出口持续改善,进口有所回落。3 月份,日本货物出口额同比增长 16.1%,创 2017 年 11 月以来新高;进口额同比增长 5.8%,增速较上月收窄 6.1 个百分点。4 月前 10 日,货物出口额同比大幅增长 26.9%,进口额下降 6.6%。

生产价格强劲上涨。3 月份,日本消费价格同比下降 0.2%,降幅较上月收窄 0.2 个百分点;核心消费价格下降 0.1%,降幅收窄 0.3 个百分点,均连续 3 个月收窄。受原材料、金属等大宗商品价格上涨影响,生产者价格同比增长 1.0%,为 2020 年 2 月以来首次转正。

就业形势有所改善。3 月份,日本失业率为 2.6%,为 2020 年 4 月以来新低;求人倍率为 1.10,企业用人需求仍相对低迷。

(四)新兴经济体延续复苏态势

经济总体向好。亚洲四小龙方面,一季度新加坡(0.2%)和韩国(1.8%)GDP 同比增速均为三个季度以来首次回正;中国香港、中国台湾大幅增长 7.8%和 8.2%,均创金融危机以来新高。墨西哥 GDP 同比下降 3.8%,经济持续处于收缩区间。东盟经济体方面,越南(4.5%)持续保持较快增长,印尼(-0.7%)和菲律宾(-4.2%)降幅均较上季度有所收窄。

制造业景气持续扩张。4 月份,多数新兴经济体制造业 PMI 继续处于扩张区间,但走势有所分化。其中,巴西制造业 PMI 为 52.3%,较上月回落 0.5 个百分点,连续两个月回落;韩国(54.6%)、俄罗斯(50.4%)、南非(56.2%)等也均较上月有不同程度回落;印度微幅上涨 0.1 个百分点至 55.5%;马来西亚(53.9%)重回 50%荣枯线上,中国台湾(62.4%)、越南(54.7%)、印尼(54.6%)、新加坡(50.9%)制造业 PMI 保持上升态势。

进出口贸易大幅波动。4 月份,受上年低基数影响,印度、巴西、越南和韩国进出口总额同比增速均达到 35%以上。从环比增速看,印度进出口总额环比下降 8.7%,为 2020 年 4 月以来新低,疫情恶化的影响显现;受进口下降影响,巴西进出口总额环比下降 10.3%。

通胀水平继续上升。4 月份,墨西哥通胀水平为 6.1%,较上月扩大 1.4 个百分点,为 2018 年以来新高;俄罗斯(5.5%)连续 4 个月达 5%以上,持续保持较高水平;土耳其通胀继续恶化,较上月扩大 0.9 个百分点至 17.1%;泰国(3.4%)为 13 个月来首次脱离通缩区间。

部分经济体失业率仍处高位。3 月份,印度(6.5%)、俄罗斯(5.4%)、波兰(6.4%)、中国香港(6.8%)、菲律宾(8.7%)和印尼(6.3%)等经济体失业率继续处于 5%以上的相对高位;韩国(3.9%)、墨西哥(3.9%)、马来西亚(4.7%)、新加坡(2.9%)等均较上月有所回落。

三、联合国对世界经济的最新判断

5 月 11 日,联合国经济和社会事务部发布《全球经济形势展望》报告,预测 2021 年世界经济将增长 5.4%,较 1 月份预测上调 0.7 个百分点,其中,发达经济体将增长 5.0%,上调 1.0 个百分点;发展中经济体将增长 6.1%,上调 0.4 个百分点。得益于疫苗的快速部署和持续的政策支持,中国和美国经济将出现较为强劲的复苏,预计经济增速将分别达到 8.2%和 6.2%,较 1 月份预测分别上调 1.0 和 2.8 个百分点。欧元区和英国受第二波疫情冲击的影响,经济复苏进程或将向后推迟,预计经济将分别增长 4.2%和 5.1%,下调 0.8 和 1.7 个百分点。报告警示,当前新冠肺炎病例激增和部分国家疫苗接种进度落后的情况下,经济复苏仍然面临严重威胁。

表 世界及部分经济体 2021、2022 年 GDP 增速预期(%)

经济体	2020 年	2021 年		2022 年	
		5 月份预测值	较 1 月预测值变化	5 月份预测值	较 1 月预测值变化
世 界	-3.6	5.4	+0.7↑	4.1	+0.7↑
发达经济体	-5.0	5.0	+1.0↑	3.4	+0.9↑
美 国	-3.5	6.2	+2.8↑	3.2	+0.5↑
日 本	-4.8	3.3	+0.3↑	2.2	+0.4↑
欧元区	-6.9	4.2	-0.8↓	3.9	+1.3↑
英 国	-9.9	5.1	-1.7↓	5.5	+3.5↑
发展中经济体	-1.7	6.1	+0.4↑	5.0	+0.4↑
中 国	2.3	8.2	+1.0↑	5.8	0.0-
印 度	-6.8	7.5	+0.2↑	10.1	+4.2↑
巴 西	-4.1	3.0	-0.2↓	2.4	+0.2↑
俄罗斯	-3.0	3.0	0.0-	3.0	+0.6↑

数据来源:联合国经济和社会事务部。

当前全球疫情持续蔓延,部分新兴经济体疫情呈暴发式增长,由于这些经济体普遍存在医疗卫生体系薄弱、疫苗资源较少、接种迟缓、人口稠密等问题,一旦疫情得不到有效控制,将可能波及周边国家乃至全球,令全球经济复苏进程更添不确定性。面对复杂严峻的国际疫情和世界经济形势,我国应坚持底线思维,加强国际合作,有效应对外部风险和挑战。

(执笔:释经组①;成文于 2021 年 5 月)

① 成员:张军、石庆焱、石婷、张国洪、李婧婧、郝悦、王庭锡。

世界经济继续修复
多重风险掣肘复苏前景

——2021 年 5 月份世界经济形势分析

近期,世界经济继续修复。主要领域方面,全球贸易快速反弹,制造业和服务业复苏态势继续增强,但通胀压力持续加大。主要经济体方面,美欧等经济体已逐步开放接触密集型活动,经济复苏相对较强;受疫情恶化影响,日本及部分新兴经济体经济复苏受到一定程度的制约。OECD 和世界银行最新报告均上调了 2021 年世界经济增长预期,但复苏前景仍具有不确定性,既取决于新冠肺炎疫苗接种情况以及公共卫生和财政支持措施的有效性,还将受疫情反复、量化宽松的负面溢出效应等诸多风险的掣肘。

一、世界经济主要领域运行情况

(一)从经济景气看,世界经济景气度稳步回升

5 月份,全球 OECD 领先指标为 100.76,较上月回升 0.20 点,连续 13 个月回升,但回升速度有所放缓。在 OECD 监测的 39 个国家中有 36 个国家经济领先指标较上月上升,美国(100.58)、日本(100.65)、德国(101.58)等主要发达经济体经济景气度自疫情以来呈整体向好趋势;新兴和发展中经济体景气度有所分化,中国(102.52)景气度连续 8 个月位于 100 以上,并成为全球主要经济体中景气度最高的国家,巴西(102.49)景气度较上月有所下滑。

(二)从需求端看,全球贸易快速增长

全球贸易主要指标持续走高。5 月份,全球制造业 PMI 新出口订单指数为 54.9%,较上月上升 0.2 个百分点,创近 11 年新高;全球制造业

PMI 新订单指数为 57.3%，上升 0.5 个百分点，创近 10 年新高。3 月份，全球货物贸易量同比增长 9.8%，较上月加快 4.6 个百分点，创 10 年来最快增速。**贸易景气指标预示全球货物贸易持续复苏且步伐加快。**5 月 28 日，WTO 发布货物贸易晴雨表指数为 109.7，比基准线高出近 10 点，较上年同期上升 21.6 点。**国际航运价格保持高位。**5 月份，波罗的海干散货指数(BDI)波动较大，但仍处于近年来高位，5 月 11 日一度涨至 3254 点，创近 11 年新高；截至 6 月 4 日，上海集装箱运价指数(SCFI)①为 3613.1，较 4 月末上涨 16.5%，创 2009 年有记录以来最高，反映集装箱运输市场运力供给持续偏紧。

(三)从供给端看，主要行业复苏态势继续增强

全球制造业 PMI 再创新高。5 月份，IHS Markit 全球制造业 PMI 为 56.0%，较上月上升 0.1 个百分点，创 2010 年 4 月以来新高。发达经济体方面，美国、欧元区升至 62.1% 和 63.1%，均创有记录以来最高水平；日本为 53.0%，连续 4 个月超过 50% 荣枯线。新兴和发展中经济体方面，印度、越南受疫情恶化影响分别降至 50.8% 和 53.1%，较上月分别回落 4.7 和 1.6 个百分点。**主要经济体服务业 PMI 复苏仍有所分化。**5 月份，全球服务业 PMI 为 59.4%，较上月上升 2.4 个百分点，创 2006 年 4 月以来新高。其中，美国升至 70.4%，为 2009 年有记录以来新高；欧洲各经济体全面上涨。但部分经济体疫情的持续扩散限制了服务业复苏，日本、巴西仍处于荣枯线下方，印度大幅下降 7.6 个百分点至 46.4%，为近 8 个月首次低于荣枯线。

(四)从金融市场看，国际金融市场持续波动

全球股市全面上涨。截至 6 月 11 日，明晟全球股票指数较 4 月末累计上涨 2.19%，再创历史新高；美国道琼斯、纳斯达克和标普 500 股指分别上涨 1.79%、0.76% 和 1.58%，道指和标普一度创下历史新高；英国 FT100 和德国 DAX 分别上涨 3.68% 和 2.36%，期间一度创下历史新高，日经 225 上涨 0.47%。**国债收益率走低。**受市场对长期通胀预期的降温以及美联储不会快速转向紧缩的预期影响，截至 6 月 11 日，美国十年期

① 上海集装箱运价指数(SCFI)作为反映上海出口集装箱即期运输市场运价变化的指数，是国际运输价格的重要参考指标。

国债收益率较 4 月末累计下跌 18 个基点,其中 6 月 10 日收盘价降至 2 月下旬以来最低 1.45%;德国下跌 8 个基点,英国下跌 11.1 个基点,日本下跌 5.5 个基点。**美元指数低位震荡**。截至 6 月 11 日,美元指数较 4 月末累计下跌 0.14%,5 月 25 日一度跌至 1 月 7 日以来最低 89.5423,整体维持 2018 年以来较低水平。美元指数承压的主要原因:一是美国通胀压力继续攀升,二是就业数据远低于预期缓和了市场对于美联储收紧货币政策的担忧。主要货币兑美元中,欧元贬值 0.12%,英镑升值 1.20%,日元贬值 0.69%。

(五)从商品市场看,大宗商品价格持续上涨

商品价格全面上行。5 月份,国际能源价格指数为 85.0(2010 年=100),环比上涨 7.1%,为 2018 年 10 月以来新高;非能源价格指数为 115.6(2010 年=100),环比上涨 6.8%,为 2011 年 9 月以来新高。其中:农产品上涨 5.7%,原材料上涨 1.7%,化肥上涨 4.4%,金属和矿产上涨 9.1%。**国际油价震荡上涨**。截至 6 月 11 日,OPEC 一揽子原油价格为 71.31 美元/桶,较 4 月末上涨 9.0%。支撑油价上涨的主要因素:一是全球经济复苏带动市场需求回暖,特别是欧美疫情好转,疫苗接种加速以及出行增加令市场预期更趋乐观;二是巴以等地缘政治冲突加剧市场恐慌情绪;三是美国原油库存有所下降。

二、主要经济体经济运行情况

(一)美国经济温和扩张

高频综合指标显示经济动能略有减弱。截至 5 月 28 日当周,美国经济周期研究所经济领先指标(ECRI)同比增长 21.7%,增速较 4 月末回落 2.4 个百分点。截至 5 月 29 日当周,纽约联储发布的每周经济指数(WEI)从 4 月份高点 12.1%回落至 10.8%,连续五周回落。

工业生产继续好转。4 月份,美国工业生产和制造业生产同比分别增长 17.7%和 24.4%,环比分别增长 0.7%和 0.4%;工业产能利用率为 74.9%,较上月上升 0.5 个百分点。

消费需求持续旺盛。4 月份,美国零售额同比增长 51.4%,消费需求保持较为旺盛的水平。截至 5 月 29 日当周,红皮书商业零售额同比增速为 13.0%,较月初高点回落 1.2 个百分点。

贸易逆差有所收窄。4 月份,美国货物和服务出口贸易额达 2050 亿美元,同比增长 37. 8%,环比增长 1. 1%,为 2020 年 1 月以来最高;进口贸易额为 2739 亿美元,同比增长 36. 0%,环比下降 1. 4%。4 月份,贸易逆差为 689 亿美元,较上月收窄 61 亿美元,为年内首次收窄,但仍处于较高水平。

通胀压力陡增。5 月份,美国消费价格同比上涨 5. 0%,高于市场预期的 4. 7%,创 2008 年 8 月以来最大涨幅;核心消费价格上涨 3. 8%,创 1992 年 4 月以来新高。由于商品价格上涨持续推高企业成本压力,5 月份生产者价格上涨 6. 6%,较上月扩大 0. 4 个百分点,创 2010 年有记录以来最大涨幅。

就业略有好转。5 月份,美国失业率为 5. 8%,较上月下降 0. 3 个百分点;新增非农就业人口为 55. 9 万人,较上月增加 28. 1 万人,但仍低于市场预期。受益于经济逐渐开放,休闲和酒店行业新增就业 29. 2 万人,教育行业新增就业 14. 4 万人。由于就业意愿下降,5 月份,美国劳动力参与率下降 0. 1 个百分点至 61. 6%,处于 1972 年以来的低位。

(二)欧元区经济逐步好转

工业生产大幅增长,制造业 PMI 再创新高。4 月份,欧元区工业生产和制造业生产同比分别增长 39. 3% 和 42. 3%,均创有记录以来最快增速。5 月份,欧元区制造业 PMI 较上月上升 0. 2 个百分点至 63. 1%,再创历史新高。其中,德国为 64. 4%,为历史较高水平;法国、意大利为 59. 4%和 62. 3%,分别上升 0. 5 和 1. 6 个百分点,均创有记录以来最高。

服务业前景改善。5 月份,欧元区服务业 PMI 升至 55. 2%,较上月上升 4. 7 个百分点,为 2018 年 2 月以来最高。其中,德国、意大利分别升至 52. 8%和 53. 1%,重回扩张区间;法国升至 56. 6%,为 10 个月新高。

消费信心持续改善。4 月份,受低基数效应影响,欧元区零售量同比增长 23. 9%,创有记录以来最快增速;受网购减少拖累,环比下降 3. 1%,为近 3 个月最大降幅。5 月份,消费者信心指数从 4 月份的-8. 1 继续升至-5. 1,略高于疫情暴发之前水平,为 2018 年 8 月以来最高。

通胀压力加大。5 月份,欧元区消费价格同比上涨 2. 0%,较上月扩大 0. 4 个百分点,创 2018 年 10 月以来最大涨幅;核心消费价格上涨 0. 9%,较上月扩大 0. 2 个百分点。4 月份,欧元区生产者价格同比上涨

7.6%,较上月扩大3.3个百分点,连续11个月保持上涨趋势,并创2008年9月以来最大涨幅。

失业率缓慢回落。4月份,欧元区失业率为8.0%,较上月回落0.1个百分点,保持缓慢回落态势,但仍处于疫情以来较高水平;失业人数为1303.0万人,较上月减少13.4万人。

(三)日本经济复苏乏力

工业生产加速修复。4月份,日本工业生产同比增长15.8%,为2012年3月以来新高;环比增长2.9%,增速较上月加快1.2个百分点。5月份,制造业景况指数DI为-15.0,回升9.1点,创2019年2月以来新高。

消费信心再度转弱。4月份,受低基数效应影响,日本零售额同比增长12.0%;环比下降4.5%,创2020年4月以来最大降幅。5月份,在疫情持续蔓延下,消费者信心指数回落0.6个点至34.2,连续两个月回落。

对外贸易显著改善。4月份,受低基数效应影响,日本货物出口额同比增长38.0%,创2010年4月以来最快增速;进口额同比增长12.8%,增速较上月加快7.0个百分点。从环比增速看,4月份出口额环比增长2.5%;进口额环比增长7.5%,连续5个月增长。5月前20日,货物出口额同比大幅增长52.4%,进口额增长24.9%。

价格走势分化加剧。4月份,日本消费价格同比下降0.4%,降幅较上月扩大0.2个百分点;核心消费者价格下降0.1%。主要拖累分项中,生鲜食品价格同比下降7.3%,连续6个月下降;受4月起日本多家电信运营商下调资费影响,通信价格同比下降15.3%,为有记录以来新低。5月份,受大宗商品价格上涨影响,生产者价格同比上涨4.9%,涨幅较上月扩大1.3个百分点,为2008年9月以来新高。

就业形势依然严峻。4月份,日本失业率为2.8%,较上月上升0.2个百分点,仍处于2018年以来相对高位;求人倍率1.09,与上月基本持平,企业用人需求持续低迷。

(四)部分新兴经济体经济复苏受制约

制造业景气走势分化。5月份,多数新兴经济体制造业PMI继续处于扩张区间,但走势延续分化。其中,中国台湾(62.0%)、波兰(57.2%)、印尼(55.3%)保持较快速度扩张;巴西(53.7%)、中国香港(52.5%)、俄罗斯(51.9%)扩张速度有所加快;印度(50.8%)、马来西亚

(51.3%)呈较大幅度回落；土耳其(49.3%)和泰国(47.8%)重回收缩区间。

进出口贸易涨跌互现。受低基数效应影响，新兴经济体进出口总额同比保持增长，韩国(5月份，41.8%)增速加快4.3个百分点，印尼(4月，40.8%)加快12.6个百分点，墨西哥(4月，60.5%)加快39.2个百分点；印度(5月，71.5%)回落103.8个百分点，巴西(5月，37.2%)回落8.6个百分点，越南(5月，44.5%)回落0.9个百分点。从5月份环比增速看，印度(-6.5%)、韩国(-3.4%)均连续两个月回落；越南(2.9%)、巴西(4.7%)、中国台湾(7.7%)由负转正。

通胀水平维持高位。5月份，在通胀压力较大国家中，土耳其通胀率(16.6%)较上月回落0.5个百分点；巴西(8.1%)、墨西哥(5.9%)和俄罗斯(6.0%)通胀率均超过5%。在通胀水平较低国家中，仅泰国(2.4%)有所回落，韩国(2.6%)、印尼(1.7%)、越南(2.9%)等均有小幅上涨。

就业压力依然较大。4月份，印度(8.0%)、中国香港(6.4%)和俄罗斯(5.2%)等经济体失业率继续处于5%以上的相对高位；中国台湾(3.7%)小幅下降，韩国(5月份，3.8%)小幅上升，墨西哥(4.7%)大幅上升0.8个百分点。

三、主要国际组织对世界经济的最新判断

6月8日，世界银行发布最新一期《全球经济展望》报告，表示当前世界经济正处于“强劲但不均衡”的复苏态势之中：**一方面，世界经济总体呈现出较快恢复的趋势。**世行预计2021年世界经济增长5.6%，较1月份的预测值上调1.5个百分点，并称世界经济将实现80年来最强劲增长。**另一方面，各国经济分化态势仍然明显。**世行表示，尽管发达国家经济前景良好，但许多发展中国家疫苗接种进度滞后，新冠肺炎疫情依然严峻，并且一些国家已经减小了对经济的政策扶持力度，预计**到2022年，约2/3的新兴和发展中经济体人均收入仍将低于疫情暴发前水平。**

5月31日，OECD发布《经济展望中期报告》显示，二季度世界经济同比增速为11.0%，全球经济指数(100.1)将恢复至疫情前(2019年四季度=100)的水平，预计全年世界经济增长5.8%，较3月份的预测值上调

0.2 个百分点。

尽管全球经济总体呈现复苏态势，但是诸多风险依然不容忽视，主要表现在：一是部分经济体疫情反复或出现变异病毒；二是美国等经济体持续推行大规模经济刺激计划，推高全球债务，也给新兴经济体带来一系列负面溢出效应；三是结构性失衡的矛盾仍难以化解，单边主义、保护主义依然盛行，将加大全球经济复苏的不确定性。

表　世界及部分经济体 2021 年 GDP 增速预期（%）

经济体	世界银行		OECD	
	6 月份预测值	较 1 月份预测值变化	5 月份预测值	较 3 月份预测值变化
世　界	5.6	+1.5↑	5.8	+0.2↑
发达经济体	5.4	+2.1↑	–	–
美　国	6.8	+3.3↑	6.9	+0.4↑
日　本	2.9	+0.4↑	2.6	-0.1↓
欧元区	4.2	+0.6↑	4.3	+0.4↑
德　国	–	–	3.3	+0.3↑
法　国	–	–	5.8	-0.1↓
意大利	–	–	4.5	+0.4↑
英　国	–	–	7.2	+2.1↑
发展中经济体	6.0	+0.8↑	–	–
中　国	8.5	+0.6↑	8.5	+0.8↑
印　度	8.3	+2.9↑	9.9	-2.7↓
巴　西	4.5	+1.5↑	3.7	0.0–
俄罗斯	3.2	+0.6↑	3.5	+0.8↑

数据来源：世界银行和 OECD。

（执笔：释经组①；成文于 2021 年 6 月）

① 成员：张军、石庆焱、石婷、张国洪、李婧婧、郝悦、王庭锡。

世界经济持续恢复 前景向好挑战犹存

——2021年上半年世界经济形势分析与下半年展望

上半年,在疫苗接种加快推进、全球疫情整体缓和的背景下,全球主要经济指标逐渐好转,贸易、景气等已恢复至疫情前水平,但全球通胀压力高企。从主要经济体看,欧美等发达经济体加速复苏,部分新兴经济体复苏乏力。展望下半年,随着中美欧疫苗接种接近群体免疫水平,后续疫苗产能外溢将进一步为全球经济带来积极驱动力,叠加发达经济体继续宽松的政策支持,经济复苏前景将继续改善,但变异病毒肆虐或造成全球疫情反复、全球疫苗接种的不均衡推进以及美联储货币政策转向的潜在风险仍为影响世界经济复苏的主要因素。

一、世界经济主要领域运行情况

(一)从需求端看,全球贸易投资较快恢复

全球贸易加快复苏。WTO于6月24日发布的报告显示,一季度全球货物贸易量环比增长2.1%,同比增长4.3%,贸易量指数回到疫情前的水平,并创2018年以来新高。预计二季度全球货物贸易量同比增速将进一步扩大,2021年全年有望增长8.0%。**全球FDI将实现恢复性增长。**6月21日,联合国贸发会议发布《2021年世界投资报告》表示,全球FDI将由2020年的下降35%触底反弹,预计2021年增速将达10%~15%,投资规模将增至1-1.2万亿美元,2022年有望回升至2019年1.5万亿美元的水平。

(二)从供给端看,主要行业延续复苏态势

全球制造业和服务业PMI均保持高位。6月份,IHS Markit全球制

造业 PMI 为 55.5%,较上月回落 0.5 个百分点,仍处于 2011 年 3 月以来高位;全球服务业 PMI 为 57.5%,较上月回落 2.1 个百分点,为 2006 年 4 月以来次高水平。

(三)从金融市场看,国际风险偏好维持高位

全球股市屡创新高。截至 6 月 30 日,明晟全球股票指数较上年末累计上涨 12.45%,6 月 29 日创历史最高收盘价。同时,美国道指累计上涨 12.73%,纳指和标普 500 分别上涨 12.54%和 14.41%,近期再创历史新高。**美债收益率低位波动。**截至 6 月 30 日,美国十年期国债收益率较上年末累计上涨 52 个基点,基本回到疫情前水平,但仍处于历史低位。**美元指数低位震荡。**上半年,美元指数经历两轮上涨,截至 6 月 30 日较上年末累计上涨 2.68%,整体维持 2015 年以来的较低水平。主要货币兑美元中,欧元贬值 2.95%,英镑升值 1.23%,日元贬值 7.02%。

(四)从商品市场看,大宗商品价格整体上涨

上半年商品价格整体上行但近期涨跌互现。6 月份,能源价格指数为 93.1(2010 年=100),环比上涨 9.5%,创 2018 年 10 月以来新高;非能源价格指数为 114.1(2010 年=100),下跌 1.3%。其中:农产品环比下跌 2.2%,原材料下跌 1.0%;化肥上涨 12.9%;金属和矿产下跌 1.2%。**国际油价震荡上行。**7 月 6 日,OPEC 一揽子原油价格为 75.94 美元/桶,较上年末上涨 51.2%,创 2018 年 10 月 29 日以来新高;7 月 13 日为 75.13 美元/桶。

二、主要经济体经济运行情况

(一)美国经济快速复苏

上半年,在疫苗接种推动下,美国经济快速复苏,英国共识公司预测二季度美国 GDP 同比增速为 13.0%。从经济表现来看,工业产能稳步恢复,1-5 月美国工业、制造业生产同比分别增长 6.3%和 8.2%,均由负转正,工业产能利用率达到疫情以来最高;消费需求持续旺盛,1-5 月零售额同比增长 24.8%,为 1992 年有记录以来最快增速;对外贸易逐渐回暖,进、出口额均大幅增长,贸易逆差扩大至历史最高水平。但是,劳动力市场尚未完全修复,疫情期间累计损失的非农就业人口仍有 676.4 万缺口有待修补;全球供应链的迟滞加剧了美国供应短缺及通胀水平快速上升,

CPI 同比涨幅从 1 月份的 1.4%快速上升至 6 月份的 5.4%。美国国会预算办公室 7 月 2 日的报告预计,下半年美国经济将保持强劲增长的态势,并将 2021 财年经济增速预期从 3.7%上调至 7.4%。

(二)欧元区经济复苏步伐加快

上半年,得益于欧洲疫情逐步好转和疫苗接种提速,欧元区经济复苏步伐有所加快,英国共识公司预测二季度欧元区 GDP 同比增长 12.9%。从各经济领域看,制造业、服务业加速扩张,欧元区制造业 PMI 较上月上升 0.3 个百分点至 63.4%,创有记录以来最高水平,服务业 PMI 升至 58.3%,创 2007 年 7 月以来新高;市场信心稳步回升,6 月份消费者信心指数从 1 月份的-15.5 连续回升至-3.3,创 2018 年 1 月以来新高;失业率缓慢回落,从 1 月份的 8.2%降至 5 月份的 7.9%,但仍较疫情前水平存在一定差距。6 月 24 日,欧洲央行发布预测报告指出,随着疫苗加速普及、经济活动的逐渐开放以及欧盟复苏基金逐步到位,预计下半年欧元区经济有望迎来较为强劲的反弹。

(三)日本经济缓慢修复

上半年,受疫情持续反复影响,日本经济复苏相对缓慢,英国共识公司预测二季度日本 GDP 同比增长 7.4%。从各经济领域看,工业生产整体向好,1-5 月工业生产同比增长 5.8%,其中 5 月份增长 22.0%;外贸持续回暖,1-5 月货物出口额同比增长 18.7%,进口额增长 8.6%,其中 5 月份出口、进口增速分别创有记录和 2010 年 2 月以来新高;消费市场相对疲弱,1-5 月零售额同比增长 4.1%,但 4、5 月份连续两个月环比负增长;企业用人需求低迷,5 月份失业率为 3.0%,在上半年经历小幅回落后上升 0.2 个百分点,处于 2018 年以来相对高位;生产与消费价格的加速背离进一步加大了企业经营压力,1-5 月 CPI 同比下降 0.3%,核心 CPI 下降 0.2%,PPI 同比上涨 1.5%。日本政府 6 月份发布的经济报告指出,随着疫苗接种的推进,预计日本经济未来将加快复苏,但受变异病毒以及奥运会可能带来输入型疫情的影响,日本经济仍将面临较为严峻的挑战。

(四)部分新兴经济体复苏进程相对滞后

上半年,新兴经济体经济复苏进程继续分化,经济增速仍处于相对低位。部分经济体生产复苏步伐放缓,6 月份多数新兴经济体制造业 PMI

回落，俄罗斯(49.2%)、印度(48.1%)、越南(44.1%)均为今年首次跌破荣枯线，马来西亚(39.9%)大跌11.4个百分点，上半年有4个月低于荣枯线；就业形势依然严峻，5月份印度(11.9%)、波兰(6.1%)和中国香港(6.0%)等经济体失业率继续处于5%以上的相对高位；整体通胀压力持续高企，上半年，印度、巴西、俄罗斯、土耳其通胀水平均超过4%，6月份土耳其17.5%的通胀率创2019年5月以来新高，巴西8.4%的通胀率创2016年9月以来新高。**为应对严峻的通胀压力及美联储政策转向预期升温带来的风险，新兴经济体率先启动加息进程**，上半年，俄罗斯和巴西央行均加息3次，土耳其央行加息幅度远超市场预期，墨西哥、智利等多国也被动加息。在疫情尚未得到有效控制、经济复苏还面临较大不确定性背景下，新兴经济体普遍面临着“抑通胀”与“稳增长”的两难抉择，被迫过早收紧经济政策或加剧当前的经济困境，导致增长停滞、债务攀升等问题进一步显现。

三、国际机构对世界经济的最新判断

据英国共识公司6月14日发布的《国际经济调查与预测》，预计2021年三、四季度美欧日中经济增速如下：

美国经济增速分别为7.0%、7.2%。调查显示，美国当前的高通胀主要受低基数效应影响，随着基数效应减弱，下半年通胀将逐渐回落。通胀预期改善为美联储提供了更多的政策空间，叠加疫苗部署的利好因素，美国下半年经济将保持强劲态势。

欧元区经济增速分别为2.8%、4.8%；英国为7.1%、6.9%。调查认为，由于疫苗部署顺利，欧元区和英国有望在7月份取消多数限制措施，欧洲消费将出现较大幅度反弹，并带动经济快速回暖。日本经济前景仍然受限，预期增速为3.5%、1.6%。

中国经济增速分别为6.0%、4.8%。调查认为，中国经济复苏依然略显脆弱，消费回暖较为滞后，整体复苏显示不稳定迹象。随着全球经济重启、活动加快，贸易部门将为中国经济增长提供支持，但总的来看，中国经济2021年复苏强度将稍稍落后于正处于反弹周期的美国经济。

表 全球部分经济体季度 GDP 同比增速(%)

经济体	2020 年				2021 年			
	Q1	Q2	Q3	Q4	Q1	Q2 预测	Q3 预测	Q4 预测
美　国	0.3	-9.0	-2.8	-2.4	0.4	13.0	7.0	7.2
中　国	-6.8	3.2	4.9	6.5	18.3	7.5	6.0	4.8
日　本	-2.2	-10.2	-5.5	-1.0	-1.5	7.4	3.5	1.6
欧元区	-3.3	-14.6	-4.1	-4.7	-1.3	12.9	2.8	4.8
德　国	-2.2	-11.2	-3.8	-3.3	-3.1	9.4	3.4	4.3
法　国	-5.5	-18.4	-3.5	-4.6	1.2	17.2	1.3	4.1
意大利	-5.8	-18.1	-5.2	-6.5	-0.8	15.2	1.5	4.5
英　国	-2.2	-21.4	-8.5	-7.3	-6.1	20.7	7.1	6.9
印　度	3.0	-24.4	-7.4	0.5	1.6	21.1	8.8	5.0
加拿大	-0.4	-12.6	-5.1	-3.1	0.3	13.3	6.1	5.3
巴　西	-0.3	-10.9	-3.9	-1.1	1.0	—	—	—

预测数据来源:英国共识公司。

(执笔:释经组①;成文于 2021 年 7 月)

① 成员:张军、石庆焱、石婷、李婧婧、黄佩佩、郝悦、朱祎、王庭锡。

世界经济延续回暖态势 疫情反弹加大复苏压力

——2021 年 7 月份世界经济形势分析

近期,全球经济延续回暖态势。从经济领域看,全球贸易、制造业和服务业继续向好,但通胀压力居高不下;从经济体看,欧美等主要发达经济体持续恢复,但部分新兴经济体复苏依然乏力。由于疫苗普及程度低于预期导致新冠病毒持续变异并传播,多国疫情再度反弹,全球经济复苏仍然面临较大压力。

一、世界经济主要领域运行情况

(一)从经济景气看,世界经济景气度继续回升

7 月份,全球 OECD 领先指标为 100.97,较上月回升 0.15 点,连续 15 个月回升。在 OECD 监测的 38 个国家中有 37 个国家经济领先指标较上月上升,美国(100.52)、日本(100.89)、德国(101.93)等主要发达经济体经济景气度自疫情以来整体呈向好趋势;新兴和发展中经济体景气度差异较大,**中国(102.39)连续 10 个月位于长期趋势线 100 以上,并成为全球主要经济体中景气度最高的国家**,巴西(102.34)连续 7 个月下滑,印度(98.80)连续 27 个月位于长期趋势线以下。

(二)从需求端看,全球贸易快速增长

联合国贸发会议发布的《全球贸易报告》显示,当前全球贸易正从疫情危机中强劲复苏,预计 2021 年二季度全球货物和服务贸易额将达到 6.6 万亿美元,较 2020 年最低点二季度增长约 31%,较 2019 年四季度增长约 3%。报告预计,2021 年全年全球贸易额将较上年增长约 16%,其中货物贸易额将增长 19%,服务贸易额将增长 8%。但在全球经济复苏不

平衡、疫情持续蔓延以及贸易限制措施增加等多重影响下，全球贸易复苏仍存在较大不确定性。

（三）从供给端看，主要行业扩张态势有所放缓

7月份，全球制造业PMI为55.4%，较上月微幅回落0.1个百分点，仍保持在2011年3月以来高位；全球服务业PMI为56.3%，较上月回落1.2个百分点，连续两个月回落。

（四）从金融市场看，国际市场风险偏好仍处高位

发达市场股市上涨，新兴市场股市相对走弱。截至8月6日，明晟全球股票指数较6月末累计上涨1.75%，再创历史新高；美国道琼斯、纳斯达克和标普500股指分别上涨2.05%、2.29%和3.23%，纷纷再创或直逼历史新高；明晟新兴市场股指较6月末下跌5.33%。**债市收益率延续下降趋势。**截至8月6日，美国十年期国债收益率较6月末下跌14个基点，其中8月3日1.19%的收益率创2021年2月以来最低纪录；德国下跌30个基点，英国下跌13.4个基点，日本下跌5.3个基点。**美元指数小幅波动。**截至8月6日，美元指数较6月末上涨0.45%，近期维持在4月份以来的较高水平波动；主要货币兑美元中，欧元和日元均贬值0.80%，英镑升值0.30%。

（五）从商品市场看，大宗商品价格涨跌互现

商品价格涨跌互现。7月份，能源价格指数为97.7（2010年=100），环比上涨4.8%，为2014年10月以来新高；非能源价格指数为113.7，下跌0.2%，仍处于2012年以来高位。其中，农产品下跌0.8%，原材料下跌2.1%，化肥上涨6.0%，金属和矿产上涨0.2%。**国际油价大幅震荡。**截至8月9日，OPEC一揽子原油价格为70.66美元/桶，较6月末下跌4.0%。

二、主要经济体经济运行情况

（一）美国经济继续恢复

经济增速明显加快。二季度GDP环比折年率为6.5%，同比增速为12.2%，较一季度分别加快0.2和11.7个百分点。**消费需求依然旺盛。**6月份零售额同比增长18.5%，其中服装及配饰店、食品服务、家用电器店和加油站销售额均为37%以上高增速。**就业市场显著改善。**7月份失业率为5.4%,较上月大幅下降0.5个百分点;新增非农就业人口94.3万人,创近10个月最高水平。**工业修复进程略显停滞**。6月份工业生产、制造业生产同比分别增长9.7%和10.0%,增速较上月分别回落6.6和8.0个百分点。**通胀水平继续维持高位**。7月份CPI同比涨幅持平于6月份的5.4%,创2008年以来最高水平;PPI同比涨幅扩大0.5个百分点至7.8%,创2010年以来最高水平。**贸易逆差再创新高**。6月份货物和服务出口额同比增长30.8%,进口额同比增长35.3%,贸易逆差扩大至757亿美元,较上月增加47亿美元。7月份美联储议息会议表示,受疫情影响最严重的行业虽有改善但尚未完全复苏,加上通胀压力主要受暂时性因素影响,美联储将维持当前货币政策不变。

(二)欧元区经济继续恢复向好

近期,得益于主要成员国疫苗接种加快、疫情限制措施相继放宽,**欧元区经济继续修复**,二季度GDP环比增长2.0%,同比增长13.7%,增速较一季度由负转正。**制造业扩张势头有所放缓**。7月份制造业PMI较上月下降0.6个百分点至62.8%,为4个月新低。**服务业加速恢复**。7月份服务业PMI升至59.8%,创2006年6月以来新高。**消费市场恢复放慢**。6月份零售量同比增速较上月回落3.6个百分点至5.0%,7月份消费者信心指数下降1.1个点至-4.4。**价格水平持续上涨**。7月份CPI同比上涨2.2%,创2018年10月以来最大涨幅;6月份PPI同比上涨10.2%,创40年来最大涨幅。**劳动力市场稳步改善**。6月份失业率回落0.2个百分点至7.7%。

(三)日本经济延续弱势复苏态势

近期,**日本经济延续复苏态势**,二季度GDP环比增长0.3%,同比增长7.5%,增速较一季度由负转正。**工业生产逐步修复**。6月份工业生产同比增长22.6%,增速较上月加快1.5个百分点。**对外贸易稳步改善**。6月份货物出口额同比增长48.6%,进口额增长32.7%,创2010年2月以来最快增速。**通缩压力略有缓解**。6月份CPI同比上涨0.2%,为9个月来首次由负转正,核心CPI上涨0.2%,连续两个月上涨。**国内消费再度转弱**。6月份零售额同比增长0.1%,增速较上月回落8.2个百分点。**就业形势依然严峻**。6月份失业率为2.9%,仍处于2018年以来相对高位。

(四)部分新兴经济体经济复苏乏力

受变异病毒扩散、疫苗接种率整体低下、财政政策支持力度弱等因素制约,部分新兴经济体经济复苏乏力。随着低基数效应逐渐减弱,**进出口贸易增速整体回落**。7月份,韩国(33.5%)、越南(18.6%)进出口总额同比增速均回落6个百分点以上,巴西(41.0%)、印度(56.5%)较上月分别回落22.9和16.2个百分点,墨西哥(39.6%,6月)、南非(87.9%,5月)较上月超高增速均回落超60个百分点。**通胀水平居高不下**。7月份土耳其(19.0%)、巴西(9.0%)通胀率较上月分别上升1.4和0.6个百分点,俄罗斯(6.5%)、印度(6.3%,6月)仍维持高位。**就业形势未有实质性改善**。6月份印度(9.2%)、菲律宾(8.7%)、中国香港(5.5%)等失业率均处于5%以上高位,且高于疫情前水平。

三、IMF对世界经济的最新判断

7月28日,IMF发布最新《世界经济展望》报告显示,受疫情和疫苗部署的影响,各国经济前景进一步分化。报告预计,2021年全球经济有望增长6.0%,与4月份预测值持平。其中,发达经济体预计增长5.6%,上调0.5个百分点;新兴市场与发展中经济体预计增长6.3%,下调0.4个百分点。部分经济体2021年经济增速预期如下:

美国、**英国**受益于新冠疫苗接种率的稳步提升和一系列经济刺激计划,经济增速预期均达到7.0%,分别上调0.6和1.7个百分点;**欧元区**、**日本**的疫情控制略显迟缓,经济复苏相对滞后,经济增速预期为4.6%和2.8%,分别小幅上调0.2个百分点和下调0.5个百分点;**中国**逐步降低的公共投资和财政支持力度将对经济造成短期影响,经济增速预期为8.1%,下调0.3个百分点;**印度**、**马来西亚**、**菲律宾**等发展中国家出现大规模变异病毒疫情,经济预期被大幅下调,其中,印度预期增速为9.5%,下调3.0个百分点;马来西亚预期增速为4.7%,下调1.8个百分点;菲律宾预期增速为5.4%,下调1.5个百分点。

表　世界及部分经济体 2021 及 2022 年 GDP 增速预期(%)

经济体	2020 年	2021 年		2022 年	
		7 月份预测值	较 4 月预测值变化	7 月份预测值	较 4 月预测值变化
世　界	-3.2	6.0	0.0	4.9	+0.5
发达经济体	-4.6	5.6	+0.5	4.4	+0.8
美　国	-3.5	7.0	+0.6	4.9	+1.4
欧元区	-6.5	4.6	+0.2	4.3	+0.5
德　国	-4.8	3.6	0.0	4.1	+0.7
法　国	-8.0	5.8	0.0	4.2	0.0
意大利	-8.9	4.9	+0.7	4.2	+0.6
日　本	-4.7	2.8	-0.5	3.0	+0.5
英　国	-9.8	7.0	+1.7	4.8	-0.3
加拿大	-5.3	6.3	+1.3	4.5	-0.2
新兴市场与发展中经济体	-2.1	6.3	-0.4	5.2	+0.2
中　国	2.3	8.1	-0.3	5.7	+0.1
印　度	-7.3	9.5	-3.0	8.5	+1.6
俄罗斯	-3.0	4.4	+0.6	3.1	-0.7
巴　西	-4.1	5.3	+1.6	1.9	-0.7
南　非	-7.0	4.0	+0.9	2.2	+0.2

数据来源:IMF。

(执笔:释经组①;成文于 2021 年 8 月)

① 成员:张军、石庆焱、石婷、李婧婧、黄佩佩、郝悦、朱祎、王庭锡。

世界经济恢复放缓 复苏前景隐忧仍多

——2021 年 8 月份世界经济形势分析

近期,受全球疫情再次反弹影响,世界经济复苏有所放缓。从主要领域看,全球供应紧张叠加通胀保持高位,全球贸易改善势头趋缓,制造业、服务业扩张力度减弱;从主要经济体看,疫情反弹令各国经济恢复再次受到不同程度冲击,美欧经济复苏步伐有所放慢,日本及多数新兴经济体延续弱势修复。未来,全球疫情反复、供需失衡、通胀高企等问题短期难以得到实质性缓解,世界经济复苏前景隐忧仍多。

一、世界经济主要领域运行情况

(一)从需求端看,全球贸易复苏趋缓

先行指标预示贸易复苏将逐步放缓。8 月份,全球制造业新订单指数、新出口订单指数分别为 53.6%和 51.0%,均较上月下降 1.7 个百分点,分别创下 12 个月和 6 个月以来新低。**变异病毒快速蔓延、供应链迟滞拖累贸易复苏进程。**8 月 18 日,WTO 发布最新货物贸易晴雨表指数为 110.4,略高于 5 月份的 109.7。其中,因全球供应链迟滞,部分领域生产活动受到较为严重影响,电子元器件指数(112.4)、农业原材料指数(104.7)分别较 5 月份下降 2.8 和 0.7 个点。

(二)从供给端看,主要行业扩张力度减弱

8 月份,全球制造业 PMI 为 54.1%,较上月下降 1.3 个百分点,连续 3 个月下降,并为 6 个月以来新低。其中:美国较上月下降 2.3 个百分点至 61.1%,为 4 个月以来新低;欧元区(61.4%)降至 6 个月以来低点;英国(60.3%)连续 3 个月回落;日本(52.7%)继续处于较低景气水平;东盟

(44.5%)降至 2020 年 5 月以来新低。8 月份,全球服务业 PMI 为 52.9%,较上月下降 3.4 个百分点,为 7 个月以来新低。其中:美国(55.1%)和英国(55.0%)均出现 4 个百分点以上的降幅;欧元区下降 0.8 个百分点至 59.0%;日本(42.9%)、俄罗斯(49.3%)继续处于收缩区间。

(三)从金融市场看,市场风险偏好仍处高位

股市全面上涨。截至 9 月 10 日,明晟全球股票指数较 7 月末累计上涨 1.87%,再创历史新高;美国纳指、标普 500 分别上涨 3.02% 和 1.44%,纷纷再创或直逼历史新高;明晟新兴市场股指较 7 月末上涨 2.26%。**债市收益率小幅波动**。截至 9 月 10 日,美国十年期国债收益率较 7 月末上涨 11 个基点,维持区间波动;德国上涨 10 个基点,英国上涨 7 个基点,日本上涨 3 个基点。**美元指数冲高回落**。8 月上旬,因美联储多名官员表示将加快缩减资产购买计划落地,美元指数持续上行,8 月 20 日一度触及 93.73,创 9 个月新高;此后疫情反弹冲击美国就业复苏和市场信心恢复,市场预期美联储缩减资产购买规模推迟导致美元承压下行,截至 9 月 10 日,美元指数较 7 月末上涨 0.58%。主要货币兑美元中,欧元贬值 0.51%,英镑贬值 0.48%,日元升值 0.39%。

(四)从商品市场看,国际大宗商品价格仍处高位

部分商品价格高位小幅回落。8 月份,国际能源价格指数为 95.6(2010 年=100),环比下跌 2.1%,为 2014 年 11 月以来次高;非能源价格指数为 112.6(2010 年=100),环比下跌 1.0%,仍处于 2012 年以来高位。其中:金属和矿产下跌 4.4%;食品下跌 0.1%;原材料上涨 0.7%;化肥上涨 3.0%。**国际油价宽幅震荡**。8 月 19 日 OPEC 一揽子原油价格跌至 66.08 美元/桶,创 5 月以来新低,20 日起震荡上行,截至 9 月 9 日,国际油价较 8 月低点上涨 8.7%至 71.82 美元/桶,但仍低于 6、7 月平均水平。

二、主要经济体经济运行情况

(一)美国经济复苏步伐有所放缓

随着美国财政纾困措施效果逐渐减弱、通胀高企,美国**消费需求放缓**,7 月份零售额同比增长 15.9%,增速连续三个月回落;环比下降 1.1%,其中,汽车及零部件销售、线上销售和服装销售环比分别下降

3.9%、3.1%和2.6%，加油站和餐饮销售环比增长2.4%和1.7%，反映消费支出正在转向服务领域。**就业增长大幅放缓**，8月份新增非农就业人口23.5万人，较上月减少81.8万人，远低于72.5万人的市场预期；失业率为5.2%，较上月小幅下降0.2个百分点。**通胀压力加剧**，8月份CPI同比上涨5.3%，为2008年8月以来次高水平；核心CPI上涨4.0%，保持在1992年以来高位。8月份PPI同比上涨8.3%，再创2010年有记录以来新高。**工业生产持续恢复**，7月份工业、制造业生产同比分别增长6.6%和7.9%，均连续五个月保持正增长。**出口创疫情以来新高**，7月份美国货物和服务出口额为2128亿美元，创2019年5月以来最高水平，同比增长24.5%；进口额为2829亿美元，同比增长22.1%；贸易逆差为701亿美元，继续处于历史较高水平。受部分经济数据不及预期、变异病毒持续扩散等因素影响，8月末全球央行年会上美联储主席鲍威尔发言偏鸽派，预计9月份宣布缩减资产购买规模的概率下降。

（二）欧元区经济复苏力度减弱

随着欧洲疫情快速反弹，多国相继加强防疫限制措施，欧元区**制造业扩张势头有所减弱**，8月份制造业PMI较上月下降1.4个百分点至61.4%，为6个月新低。**服务业改善现放缓迹象**，8月份服务业PMI较上月下降0.8个百分点至59.0%，为7个月以来首次回落。**消费需求有所转弱**，7月份零售量同比增长3.1%，增速较上月回落2.3个百分点；环比下降2.3%；8月份消费者信心指数较上月下降0.9个点至-5.3，连续两个月下滑。**价格水平持续走高**，8月份CPI同比上涨3.0%，涨幅较上月扩大0.8个百分点，创近十年来最大涨幅；核心CPI同比上涨1.6%，创2012年7月以来新高。7月份PPI同比上涨12.1%，创有记录以来最大涨幅。**劳动力市场稳步改善**，7月份，失业率为7.6%，为2020年5月以来新低；失业人数降至1233.4万人，接近疫情前水平。

（三）日本经济复苏仍显乏力

在疫情持续蔓延及紧急防控措施延长影响下，日本**工业生产修复放缓**，7月份工业生产同比增长11.6%，增速较上月回落11.4个百分点；环比下降1.5%。**对外贸易改善步伐放慢**，7月份货物出口额同比增长37.0%，增速较上月回落11.6个百分点；环比与上年同期持平。进口额增长28.5%，回落4.3个百分点；环比下降1.6%，为年内新低。**消费需求**

低迷。7月份零售额同比增长2.4%;环比增长1.1%,增速较上月回落2.0个百分点。8月份消费者信心指数降至36.6,连续两个月下滑。**价格走势继续分化**,7月份CPI同比下降0.3%,核心CPI下降0.2%,均持续处于通缩区间,并分别创2013年5月以来和金融危机以来最长连跌。8月份PPI同比上涨5.5%,继续保持在金融危机以来高位。**就业形势依然严峻**,7月份失业率为2.8%,仍处于2018年以来相对高位。

(四)新兴经济体经济复苏整体趋缓

在疫情蔓延、疫苗短缺等因素制约下,多数新兴经济体**制造业复苏步伐显著放缓**,8月份俄罗斯制造业PMI降至46.5%,连续三个月下降;菲律宾(46.4%)、巴西(53.6%)、印度(52.3%)、韩国(51.2%)均较上月有不同程度下降;越南(40.2%)大幅下降4.9个百分点,为有记录以来次低水平。**贸易增速持续回落**,8月份越南(8.5%)和中国台湾(35.3%)进出口总额同比增速较上月分别下降10.1和1.9个百分点,均连续三个月下降;印度(53.6%)、印尼(35.8%,7月)、泰国(31.6%,7月)分别下降2.9、21.3、17.0个百分点,均连续两个月下降。**通胀水平再创新高**,8月份巴西(9.7%)CPI同比涨幅较上月扩大0.7个百分点,再创近5年来新高;俄罗斯(6.7%)、土耳其(19.3%)较上月分别扩大0.2、0.3个百分点;印度(5.6%,7月)仍显著高于疫情前水平。**就业市场缓慢修复**,7月份中国台湾(4.4%)、中国香港(5.0%)、巴西(14.1%,6月)失业率均较上月小幅下降约0.5个百分点,但仍高于疫情前水平;印度(7.0%)、韩国(3.3%)、俄罗斯(4.5%)分别较上月下降2.2、0.4、0.3个百分点,基本恢复至疫情前水平。

三、国际机构对世界和主要经济体经济最新预测

8月份英国共识公司发布《共识预测》预计,2021年全球经济增速将为5.8%,较7月份预测值下调0.1个百分点,其中:

美国经济预期有所降温,受疫情反弹、供应短缺和财政刺激效果逐渐消退影响,美国经济增速预期较上月下调0.4个百分点至6.2%,连续两个月下调。**欧元区和英国复苏前景较为乐观**,欧元区经济增速预期较上月上调0.2个百分点至4.8%,连续三个月上调;英国经济增速预期持平于6.8%,保持较高水平。**中国复苏前景基本稳定**。二季度,中国零售、

工业生产和固定资产投资表现较为疲软，但在旺盛的外部需求和宽松政策的支撑下，潜在增长势头仍然较为强劲，增长预期从6月份高点8.7%微幅下调至8.6%。**日本经济前景有所动摇。**奥运会期间失败的疫情防控导致日本新增病例快速攀升，经济预期较上月下调0.1个百分点至2.4%，连续三个月下调。**印度复苏前景有所改善。**因近期印度疫情有所控制，国内生产、需求相继恢复，经济预期从7月份9.2%的低点上调至9.3%。

当前，疫情在全球范围内加速演变，世界经济复苏的不确定性显著上升。一是病毒的不断变异及快速传播扰动了市场对世界经济恢复的信心；二是全球供应紧张态势加剧，产业链、供应链中断风险继续阻碍经济复苏步伐；三是部分经济体货币政策走向陷入两难困境，当前受疫情影响部分国家经济恢复仍面临较大压力，而通胀高企、美国货币政策转向预期升温，使这些经济体面临提前采取加息措施与延续宽松政策的两难选择。在此情况下，我国应更积极地未雨绸缪，加强跨周期调节，根据国际环境变化和实体经济发展需要，提高宏观政策的针对性和有效性，以增强应对外部环境冲击的能力。

（执笔：释经组①；成文于2021年9月）

① 成员：张军、石庆焱、石婷、李婧婧、黄佩佩、郝悦、朱祎、王庭锡。

世界经济扩张动能减弱 复苏前景面临诸多挑战

——2021 年 9 月份世界经济形势分析及全年展望

近期,世界经济延续复苏态势,但供需失衡状况加剧和价格快速上涨在一定程度上限制了全球经济扩张步伐。从主要领域看,全球贸易复苏尚不均衡,主要行业扩张力度稍显不足,美联储政策转向预期升温造成金融市场波动加大,能源价格和通胀水平居高不下;从主要经济体看,美欧日经济增长趋势明显分化,新兴经济体经济脆弱复苏。10 月 12 日,IMF 发布最新《世界经济展望》报告,将 2021 年全球经济增长预期从 7 月份的 6.0%下调至 5.9%,并认为经济复苏前景仍面临疫情持续演变、全球债务创纪录、供应链危机以及通胀居高不下等风险挑战。

一、世界经济主要领域运行情况

(一)从经济景气看,世界经济景气度回升继续放缓

9 月份,全球 OECD 领先指标为 100.81,较上月回升 0.02 点,连续 17 个月回升,但回升速度连续 11 个月放缓。其中,主要发达经济体经济景气度小幅回落,美国(100.49)、日本(101.05)、德国(101.97)较上月分别回落 0.03、0.03 和 0.02 点;**中国(101.69)连续 12 个月位于长期趋势线 100 以上,并创 2008 年 5 月以来最高,经济活跃度位居全球前列**;俄罗斯(103.15)大幅上升 0.40 点,巴西(101.38)大幅回落 0.47 点,印度(97.97)连续 29 个月位于长期趋势线以下。

(二)从需求端看,货物贸易复苏好于预期,服务贸易复苏趋弱

货物贸易复苏相对强劲。10 月 4 日,WTO 发布最新《贸易统计及展望》,当前主要经济体快速复苏带来强劲的需求增长,预计 2021 年全球货

物贸易量将增长 10.8%,较 3 月份预测上调 2.8 个百分点。**服务贸易复苏趋弱**。9 月 23 日,WTO 发布最新的“服务贸易晴雨表指数”为 102.5%,较 3 月份公布值下跌 2.7 个百分点,表明全球服务贸易继续复苏,但复苏态势趋弱。

(三)从供给端看,主要行业扩张力度稍显不足

9 月份,IHS Markit 全球制造业 PMI 为 54.1%,与上月持平,保持 7 个月以来最低水平;服务业复苏状况略有好转,全球服务业 PMI 较上月上升 0.6 个百分点至 53.4%,保持温和扩张。

(四)从金融市场看,国际市场风险偏好有所回落

股市波动下行。截至 10 月 8 日,明晟全球股票指数较 8 月末累计下跌 2.72%,明晟新兴市场股指下降 2.50%。**债市收益率上涨**。截至 10 月 8 日,美国十年期国债收益率升至 1.61%,较 8 月末上涨 31 个基点,创 6 月份以来最高水平;德国、英国、日本十年期国债收益率分别上涨 28.0、44.0 和 5.3 个基点。**美元指数大幅拉升**。9 月以来市场对美联储缩减购债规模的预期愈发强烈,美元指数 9 月 29 日达 94.37,创近一年最高。截至 10 月 8 日,美元指数较 8 月末上涨 1.56%;主要货币兑美元中,欧元贬值 1.99%,英镑贬值 1.02%,日元贬值 1.97%。

(五)从商品市场看,能源价格再创新高

大宗商品价格涨跌互现。根据世行数据,9 月份,国际能源价格指数为 106.0(2010 年=100),环比上涨 10.9%,再创 2014 年 10 月以来新高;非能源价格指数为 111.3,环比下跌 1.1%,仍处于 2012 年以来高位。其中:农产品下跌 0.7%,原材料下跌 0.8%,化肥下跌 1.0%,金属和矿产下跌 1.9%。**国际油价大幅上涨**。10 月 11 日,OPEC 一揽子油价涨至 82.53 美元/桶,较 8 月末上涨 15.5%,再创 2018 年 10 月以来新高。

二、主要经济体经济运行情况

(一)美国经济复苏趋缓

经济增长预期下调。10 月 8 日,亚特兰大联储 GDPNow 预测,受投资和消费相对疲软的表现拖累,美国三季度 GDP 环比折年率为 1.3%,低于 9 月 27 日预测的 3.2%和 10 月 1 日预测的 2.3%;英国共识公司 9 月份最新预测,三季度 GDP 同比增速为 5.5%,远低于 6 月份预测的 7.0%。

工业生产继续放缓。8月份,工业生产同比增长5.7%,增速较上月回落0.9个百分点,连续4个月回落;工业产能利用率为76.4%,回升0.2个百分点。9月份,美国制造业PMI较上月回落0.4个百分点至60.7%,为近5个月最低。**国内消费仍具韧性**。8月份,零售额同比增长15.4%,增速较上月加快0.1个百分点;环比增长0.7%,增速由负转正,远超市场预期增速-0.8%。截至10月2日当周,红皮书商业零售额同比增长16.6%,整体继续保持较快增长。**贸易逆差再创新高**。8月份,货物和服务出口额为2137.4亿美元,进口额为2869.9亿美元;受消费品和工业品进口带动,进口额增加幅度超过出口,贸易逆差达到732.5亿美元,创历史新高。**通胀水平居高不下**。9月份,CPI同比上涨5.4%,涨幅较上月扩大0.1个百分点,保持2008年8月以来最高水平;PPI同比上涨8.6%,涨幅扩大0.3个百分点,再创2010年以来新高。**就业呈改善趋势**。9月份,失业率为4.8%,较上月下降0.4个百分点,为2020年3月以来最低;受疫情及开学季教师招聘低于往年等暂时性因素影响,新增非农就业人口19.4万人,较上月减少17.2万人。

(二)欧元区经济继续修复

经济保持恢复性增长。据英国共识公司最新预测,欧元区三季度GDP同比增长3.4%,较二季度回落10.9个百分点;欧洲央行9月份预计三季度GDP环比增长2.4%,较二季度加快0.2个百分点。**制造业扩张继续放缓**。受供应链瓶颈限制,9月份欧元区制造业PMI较上月回落2.8个百分点至58.6%,为7个月新低。**服务业改善势头减弱**。9月份,欧元区服务业PMI较上月回落2.6个百分点至56.4%,连续2个月回落。**消费者信心回升**。8月份零售量环比增长0.3%,同比持平;9月份消费者信心指数较上月回升1.3个点至-4.0,高于-5.8的市场预期。**价格水平继续走高**。9月份CPI同比上涨3.4%,涨幅较上月扩大0.4个百分点,创13年来最大涨幅;核心CPI上涨1.9%。因能源投入成本上升,8月份PPI同比上涨13.4%,涨幅扩大1.0个百分点,再创有记录以来最大涨幅。**劳动力市场恢复向好**。8月份失业率下降0.1个百分点至7.5%,为2020年4月以来新低;失业人数减少26.1万人至1216.2万人,已降至疫情前水平。

（三）日本经济复苏延续疲弱态势

经济复苏力度减弱。据英国共识公司最新预测，日本三季度GDP同比增速为2.6%，较二季度回落5.0个百分点；环比增速为0.4%，回落0.1个百分点。**工业生产复苏乏力。**8月份工业生产同比增长9.3%，增速较上月回落2.3个百分点；环比下降3.2%，连续两个月负增长。**消费市场持续低迷。**8月份疫情扩散，零售额同比下降3.2%，环比下降4.1%，增速均由正转负，分别创12个月和4个月以来新低；9月份疫情有所好转，消费者信心指数较上月回升1.4点至38.0。**出口恢复放缓，进口持续改善。**8月份货物出口额同比增长26.2%，增速较上月回落10.8个百分点，连续三个月回落；环比下降10.2%，为三个月新低。进口额同比增长44.7%，增速加快16.2个百分点；环比增长4.7%。**价格水平延续分化态势。**8月份CPI同比下降0.4%，连续11个月负增长；核心CPI同比持平，仍处于2016年11月以来相对低位。9月份PPI同比上涨6.3%，涨幅较上月扩大0.5个百分点，仍处金融危机以来高位。**就业形势依然严峻。**8月份失业率持平于2.8%，仍处于2018年以来相对高位。

（四）新兴经济体经济脆弱复苏

经济增速普遍回落。三季度，越南GDP同比下降6.17%，为2000年以来首次负增长。另据英国共识公司预测，马来西亚由正转负（-1.4%），印度（7.8%）、新加坡（6.5%）大幅回落12.3和8.2个百分点，韩国（4.3%）、印尼（3.7%）回落5个百分点以内；据彭博预测，俄罗斯（4.3%）和巴西（5.2%）分别回落6.2和7.2个百分点。**制造业缓慢复苏。**印度（53.7%）、巴西（54.4%）、韩国（52.4%）制造业PMI较上月分别回升1.4、0.8、1.2个百分点，继续处于扩张区间；印尼（52.2%）和菲律宾（50.9%）大幅回升8.5和4.5个百分点，重回扩张区间；俄罗斯（49.8%）、墨西哥（48.6%）、泰国（48.9%）虽然小幅回升，但仍持续处于收缩区间。**贸易增速分化。**9月份，韩国进出口总额同比增长23.2%，环比增长2.5%，其中出口额创1956年有记录以来最高；印度（55.2%）、印尼（59.8%，8月）、土耳其（35.0%，8月）进出口额同比增速较上月分别扩大1.5、24.0、21.1个百分点，处于较高水平；巴西（44.9%）和越南（4.2%）分别回落18.5和4.3个百分点，其中越南连续四个月回落，创今年以来次低水平。**通胀压力居高不下。**9月份，巴西（10.3%）、俄罗斯

(7.4%)、墨西哥(6.0%)CPI同比涨幅分别扩大0.6、0.7、0.4个百分点,再创历史新高。**就业状况整体改善**。8月份,韩国失业率下降0.5个百分点至2.8%,创1999年有记录以来新低;俄罗斯(4.4%)、中国香港(4.7%)、菲律宾(6.9%,三季度)分别下降0.1、0.3、1.8个百分点,创疫情以来新低;9月份,印度(6.9%)下降1.4个百分点,为今年次低水平。

三、IMF对世界经济的最新判断

10月12日,IMF发布最新《世界经济展望》报告显示,全球复苏仍在持续,但势头有所减弱,不确定性有所增加。2021年全球经济增长预期为5.9%,较7月份预测值下调0.1个百分点。其中,发达经济体增长5.2%,下调0.4个百分点;新兴市场与发展中经济体预计增长6.4%,上调0.1个百分点。IMF对部分经济体2021年经济增速预期如下:

美国通胀率急剧上升,就业市场复苏状况不及预期,经济增长预期下调1.0个百分点至6.0%;**欧元区**通胀率相对较低,复苏前景有所改善,经济增长预期上调0.4个百分点至5.0%;**日本**经济复苏相对滞后,经济增长预期下调0.4个百分点至2.4%;**印度**仍受疫情和社会动荡影响,经济增长预期未有改善,维持在9.5%不变;**中国**下半年复苏步伐略有放缓,但通胀水平温和,经济增长预期微幅下调0.1个百分点至8.0%。

表 世界及部分经济体 2021 及 2022 年 GDP 增速预期(%)

经济体	2020 年	2021 年		2022 年	
		10 月份预测值	较 7 月预测值变化	10 月份预测值	较 7 月预测值变化
世　界	-3.1	5.9	-0.1	4.9	-
发达经济体	-4.5	5.2	-0.4	4.5	+0.1
美　国	-3.4	6.0	-1.0	5.2	+0.3
欧元区	-6.3	5.0	+0.4	4.3	-
德　国	-4.6	3.1	-0.5	4.6	+0.5
法　国	-8.0	6.3	+0.5	3.9	-0.3
意大利	-8.9	5.8	+0.9	4.2	-
日　本	-4.6	2.4	-0.4	3.2	+0.2
英　国	-9.8	6.8	-0.2	5.0	+0.2
加拿大	-5.3	5.7	-0.6	4.9	+0.4
新兴市场与发展中经济体	-2.1	6.4	+0.1	5.1	-0.1
中　国	2.3	8.0	-0.1	5.6	-0.1
印　度	-7.3	9.5	-	8.5	-
俄罗斯	-3.0	4.7	+0.3	2.9	-0.2
巴　西	-4.1	5.2	-0.1	1.5	-0.4
南　非	-6.4	5.0	+1.0	2.2	-

数据来源:IMF《世界经济展望》(10 月 12 日)。

(执笔:释经组①;成文于 2021 年 10 月)

① 成员:张军、石庆焱、石婷、李婧婧、黄佩佩、郝悦、朱祎、王庭锡。

世界经济恢复步伐放缓 复苏前景面临多重干扰

——2021 年 10 月份世界经济形势分析

近期,世界经济复苏步伐放缓。从主要领域看,全球 FDI 呈恢复性增长但贸易复苏后续乏力,服务业复苏加快但制造业产出仍然受限,能源供应危机加剧全球通胀压力;从主要经济体看,美国经济经历三季度增长放缓后国内消费强劲恢复、失业率继续下降,欧元区受疫情反弹影响,经济复苏现放缓迹象。联合国贸发会议表示,长期的成本上升和持续的供应链危机延缓了全球经济的复苏进程。同时,疫情改变了全球贸易格局,但广泛的全球贸易争端仍未解决,未来经济复苏的不确定因素仍然较多。

一、世界经济主要领域运行情况

(一)从经济景气看,世界经济景气度小幅回落

10 月份,全球 OECD 领先指标为 100.62,较上月回落 0.03 点,连续两个月回落。其中,主要发达经济体经济景气度小幅回落,美国(100.36)、日本(100.92)、德国(101.81)较上月分别回落 0.05、0.05 和 0.08 点;新兴和发展中经济体景气度表现各异,**中国(101.16)连续 7 个月小幅回落,但仍为 2008 年以来较高水平,经济活跃度位于全球中等偏上水平**;俄罗斯(103.56)大幅上升 0.36 点,巴西(100.50)大幅回落 0.69 点,印度(97.66)连续 30 个月位于长期趋势线以下。

(二)从需求端看,全球贸易复苏后续乏力

全球贸易前景存在较大不确定性。 10 月 28 日,联合国贸发会议发布《贸易与发展报告》表示,2021 年全球贸易量较上年将超预期增长 9.5%,但短期内快速反弹可能是库存补充的结果,而严重的运输瓶颈和

持续的价格上涨导致全球贸易前景存在较大的不确定性。**先行指标显示，持续通胀下全球商品需求或将走弱。**10月份，全球制造业PMI新出口订单指数为50.6%，较上月回落0.4个百分点，连续6个月回落。**受需求减少影响，国际运输成本有所下降。**11月5日，波罗的海干散货价格指数（BDI）降至2715，较9月末下降47.5%，创6月以来最低。各船型运价均走弱，其中，运输焦煤、铁矿石等工业原材料的好望角型船运价指数跌幅最大，达63.3%。**全球FDI恢复性增长。**10月18日，联合国贸发会议发布《全球投资趋势监测报告》估算，2021年上半年，全球FDI总额达8520亿美元，同比增长78%，全年或超过疫情前投资水平（14810亿美元）。

（三）从供给端看，主要行业扩张力度不一

10月份，IHS Markit全球制造业PMI为54.3%，较上月回升0.2个百分点，保持温和改善，其中产出分项指数受供应链阻滞影响回落0.5个百分点至51.6%，为2020年6月以来新低；全球服务业PMI为55.6%，回升1.8个百分点，扩张继续加快，但各经济体间因疫情和防疫限制措施而有所分化。

（四）从金融市场看，风险偏好再度回升

股市整体走高。截至11月5日，明晟全球股票指数较9月末累计上涨6.6%，再创历史新高；明晟新兴市场股指上涨0.9%。**债市收益率高位震荡。**截至11月5日，美国十年期国债收益率收盘为1.45%，较9月末下跌7.0个基点，其中10月21日升至1.68%，创5个月新高；德国、英国、日本十年期国债收益率分别下跌5.0、20.1和1.4个基点。**美元指数小幅波动。**11月5日，美元指数为94.22，与9月末基本持平；主要货币兑美元中，欧元小幅贬值0.1%，英镑升值0.2%，日元贬值1.9%。

（五）从商品市场看，大宗商品价格普遍上涨

根据世行数据，10月份，国际能源价格指数为122.9（2010年=100），环比上涨16.1%，创2014年7月以来新高；非能源价格指数为115.2，上涨3.4%，仍处于2011年以来高位。其中：农产品上涨1.8%，原材料上涨1.9%，化肥上涨23.4%，金属和矿产上涨3.9%。**国际油价高位波动。**11月9日，OPEC一揽子油价为82.64美元/桶，较9月末上涨6.3%，处于2014年以来高位。

二、主要经济体经济运行情况

(一)美国经济温和改善

GDP **增速放缓**。三季度,美国 GDP 环比折年率为 2.0%,为 2020 年三季度经济反弹以来最低水平,较二季度回落 4.7 个百分点;同比增速为 4.9%,回落 7.3 个百分点。11 月 1 日,亚特兰大联储 GDPNow 预测,四季度 GDP 环比折年率为 8.2%,较三季度显著回升。**供应链瓶颈持续拖累工业产出**。9 月份,工业生产同比增长 4.5%,制造业生产增长 5.0%,增速均连续 5 个月回落;工业产能利用率为 75.2%,回落 1.0 个百分点,创 5 个月最低。10 月份,制造业 PMI 回落 2.3 个百分点至 58.4%,为近 10 个月最低。**国内消费需求强劲**。9 月份,零售额环比增长 0.7%,远超市场预期的-0.2%,并连续两个月正增长;同比增长 14.3%。10 月 30 日当周,红皮书商业零售额同比增长 16.9%,整体继续保持较快增长。**贸易逆差再创新高**。9 月份,货物和服务出口额为 2076 亿美元,同比增长 16.6%;计算机、电气设备和工业用品等资本货物的进口成本持续飙升,推动进口额达到创纪录的 2885 亿美元,增长 19.9%;贸易逆差达到 809 亿美元,较上月扩大 81 亿美元,再创历史新高。**通胀水平居高不下**。10 月份,CPI 同比上涨 6.2%,涨幅较上月扩大 0.8 个百分点,创 1990 年 11 月以来新高;PPI 上涨 8.6%,涨幅与上月持平,保持 2010 年以来最高水平。**劳动力市场继续向好**。10 月份,失业率下降 0.2 个百分点至 4.6%,创 2020 年 3 月以来新低;新增非农就业人口 53.1 万人,较上月增加 21.9 万人,超市场预期的 45 万人。

(二)欧元区经济复苏现放缓迹象

GDP **保持较快增长**。三季度,欧元区 GDP 环比增长 2.2%,增速较二季度扩大 0.1 个百分点;同比增长 3.7%,为 2007 年以来次高水平。**制造业扩张持续放缓**。受供应链瓶颈限制,10 月份制造业 PMI 较上月回落 0.3 个百分点至 58.3%,连续 4 个月放缓,并为 8 个月新低。**服务业恢复力度减弱**。受疫情反弹影响,10 月份服务业 PMI 较上月下降 1.8 个百分点至 54.6%,连续 3 个月回落。**消费者信心再度下滑**。9 月份,零售量同比增长 2.5%,增速较上月扩大 1.0 个百分点;环比下降 0.3%,略低于-0.2%的市场预期,或预示消费改善步伐将有所放慢。10 月份,消费者信心指数较上月下降 0. 8 个点至-4. 8。**价格水平创历史新高**。10 月份，CPI 同比上涨 4. 1%，涨幅较上月扩大 0. 7 个百分点，为 1997 年有记录以来最大涨幅；因能源供应紧张推升价格，9 月份 PPI 同比上涨 16. 0%，扩大 2. 6 个百分点，再创有记录以来最大涨幅。**劳动力市场稳定改善**。9 月份，失业率为 7. 4%，较上月回落 0. 1 个百分点，为 2020 年 4 月以来新低；失业人数为 1207. 9 万人，较上月减少 25. 5 万人，已恢复至疫情前水平。

（三）日本经济复苏仍显疲弱

工业生产表现疲软。9 月份，日本工业生产同比下降 2. 3%，增速较上月回落 11. 1 个百分点；环比下降 1. 8%，连续 3 个月负增长。**消费市场提振有限**。9 月份，零售额环比增长 2. 7%，增速由负转正；同比下降 0. 6%，降幅较上月收窄 2. 6 个百分点。10 月份，消费者信心指数为 39. 2，较上月上升 1. 2 点。**对外贸易增速放缓**。9 月份，货物出口额同比增长 13. 0%，增速较上月回落 13. 2 个百分点，连续 4 个月回落；进口额增长 38. 6%，回落 6. 2 个百分点。10 月前 20 日，出口额同比增长 11. 2%，进口额增长 31. 4%。**价格水平有所抬升**。9 月份，CPI 同比上涨 0. 2%，为 13 个月以来首次上涨；10 月份，PPI 同比上涨 8. 0%，涨幅较上月扩大 1. 6 个百分点，再创金融危机以来新高。**就业状况依旧低迷**。9 月份，失业率连续第三个月持平于 2. 8%，仍处于 2018 年以来相对高位；由于企业招聘岗位增加，求人倍率升至 1. 16，仍远低于 2019 年末 1. 57 的水平。

（四）新兴经济体经济低速修复

GDP 增速普遍回落。三季度，新兴经济体 GDP 同比增速均出现不同程度回落，墨西哥（4. 6%）、新加坡（6. 5%）分别大幅回落 15. 0 和 8. 2 个百分点，韩国（4. 0%）、印尼（3. 5%）、菲律宾（7. 1%）分别回落 2. 0、3. 6、4. 7 个百分点，中国香港（5. 4%）、中国台湾（3. 8%）分别回落 2. 2 和 3. 6 个百分点，均为今年最低增速；越南 GDP 同比下降 6. 2%，为 2000 年以来首次负增长。**制造业产出好转**。10 月份，印度（55. 9%）、印尼（57. 2%）分别回升 2. 2 和 5. 0 个百分点，扩张加快；俄罗斯（51. 6%）、越南（52. 1%）、马来西亚（52. 2%）分别回升 1. 8、11. 9、4. 1 个百分点，均为 6 月以来首次扩张；南非（53. 6%）、巴西（51. 7%）、韩国（50. 2%）分别回落 1. 1、2. 7、2. 2 个百分点，继续位于扩张区间。**多数经济体贸易增速放**

缓。10月份，韩国（30.4%）和印度（55.5%）进出口贸易总额同比增速较上月分别加快7.2和0.3个百分点，韩国创全年贸易总额破万亿最快纪录；巴西（42.8%）、俄罗斯（60.4%，8月）、墨西哥（18.0%，9月）、中国香港（11.9%，9月）分别回落2.1、11.2、6.7和9.9个百分点，印尼（44.3%，9月）和土耳其（19.8%，9月）大幅回落15个百分点以上。**通胀压力分化加剧**。10月份，巴西（10.7%）和俄罗斯（8.1%）通胀率较上月分别扩大0.4和0.7个百分点，均创2016年以来新高，墨西哥（6.2%）扩大0.2个百分点，创2017年以来新高；印度（4.4%，9月）回落0.9个百分点，连续4个月回落。**劳动力市场有所改善**。9月份，俄罗斯（4.3%）、墨西哥（4.2%）、新加坡（2.6%，三季度）失业率较上月（季度）均下降0.1个百分点，俄罗斯创1995年以来最低水平，中国香港（4.5%）下降0.2个百分点，创疫情以来新低；韩国（3.0%）上升0.2个百分点，仍为2013年以来的次低水平。

三、联合国贸发会议对世界经济的最新判断

10月28日，联合国贸发会议发布《贸易与发展报告》表示，2021年全球经济稳步复苏，全球GDP预计增长5.3%，基本修复至2019年经济水平以上。但是，市场对通胀的担忧情绪发酵、全球债务水平高企和政策权衡难度提高等风险因素增多，经济不确定性上升，预计2030年全球产出才能恢复至疫情前趋势水平。部分经济体2021年的经济增速预期如下：

美国经济预计增长5.7%，反弹较为强劲，但劳动力市场和服务需求的修复程度不及预期。**欧元区**经济较快复苏，预计增长4.1%，但仅勉强修复至2017年水平，反弹力度较弱。**日本**预计增长2.4%，仅勉强修复至2016年水平，经济短期内难以回到疫情前水平。**中国**预计增长8.3%，受益于迅速有效的防疫措施和外部需求激增，中国在很大程度上避免了疫情对经济造成的直接损失和潜在影响。

表 世界及部分经济体 2021、2022 年 GDP 增速预期(%)

经济体	2020 年	2021 年(预测)	2022 年(预测)
世 界	-3.5	5.3	3.6
发达经济体	-4.7	4.7	2.9
美 国	-3.5	5.7	3.0
欧元区	-6.6	4.1	3.4
德 国	-4.9	2.2	3.2
法 国	-8.0	5.2	3.4
意大利	-8.9	5.5	3.0
日 本	-4.7	2.4	2.1
英 国	-9.9	6.7	2.1
发展中经济体	-1.8	6.2	4.7
中 国	2.3	8.3	5.7
印 度	-7.0	7.2	6.7
俄罗斯	-3.0	3.8	2.3
巴 西	-4.1	4.9	1.8

数据来源:联合国贸发会议《贸易与发展报告》(10 月 28 日)。

(执笔:释经组①;成文于 2021 年 11 月)

① 成员:张军、石庆焱、石婷、李婧婧、黄佩佩、郝悦、朱祎、王庭锡。

世界经济恢复趋缓
下行风险依然较大

——2021 年 11 月份世界经济形势分析

近期,世界经济继续保持恢复态势,但复苏步伐有所放缓。从主要领域看,世界经济景气度继续回落,全球货物贸易恢复放缓,主要行业扩张力度仍显不足,金融市场避险情绪升温,价格水平仍处高位,但能源供应危机略有缓解;从主要经济体看,美国经济稳步复苏,欧元区弱势复苏,日本略有回暖,新兴经济体缓慢回升。12 月 2 日,OECD 发布《经济展望》报告,将 2021 年全球经济增速预期下调 0.1 个百分点至 5.6%,并指出,受供应链瓶颈、通胀上升和疫情的持续影响,当前全球经济强劲恢复的势头正在减缓,而奥密克戎变异病毒则带来了潜在风险和不确定性,或将加剧经济失衡并进一步危及全球经济复苏。

一、世界经济主要领域运行情况

(一)从经济景气看,世界经济景气度继续回落

11 月份,全球 OECD 领先指标为 100.64,较上月回落 0.06 点,连续 4 个月回落。其中,主要发达经济体经济景气度延续回落态势,美国(100.13)、日本(100.70)、德国(101.23)分别回落 0.06、0.04 和 0.16 点;新兴和发展中经济体景气度差异较大,**中国(100.41)连续 9 个月小幅回落,已降至 2010 年 10 月以来最低,经济活跃度位于全球中等偏下水平**;印度(100.40)连续 5 个月回落,巴西(99.75)连续 11 个月回落,俄罗斯(104.60)大幅上升 0.27 点至 1992 年 10 月以来新高。

(二)从需求端看,全球货物贸易恢复放缓

11 月 15 日,WTO 最新一期货物全球贸易晴雨表指数下跌 10.9 个点

至 99.5,是全球贸易复苏以来首次低于 100 的基准趋势。主要成分指数全面下跌,半导体短缺导致汽车产品指数下跌 20.7 个点至 85.9;出口订单指数(97.8)跌至 100 点以下;集装箱运输和原材料指数(100.3)跌至 100 点趋势线附近。表明历经前期的强劲反弹后,全球货物贸易恢复趋缓。**先行指标显示下阶段全球贸易有望小幅回升。**11 月份,Markit 全球制造业 PMI 新出口订单指数为 51.4%,较上月回升 0.8 个百分点,是 4 月份以来首次回升。**全球运价止跌反弹。**12 月 3 日,波罗的海干散货价格指数为 3171,较 11 月 17 日的近 5 个月低点 2430 回升 30.5%;12 月 3 日当周,上海出口集装箱综合运价指数为 4727,较 10 月末回升 3.5%。

(三)从供给端看,主要行业扩张力度仍显不足

11 月份,Markit 全球制造业 PMI 为 54.2%,较上月微幅回落 0.1 个百分点,延续温和扩张态势;全球服务业 PMI 为 55.6%,与上月持平,延续修复态势。

(四)从金融市场看,全球避险情绪升温

股市整体下行。截至 12 月 3 日,明晟全球股票指数较 10 月末累计下跌 2.1%。美联储货币政策收紧的预期和感染奥密克戎病例的发现使美国股市遭受双重打击,截至 12 月 3 日,美国道指、纳指、标普 500 分别下跌 3.5%、2.7%和 1.5%;德国 DAX 指数、英国 FT100 和日经 225 股指分别下跌 3.3%、1.6%和 3.0%;明晟新兴市场股指下跌 2.4%。**债市收益率震荡走低。**截至 12 月 3 日,美国十年期国债收益率收盘为 1.35%,较 10 月末下跌 22.0 个基点,为 9 月份以来最低;德国、英国、日本十年期国债收益率分别下跌 27.0、25.4 和 3.8 个基点。**美元指数大幅上涨。**美联储加息预期升温推动美元指数持续拉升,截至 12 月 3 日,美元指数较 10 月末上涨 2.2%,其中 11 月 24 日一度逼近 97.0 并创 2020 年 7 月 8 日以来最高;主要货币兑美元中,欧元贬值 2.2%,英镑贬值 3.4%,日元升值 1.1%。

(五)从商品市场看,大宗商品价格涨跌互现

根据世行最新数据,11 月份,国际能源价格指数为 114.6(2010 年=100),环比下跌 6.4%,为 2014 年 9 月以来次高;非能源价格指数为 115.4,环比下跌 0.2%,为 2011 年 9 月以来次高。其中:农产品上涨 1.3%,原材料上涨 0.8%,化肥上涨 19.2%,金属和矿产下跌 6.1%。**国际**

油价迅速回落。12 月 9 日,OPEC 一揽子油价为 75.37 美元/桶,较 10 月末下跌 9.1%,其中 12 月 2 日跌至 70.03 美元/桶,创近 3 个月新低。

二、主要经济体经济运行情况

(一)美国经济稳步复苏

工业生产趋于改善。10 月份,工业生产同比增长 5.0%,增速较上月扩大 0.6 个百分点;环比增长 1.6%,创 3 月份以来最快增速。工业产能利用率为 76.4%,较上月上升 1.2 个百分点,创 2020 年来最高水平。先行指数显示供应链问题有缓解迹象,11 月份 ISM 制造业 PMI 较上月上升 0.3 个百分点至 61.1%,为半年来最高。**消费市场表现活跃**。10 月份,零售额环比增长 1.7%,增速较上月加快 0.9 个百分点,连续 3 个月正增长;同比增长 14.7%,加快 0.1 个百分点。11 月 27 日当周,红皮书商业零售额同比增长 21.9%,创 2008 年来最快增速。**对外贸易增长强劲**。10 月份,受工业用品和材料等商品出口增长推动,美国货物和服务出口额达 2236.3 亿美元,同比增长 22.4%;受汽车、零部件和发动机进口增加推动,进口额达到 2907.5 亿美元,增长 18.0%;进、出口额均创历史新高,由于出口增幅远超进口,贸易逆差较上月大幅收窄 143 亿美元至 671 亿美元,为 4 月以来最低水平。**通胀水平居高不下**。11 月份,CPI 同比上涨 6.8%,涨幅较上月扩大 0.6 个百分点,创 1982 年 6 月以来新高;10 月份,PPI 上涨 8.6%,涨幅与上月持平,保持 2010 年以来最高水平。**劳动力市场继续修复**。11 月份,失业率较上月下降 0.4 个百分点至 4.2%,创 2020 年 2 月以来新低;新增非农就业人口 21.0 万人,较上月减少 33.6 万人。

(二)欧元区经济弱势复苏

制造业延续缓慢扩张态势。11 月份,Markit 欧元区制造业 PMI 较上月上升 0.1 个百分点至 58.4%,仍处于 2 月份以来低位。**服务业恢复有所加快**。11 月份,服务业 PMI 上升 1.3 个百分点至 55.9%。**消费者信心继续下滑**。10 月份,零售量同比增长 1.4%,增速较上月回落 1.2 个百分点。11 月份,消费者信心指数下降 2.0 个点至-6.8,降至近 7 个月新低。**价格水平再创历史新高**。11 月份,CPI 同比上涨 4.9%,涨幅较上月扩大 0.8 个百分点,再创 1997 年有记录以来最大涨幅;10 月份 PPI 同比上涨 21.9%,涨幅扩大 5.8 个百分点,再创有记录以来最大涨幅。**劳动力市场**

稳定改善。10 月份，失业率较上月回落 0.1 个百分点至 7.3%，为 2020 年 3 月以来新低；失业人数为 1204.5 万人，较上月减少 6.4 万人，已恢复至疫情前水平。

（三）日本经济略显回暖迹象

工业生产略有改善。10 月份，日本工业生产环比增长 1.1%，继连续 3 个月负增长后首次转正；同比下降 4.8%。**国内消费疲弱复苏**。主要受汽油价格上涨推动，10 月份，零售额同比增长 0.9%，增速由负转正；环比增长 1.1%，连续两个月增长。11 月份，消费者信心指数为 39.2，与上月持平。**对外贸易有所增长**。10 月份，货物出口额同比增长 9.4%，环比增长 2.7%；进口额同比增长 26.7%，环比增长 0.3%。**价格水平分化加大**。10 月份，CPI 同比上涨 0.1%，较上月回落 0.1 个百分点；11 月份，PPI 同比上涨 9.0%，涨幅较上月扩大 0.7 个百分点，再创 1980 年 12 月以来新高。**企业用人需求依旧低迷**。10 月份，失业率回落 0.1 个百分点至 2.7%，仍处于 2018 年以来相对高位；求人倍率回落 0.01 个点至 1.15，仍低于 2019 年末 1.57 的水平。

（四）新兴经济体经济缓慢回升

制造业维持扩张。11 月份，印度（57.6%）、韩国（50.9%）、俄罗斯（51.7%）、南非（57.2%）制造业 PMI 较上月分别回升 1.7、0.7、0.1 和 3.6 个百分点，其中印度和俄罗斯分别创 10 个月和 6 个月以来新高；印尼（53.9%）、新加坡（52.2%）、泰国（50.6%）分别回落 3.3、2.3、0.3 个百分点，扩张放缓，巴西回落 1.9 个百分点至 49.8%，为 2020 年 6 月以来首次降至荣枯线以下。**贸易增速总体趋缓**。11 月份，印度（45.9%）、巴西（33.8%）进出口贸易总额同比增速较上月分别回落 9.6 和 9.1 个百分点，均创 9 个月以来新低；墨西哥（11.5%，10 月）、南非（13.6%，9 月）、俄罗斯（39.6%，9 月）分别回落 6.4、13.6 和 20.8 个百分点；韩国（37.5%）和越南（19.6%）分别加快 7.1 和 15.8 个百分点。**通胀水平再度攀升**。11 月份，俄罗斯（8.4%）通胀率较上月扩大 0.3 个百分点，巴西（10.7%）与上月持平，均创 2016 年以来新高；墨西哥（7.4%）扩大 1.2 个百分点，创 2001 年以来新高；印度（4.5%，10 月）扩大 0.1 个百分点，在连续 4 个月回落后再次上涨。**失业率趋近疫情前水平**。10 月份，俄罗斯（4.3%）失业率与上月持平，保持 1995 年以来最低水平；印度（6.9%，9 月）下降

1.4 个百分点，创 6 个月新低；巴西（12.6%，9 月）、马来西亚（4.5%，9 月）、中国香港（4.3%）分别下降 0.5、0.1 和 0.2 个百分点，均创疫情以来新低；墨西哥（3.9%）下降 0.3 个百分点，为疫情以来次低水平。

三、OECD 对世界经济的最新判断

12 月 2 日，OECD 发布《经济展望》表示，在供给瓶颈、供应链迟滞的影响下，全球经济在经历最初的反弹后恢复势头开始减缓，2021 年全球经济增速预期较 9 月份下调 0.1 个百分点至 5.6%。部分经济体 2021 年的经济增速预期如下：

美国始终面临疫苗接种率不足和通胀压力的影响，供应瓶颈短期内难以解决，经济增速预期从 6.0%下调至 5.6%；**欧元区**受益于经济开放，部分成员国经济预期较大幅度上调，但在供应链瓶颈、能源价格高企和疫情前景下，整体经济恢复受限，增速预期从 5.3%下调至 5.2%；**日本**重启并扩大疫情紧急措施阻碍了经济复苏，增速预期从 2.5%下调至 1.8%；**印度**疫情持续好转，出口和消费保持强劲，农业供应链有所恢复，但受国际经济金融环境的支持力度减弱以及新变异病毒影响，经济增速预期从 9.7%下调至 9.4%；**中国**主要面临部分房地产违约风险上升和原材料价格上升问题，经济增速预期从 8.5%下调至 8.1%，但已基本恢复至疫情前的潜在增长趋势，是全球恢复状况最好的国家之一。

表　世界及部分经济体 2021 年 GDP 增速预期(%)

经济体	2020 年	2021 年(预测)	较 9 月份预测
世　界	-3.4	5.6	-0.1
美　国	-3.4	5.6	-0.4
欧元区	-6.5	5.2	-0.1
德　国	-4.9	2.9	—
法　国	-8.0	6.8	+0.5
意大利	-9.0	6.3	+0.4
日　本	-4.6	1.8	-0.7
英　国	-9.7	6.9	+0.2
中　国	2.3	8.1	-0.4
印　度	-7.3	9.4	-0.3
巴　西	-4.4	5.0	-0.2

数据来源：OECD《经济展望》报告(12 月 2 日)。

(执笔：释经组①；成文于 2021 年 12 月)

① 成员：张军、石庆焱、石婷、李婧婧、黄佩佩、郝悦、朱祎、王庭锡。

二 世界经济年度分析

世界经济负重前行 下行压力明显加大

——2021 年世界经济形势回顾及 2022 年展望

2021 年，世界经济维持复苏态势，但在疫情反复、供应瓶颈等因素影响下依旧脆弱。从主要领域看，全球货物贸易复苏加快但服务贸易复苏不足，主要行业扩张力度减弱，价格水平不断攀升，四季度世界经济增速回落；从主要经济体看，美欧日复苏进程持续分化，新兴经济体复苏缓慢。总体来看，疫情限制措施放宽、财政刺激和宽松货币政策以及低基数效应等因素推动 2021 年全球经济大幅增长，国际货币基金组织（IMF）4 月 19 日发布《世界经济展望》报告预计，2021 年世界经济增速达到 6.1%，创 1980 年有记录以来新高。展望 2022 年，随着全球疫苗接种率继续提高，世界经济有望延续复苏趋势，但疫情反复、通胀高企、供应链瓶颈、复苏不均衡等问题短期内难以解决，加之俄乌冲突持续胶着、主要经济体财政支持力度减弱、全球货币政策转向加速等因素影响，全球经济下行压力明显加大，经济增速预期将回落至 3.6%。

一、世界经济主要领域运行情况

（一）从经济增速看，全年季度增速快速反弹后逐季回落

世界银行数据显示，世界经济 2021 年季度同比增速分别为 2.4%、12.0%、4.7%和 4.5%。逐季看，世界经济在二季度实现 12.0%的恢复性反弹后，三、四季度逐季放缓，四季度同比增速为 4.5%，较三季度回落 0.2 个百分点。

（二）从需求端看，全球货物贸易强劲复苏但服务贸易复苏不足

经联合国贸发会议 2021 年 12 月 9 日发布的《2021 年统计手册》初

步估算，2021 年，全球货物贸易出口额为 21.5 万亿美元，较 2020 年大幅增长 22.4%，较 2019 年增长 13.4%，已经超过金融危机前水平；全球服务贸易出口额为 5.6 万亿美元，较 2020 年增长 13.6%，较 2019 年下降 6.6%。**先行指标显示国际贸易扩张力度逐渐减弱**。2021 年 12 月份，IHS Markit 全球制造业 PMI 新出口订单指数为 51.2%，较 5 月 54.9%的高点回落 3.7 个百分点，降至 2020 年 8 月以来相对低位。**运价指数冲高回落**。受全球供应链阻滞影响，2021 年前三季度国际运价大幅上涨，10 月 7 日，波罗的海干散货价格指数（BDI）一度涨至 5650，较年初上涨 3.1 倍，创金融危机以来新高。随着四季度各国防疫限制措施放宽，全球运力逐步恢复，运价指数有所回落，截至 12 月末，BDI 降至 2217，较 10 月高点下跌 60.8%。

（三）从供给端看，主要行业扩张力度减弱

2021 年，世界工业生产增长 8.6%，较上年-4.4%的增速转负为正，创 2010 年以来最快增速，实现恢复性反弹。其中，发达经济体增长 6.1%，新兴和发展中经济体增长 10.4%，均为 2010 年以来新高。**全球制造业复苏趋缓**。5 月份 IHS Markit 全球制造业 PMI 为 56.0%，创 2011 年 12 月以来新高，此后在疫情反复、供应链紧张、运价高企等因素影响下，制造业扩张放缓，12 月份全球制造业 PMI 降至 54.3%，保持温和扩张。**全球服务业缓慢恢复**。因全球疫情反复及各国防疫措施限制，12 月份全球服务业 PMI 为 54.6%，较 5 月 59.6%的高点回落 5.0 个百分点，降至年内相对低位。

（四）从金融市场看，国际金融市场持续波动

风险偏好上行，全球股市普遍上涨。2021 年，全球股市延续了 2020 年 3 月下旬触底反弹后的上涨态势，明晟全球股票指数全年累计上涨 19.1%，其中 11 月 16 日一度涨至 885.23 点，创有记录以来新高。美国三大股指均率创历史新高，纳斯达克综合指数、标普 500 指数、道琼斯工业指数全年分别累计上涨 23.2%、28.8%、20.2%。由于疫情反复、通胀压力加剧、经济恢复相对缓慢，加之三季度以来全球宽松货币政策环境在美联储加息预期升温下发生转变，导致新兴市场股市承压，12 月末，明晟新兴市场股指较 2 月 17 日高点下跌 13.0%，全年累计下跌 2.3%。**债市收益率低位波动**。2021 年，美国十年期国债收益率累计上涨 71 个基点，德国、英国和日本分别上涨53、98和12个基点，均处于历史相对低位。**美元指数震荡上行**。2021年上半年，美国经济加速反弹，叠加通胀上升的预期，推动美元指数由89.22低位波动上行，一度突破93的水平；下半年，随着美联储持续释放紧缩信号，美元指数继续上行，全年累计上涨6.8%。主要非美货币普遍贬值。其中，欧元贬值7.2%，日元贬值11.6%，英镑贬值0.3%。

（五）从商品市场看，大宗商品价格高位运行

国际大宗商品价格大幅上涨。2021年全年，国际能源价格指数为94.5（2010年=100），较上年上涨82.0%；非能源价格指数为111.3（2010年=100），上涨32.3%。其中：农产品较上年上涨23.5%，化肥上涨80.5%，金属和矿产上涨47.1%。**国际油价先涨后跌**。2021年，OPEC一揽子原油平均价格较上年上涨68.5%。1—10月，全球原油供需失衡导致国际油价持续攀升，10月份OPEC一揽子原油价格涨至82.11美元/桶，创2014年10月以来新高。此后，多国释放原油储备缓解能源紧缺，油价高位回落，12月份，OPEC一揽子原油价格跌至74.38美元/桶，较10月高点回落9.4%。

二、主要经济体经济运行情况

（一）美国经济积极复苏

2021年，美国经济延续积极复苏态势，在政策刺激、疫苗接种、基数效应共同作用下，经济增速大幅反弹、工业生产继续改善、消费强劲增长、就业继续修复，但受劳动力紧缺、通胀高企和供需错配等因素影响，贸易逆差不断扩大。2022年，内需旺盛和财政刺激将继续促进经济活跃度，但在俄乌冲突以及美联储加快货币政策转向等因素影响下，美国供应链问题短期内难有明显改善，经济增长动能减弱。

经济大幅反弹。在政策刺激、疫苗接种和基数效应的共同作用下，2021年美国GDP较上年增长5.7%，为1984年以来最快增速。分季度看，四个季度环比折年率增速分别为6.3%、6.7%、2.3%、7.0%；同比增速为0.5%、12.2%、4.9%、5.5%。

工业生产持续修复。2021年，美国工业生产较上年增长5.6%，制造业生产增长6.4%，均创1998年以来最高增速，但尚未恢复疫情前水平；

工业产能利用率平均为75.4%，也未恢复疫情前水平。

消费市场强劲增长。2021年，美国零售总额为7.42万亿美元，较上年大幅增长19.4%，为历史最高水平。其中，无接触的网络零售额增长14.2%，占零售总额的比重为13.2%，发展势头较好。从年内数据看，受低基数效应影响，4月份零售总额同比增长53.6%，为有记录以来最快增速。

对外贸易表现活跃，贸易逆差创新高。2021年，美国进出口总额为58757亿美元，较上年增长20.0%，达历史最高水平。其中，出口额增长16.8%，进口额增长22.4%。由于进口增长快于出口，全年贸易逆差总额达9159亿美元，较上年扩大40.6%，创历史新高。

通胀压力高企。2021年，美国消费价格全年上涨4.7%，涨幅较上年扩大3.5个百分点，为1990年以来最大涨幅；扣除食品和能源价格的核心CPI上涨3.6%，涨幅扩大1.9个百分点。生产者价格上涨7.0%，涨幅扩大6.8个百分点，主要受能源价格上涨30.6%的推动。

劳动力市场整体向好。2021年，美国全年平均失业率为5.4%，较上年回落2.7个百分点；非农就业人数较上年增加666.5万人，尚未弥补2020年减少929.2万人的缺口。

(二)欧元区经济缓慢恢复

2021年，尽管欧元区制造业保持扩张态势、对外贸易稳步改善、就业市场持续向好为经济的恢复注入动能，但受制于疫情反复、供应链阻滞及能源危机的拖累，经济恢复仍相对缓慢。2022年，俄乌冲突将成为左右欧元区经济的最重要因素，冲突及制裁或令欧元区持续处于能源困境，并加剧通胀压力，经济面临的下行风险进一步增加。

经济延续恢复性增长。2021年，欧元区GDP增速为5.3%，创有记录以来新高，实现恢复性反弹。季度增速逐渐趋缓，GDP环比增速分别为-0.1%、2.2%、2.3%和0.3%；同比增速为-0.9%、14.6%、4.0%和4.6%。

制造业扩张趋缓。2021年，欧元区工业生产和制造业生产较上年增长7.8%和8.5%，均创1991年有记录以来新高。12月份，欧元区制造业PMI较6月63.4%的高点回落5.4个百分点至58.0%，为10个月新低。

服务业恢复进程受挫。2021年，欧元区服务业PMI全年平均值为

53.6%。因多国疫情快速蔓延,12月份服务业PMI较7月59.8%的高点回落6.7个百分点至53.1%,为8个月新低。

能源危机致零售销售激增,市场信心仍显低迷。2021年,欧元区商品零售量较上年增长5.0%,为2000年有记录以来最快增速。其中,欧洲能源危机致汽车燃料零售量大幅增长9.3%,创有记录新高,是主要拉动项。受通胀和疫情打击,12月份,消费者信心指数降至-8.4,连续3个月回落,并为9个月新低。

对外贸易稳步改善。2021年,欧元区货物贸易进出口总额为407403亿欧元,较上年增长17.5%。其中,货物出口额为24343亿欧元,增长14.1%;进口额为23059亿欧元,增长21.4%,均已恢复至疫情前水平。

价格水平显著上涨。2021年,欧元区消费价格较上年上涨2.6%,涨幅较上年扩大2.3个百分点,创2011年以来新高;剔除能源和食品后的核心消费价格上涨1.5%,扩大0.8个百分点,为2008年以来新高。在能源价格攀升推动下,生产者价格较上年上涨12.3%,创有记录以来新高。

劳动力市场持续向好。2021年,欧元区劳动力市场稳步改善,全年失业率为7.7%,较上年下降0.3个百分点;失业人数平均为1258.8万人,较上年减少35.2万人。

(三)日本经济恢复乏力

2021年,在疫情反弹、防疫措施限制、供应链中断扰动下,日本经济恢复乏力,经济整体仍未恢复到疫情暴发前的水平。2022年,疫情走势及俄乌冲突影响将给日本经济恢复带来较大的不确定性,加之政府债务高企、内需疲软、劳动力供应紧缺等问题长期存在,经济恢复前景仍相对脆弱。

经济缓慢修复。2021年,日本GDP较上年增长1.6%,为3年来首次由负转正,但仍未恢复至疫情暴发前水平。分季度看,四个季度环比增速分别为-0.5%、0.6%、-0.7%和1.1%;同比增速为-1.8%、7.3%、1.2%和0.4%,总体呈缓慢修复态势。

工业生产显示复苏迹象。2021年,日本工业生产较上年增长5.8%,为2019年以来首次由负转正。从月度数据看,6月份,因低基数效应,工业生产同比增长23.0%,12月份回落至2.7%,维持较低增速。

国内消费有所改善。2021年,日本零售额较上年增长1.9%,实现恢复性增长。新车登记数较上年下降 0.1%,降幅缩窄 11.3 个百分点。

对外贸易持续恢复。2021 年,日本出口额较上年增长 21.5%,进口额增长 24.3%,分别为 2010 年和 1980 年以来新高。贸易逆差达 1.67 万亿日元,为 2015 年以来新高。

价格走势有所分化。2021 年,日本消费价格较上年下降 0.2%,为 2017 年以来首现负增长。其中,扣除生鲜食品的核心消费价格下降 0.2%,连续 2 年负增长。生产者价格上涨 4.8%,较上年由负转正,并创 1980 年以来新高。

就业形势依然严峻。2021 年,日本失业率为 2.8%,与去年持平,就业仍未恢复至疫情暴发前水平;受疫情影响企业用人需求低迷,求人倍率较上年下降 0.06 个点至 1.13,为 2015 年来最低水平。

(四)新兴经济体经济持续修复

2021 年,新兴经济体经济增长普遍实现恢复性增长,制造业持续扩张、对外贸易快速增长、就业市场有所改善,但通胀压力不断累积、金融和债务风险攀升,经济韧性仍然较差。2022 年,尽管疫苗加快普及和生产链修复将支撑新兴经济体经济继续恢复,但在疫情扰动、全球货币政策转向及输入性通胀压力等多重挑战下,经济复苏进程或将放缓。

多数新兴经济体经济恢复性反弹。2021 年,印度和南非 GDP 较上年增长 8.3%和 4.9%,分别创 2010 年和 2007 年以来新高;巴西、韩国和墨西哥 GDP 增速位于 4.5%~5.0%区间,均为近 10 年来最高增速。

多数经济体制造业保持扩张态势。2021 年,韩国、新加坡、中国台湾和波兰制造业 PMI 全年处于扩张区间,印度和南非除仅个别月份短暂跌至收缩区间,制造业保持较强扩张势头;巴西制造业 PMI 扩张趋缓,下半年逐步降至收缩区间;俄罗斯全年在 50%荣枯线上下波动;墨西哥全年处于收缩区间,制造业相对低迷。

对外贸易加速修复。从进出口贸易总额两年平均增速来看,2021 年 12 月份,印度(21.0%)、越南(21.8%)均为全年最高增速,巴西(20.1%)为下半年最高增速;韩国(16.9%)和中国台湾(15.7%)有所回落,但仍处于全年较高水平。全年来看,除菲律宾外,其他主要新兴经济体进出口总额均恢复至疫情前水平。

通胀水平整体上行。2021 年,巴西全年消费价格涨幅较上年扩大

5.1个百分点至8.3%；俄罗斯和土耳其分别为6.7%和19.4%，远超IMF估计的新兴和发展中经济体5.7%的通胀水平；韩国消费价格涨幅（2.5%）创2011年以来新高，南非（4.6%）和墨西哥（5.7%）均创2017年以来新高。但印度（5.1%）回落1.5个百分点；越南和印度尼西亚消费价格涨幅均处于2%以下的相对低位。

就业形势小幅改善。2021年，印度（7.8%）、巴西（13.4%）和墨西哥（4.1%）失业率较上年有所下降，但仍高于疫情前水平；俄罗斯（4.8%）和韩国（3.7%）失业率分别回落0.8和0.3个百分点，基本恢复至疫情前水平；因经济形势低迷且不确定性加剧，南非失业率逐季上升，全年为34.3%，创2008年开始季度劳动力调查以来最高。

三、国际组织对世界经济的最新判断

国际组织预期今明两年世界经济复苏步伐将逐步放缓。2022年4月19日，IMF发布最新《世界经济展望》报告表示，俄乌冲突可能导致全球供应链出现新瓶颈，全球通胀压力增大，政策权衡面临挑战，整体经济风险急剧上升。预计全球经济增速在2021年实现6.1%的恢复性反弹下，2022年将放缓至3.6%，较1月份预测值下调0.8个百分点，2023年将维持3.6%的增速。3月24日，联合国贸发会议《全球经济最新动态》预测，全球经济将在2021年增长5.6%后，2022年放缓至2.6%。1月13日，联合国报告预测，世界经济在2021年实现5.5%的增长后，2022年放缓至4.0%，2023年将进一步放缓至3.5%。

俄乌冲突或将拖累全球经济复苏进程。尽管俄乌经济规模很小，但战争和相关制裁已经通过贸易、金融和价格造成全球性的破坏。OECD预计，俄乌冲突爆发后的第一年内将拖累全球GDP增速1个百分点以上。IMF认为，俄乌冲突对主要经济体短期经济前景造成显著负面影响，预计2022年发达经济体经济将增长3.3%，较1月份预测值下调0.6个百分点。其中，俄乌冲突对能源等大宗价格的影响将导致美国通胀压力加大，不利于劳动力和消费市场复苏，预计美国经济将增长3.7%，下调0.3个百分点；由于俄罗斯是欧洲主要能源供应国，切断能源供应将严重打击欧元区经济预期，预计欧元区经济将增长2.8%，下调1.1个百分点。预计新兴和发展中经济体经济将增长3.8%，下调1.0个百分点，其中受冲突直接影响,欧洲新兴和发展中经济体经济将下降 2. 9%,下调 6. 4 个百分点;亚洲新兴和发展中经济体将增长 5. 4%,下调 0. 5 个百分点。

全球通胀压力不容乐观。一是全球通胀压力达到历史高位,据 OECD 预计,俄乌冲突持续将推高全球通胀率(CPI 同比涨幅)约 2. 5 个百分点。据 IMF 预测,2022 年,发达经济体通胀预期从 1 月份的 3. 9%大幅上调至 5. 7%,达到近 38 年以来高位;新兴和发展中经济体通胀预期从 1 月份的 5. 9%大幅上调至 8. 7%,是金融危机以来最高。二是通胀预期的不确定性增加。IMF 初步估计,发达国家、新兴和发展中经济体通胀水平有望在 2023 年回落至 2. 5%和 6. 5%。但是,地缘冲突和疫情反复都有可能延长供应链中断时间,高通胀也使各国央行在保增长和控价格的政策权衡上变得困难,这些因素都可能导致全球通胀在较长时间内居高不下。

表 国际货币基金组织对世界经济主要指标的年度预测(%)

指标	经济体	2021	2022	2023	指标	经济体	2021	2022	2023
经济增速	**世界**	**6.1**	**3.6**	**3.6**	货物贸易量增长率	**世界**	**10.1**	**5.0**	**4.4**
	发达国家	**5.2**	**3.3**	**2.4**		**出口**			
	美国	5.7	3.7	2.3		发达国家	8.6	5.0	4.7
	欧元区	5.3	2.8	2.3		**发展中国家**	**12.3**	**4.1**	**3.6**
	德国	2.8	2.1	2.7		**进口**			
	法国	7.0	2.9	1.4		发达国家	9.5	6.1	4.5
	意大利	6.6	2.3	1.7		**发展中国家**	**11.8**	**3.9**	**4.8**
	日本	1.6	2.4	2.3	消费价格涨跌率	**世界**	**4.7**	**7.4**	**4.8**
	英国	7.4	3.7	1.2		**发达国家**	**3.1**	**5.7**	**2.5**
	发展中国家	**6.8**	**3.8**	**4.4**		美国	4.7	7.7	2.9
	中国	8.1	4.4	5.1		欧元区	2.6	5.3	2.3
	印度	8.9	8.2	6.9		日本	-0.3	1.0	0.8
	俄罗斯	4.7	-8.5	-2.3		**发展中国家**	**5.9**	**8.7**	**6.5**
	巴西	4.6	0.8	1.4		中国	0.9	2.1	1.8
	南非	4.9	1.9	1.4		印度	5.5	6.1	4.8

资料来源：国际货币基金组织《世界经济展望》(2022年4月)。

(执笔：释经组①；成文于2022年4月)

① 成员：张军、石庆焱、石婷、李婧婧、黄佩佩、郝悦、朱祎、王庭锡。

专栏

2020年我国人均国内生产总值世界排名提升6位　位列第63名

2021年4月，国际货币基金组织(IMF)发布《世界经济展望春季报告》。报告显示，2020年，受新冠肺炎疫情影响，世界经济深度衰退，主要经济体遭受严重冲击，我国成为全球唯一实现经济正增长的主要经济体，人均国内生产总值世界位次大幅提升。

一、我国人均国内生产总值提升至世界第63位

2020年，我国人均国内生产总值为10484美元，比上年增加241美元，在参与排名的194个国家和地区中位居第63位，较上年大幅提升6位，仍属中等偏上收入水平。

2020年，我国人均国内生产总值相当于美国的16.5%，较上年提升0.8个百分点。

表1　2019-2020年人均国内生产总值居世界前十位国家和地区

单位：美元

位次	国家或地区	2020年	国家或地区	2019年
1	卢森堡	116921	卢森堡	115839
2	瑞　士	86849	瑞　士	85686
3	爱尔兰	83850	中国澳门	81157
4	挪　威	67176	爱尔兰	80482
5	美　国	63416	挪　威	75700
6	丹　麦	60494	冰　岛	69572
7	冰　岛	59634	新加坡	65641
8	新加坡	58902	美　国	65254
9	澳大利亚	52825	卡塔尔	62919
10	荷　兰	52248	丹　麦	60300
	中　国	10484(63)	中　国	10243(69)

注：括号中的数据为中国的位次。

资料来源：国际货币基金组织WEO数据库。

二、我国国内生产总值占世界比重显著提升

2020 年，我国国内生产总值达到 147228 亿美元，比上年增加 3822 亿美元，稳居世界第 2 位。占世界比重为 17.4%，比上年提高 1 个百分点，是世界提升幅度最大的经济体。

2020 年，我国国内生产总值相当于美国的 70.3%，比上年提高 3.4 个百分点，与美国的差距进一步缩小。

表 2　2019–2020 年国内生产总值居世界前十位国家

单位：亿美元

位次	国家	2020 年		国家	2019 年	
		数值	占世界比重（%）		数值	占世界比重（%）
	世界	845377	100	世界	873453	100
1	美国	209328	24.8	美国	214332	24.5
2	中国	147228	17.4	中国	143406	16.4
3	日本	50487	6.0	日本	51488	5.9
4	德国	38030	4.5	德国	38616	4.4
5	英国	27110	3.2	印度	28705	3.3
6	印度	27088	3.2	英国	28333	3.2
7	法国	25989	3.1	法国	27172	3.1
8	意大利	18849	2.2	意大利	20051	2.3
9	加拿大	16434	1.9	巴西	18771	2.1
10	韩国	16309	1.9	加拿大	17416	2.0

资料来源：国际货币基金组织 WEO 数据库。

三、我国经济成为世界经济的“中流砥柱”

2020 年，全球经济大幅下降 3.3%，发达国家下降 4.7%，发展中国家下降 2.2%。2020 年，我国经济增长 2.3%，是主要经济体中唯一实现经济正增长的国家，成为世界经济的“中流砥柱”。

IMF 报告预计，2021 年，我国经济将增长 8.4%，经济增速进一步提升。

表 3　世界主要国家经济增长率

单位:%

国家和地区	2010 年	2016 年	2017 年	2018 年	2019 年	2020 年	2021 年[①]
世界	**5.4**	**3.3**	**3.8**	**3.6**	**2.8**	**-3.3**	**6.0**
发达国家	**3.1**	**1.8**	**2.5**	**2.3**	**1.6**	**-4.7**	**5.1**
美国	2.6	1.7	2.3	3.0	2.2	-3.5	6.4
日本	4.1	0.8	1.7	0.6	0.3	-4.8	3.3
英国	2.1	1.7	1.7	1.3	1.4	-9.9	5.3
法国	1.9	1.1	2.3	1.9	1.5	-8.2	5.8
德国	4.2	2.2	2.6	1.3	0.6	-4.9	3.6
意大利	1.7	1.3	1.7	0.9	0.3	-8.9	4.2
加拿大	3.1	1.0	3.0	2.4	1.9	-5.4	5.0
发展中国家	**7.4**	**4.5**	**4.8**	**4.5**	**3.6**	**-2.2**	**6.7**
中国	10.8	6.9	6.9	6.7	5.8	2.3	8.4
巴西	7.5	-3.3	1.3	1.8	1.4	-4.1	3.7
俄罗斯	4.5	0.2	1.8	2.8	2.0	-3.1	3.8
印度	10.3	8.3	6.8	6.5	4.0	-8.0	12.5
南非	3.0	0.4	1.4	0.8	0.2	-7.0	3.1

注:世界和地区按购买力平价法计算,国家按不变价本币计算。①预测数。

资料来源:国际货币基金组织 WEO 数据库。

(执笔:郭义民;成文于 2021 年 4 月)

经济较快复苏　增长动能减弱

——2021 年美国经济形势回顾及 2022 年展望

2021 年,美国经济延续较快复苏态势,在政策刺激、疫苗接种和基数效应的共同作用下,经济增速大幅反弹,全年增长 5.7%,工业生产持续改善,消费市场强劲增长,就业市场继续修复,但受劳动力紧缺、通胀高企和供需错配等因素影响,贸易逆差不断扩大。展望 2022 年,虽然国内需求保持旺盛,财政政策也将在一定程度上继续支撑政府支出,但受俄乌冲突以及美联储加快货币政策转向等多重因素影响,供应链问题短期内难有明显改善,经济颓势显现、增长动能减弱。2022 年 4 月,IMF 将美国 2022 年 GDP 增速预期从 1 月份的 4.2%下调至 3.7%。

一、2021 年美国经济较快修复

(一)经济大幅反弹

在政策刺激、疫苗接种和基数效应的共同作用下,2021 年美国国内生产总值达 23.0 万亿美元,较上年增长 5.7%,为 1984 年以来最快增速。

美国经济分析局发布的数据显示,消费需求旺盛是美国经济大幅增长的主要拉动因素。2021 年,个人消费支出较上年增长 7.9%,为经济增长贡献了 5.3 个百分点。其中,商品消费支出增长 12.2%,拉动经济增长 2.7 个百分点;服务消费恢复较慢,全年消费支出增长 5.8%,尚未恢复至疫情前水平,拉动经济增长 2.6 个百分点。政府消费与投资增长低迷,全年拉动经济增长 0.09 个百分点;私人投资在财政刺激作用下较快扩张,为经济增长贡献 1.69 个百分点,其中固定资产投资贡献 1.37 个百分点,私人存货变动贡献 0.32 个百分点;内需旺盛但供应链中断导致美国进、出口额及贸易逆差屡创历史新高,净出口拖累经济增长 1.39 个百分点,其中出口贡献 0.48 个百分点,进口拖累 1.87 个百分点(表 1、表 2)。

表1 美国年度及季度 GDP 增长率(%)

指标	2019年	2020年	2021年	一季度	二季度	三季度	四季度
国内生产总值	2.3	-3.4	5.7	6.3	6.7	2.3	7.0
个人消费支出	2.2	-3.8	7.9	11.4	12.0	2.0	3.1
商品	3.4	4.6	12.2	27.4	13.0	-8.8	1.5
服务	1.7	-7.5	5.8	3.9	11.5	8.2	3.9
政府消费与投资	2.2	2.5	0.5	4.2	-2.0	0.9	-2.6
私人投资	3.4	-5.5	9.6	-2.3	-3.9	12.4	33.5
出口	-0.1	-13.6	4.6	-2.9	7.6	-5.3	23.6
商品	-0.1	-10.2	7.6	-1.4	6.4	-5.0	23.1
服务	-0.1	-19.8	-1.3	-6.0	10.4	-5.9	24.8
进口	1.2	-8.9	14.0	9.3	7.1	4.7	17.6
商品	0.5	-5.6	14.5	10.6	4.3	-0.3	18.5
服务	3.9	-22.6	11.5	2.2	23.6	35.0	13.5

注:季度数据为经季节调整折年率(%)。

资料来源:美国经济分析局。

表2 美国年度及季度 GDP 构成对经济增长的拉动(百分点)

指标	2019年	2020年	2021年	一季度	二季度	三季度	四季度
国内生产总值	2.3	-3.4	5.7	6.3	6.7	2.3	7.0
个人消费支出	1.48	-2.55	5.30	7.44	7.92	1.35	2.13
商品	0.71	0.96	2.70	5.69	2.99	-2.21	0.36
服务	0.78	-3.52	2.60	1.75	4.93	3.57	1.76
政府消费与投资	0.38	0.43	0.09	0.77	-0.36	0.17	-0.45
私人投资	0.60	-0.99	1.69	-0.37	-0.65	2.05	5.38
净出口	-0.18	-0.29	-1.39	-1.56	-0.18	-1.26	-0.07
出口	-0.01	-1.57	0.48	-0.30	0.80	-0.59	2.35
商品	0.00	-0.76	0.52	-0.10	0.48	-0.39	1.63
服务	0.00	-0.81	-0.04	-0.20	0.32	-0.19	0.72
进口	-0.17	1.28	-1.87	-1.26	-0.99	-0.68	-2.42
商品	-0.07	0.65	-1.61	-1.21	-0.51	0.04	-2.11
服务	-0.11	0.63	-0.26	-0.05	-0.48	-0.72	-0.31

资料来源:美国经济分析局。

(二)工业生产持续修复

2021年,美国工业生产较上年增长5.6%,制造业生产增长6.4%,均创1998年以来最高增速,但尚未恢复疫情前水平;工业产能利用率平均为75.4%,接近但也未恢复疫情前水平。从年内数据来看,受低基数效应影响,工业生产月度增速冲高回落,在4月份达到最高水平后逐渐放缓;工业产能利用率呈上升态势(图1)。

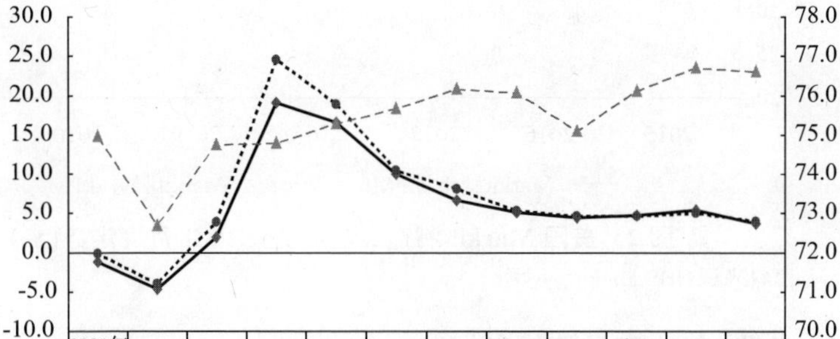

	2021年1月	2月	3月	4月	5月	6月	7月	8月	9月	10月	11月	12月
工业生产(左)	-1.2	-4.6	2.0	19.1	16.6	10.0	6.6	5.1	4.4	4.7	5.4	3.7
制造业生产(左)	-0.1	-4.0	3.9	24.5	18.9	10.5	8.1	5.3	4.6	4.6	5.0	4.0
工业产能利用率(右)	75.0	72.7	74.8	74.8	75.3	75.7	76.2	76.1	75.1	76.1	76.7	76.6

图1 美国工业和制造业生产同比增速、工业产能利用率(%)

资料来源:美国商务部。

采购经理人指数(PMI)反映了行业整体活跃程度,是分析行业前景的重要前瞻指标。2021年,IHS Markit制造业PMI和服务业PMI均保持扩张态势,制造业PMI于7月份升至年内最高63.4%,服务业PMI于5月份升至年内最高70.4%,12月份分别回落至57.7%和57.6%(图2)。

(三)消费市场强劲增长

受财政刺激政策、经济活动整体好转以及物价上涨等因素影响,2021年美国零售总额为7.42万亿美元,较上年大幅增长19.4%,为历史最高水平。其中,无接触的网络销售发展势头依然较好,网络零售总额为8708亿美元,增长14.2%,占零售总额的比重为13.2%。从年内数据看,受低基数效应影响,4月份零售额同比增长53.6%,为1992年有该数据以来最快增速。

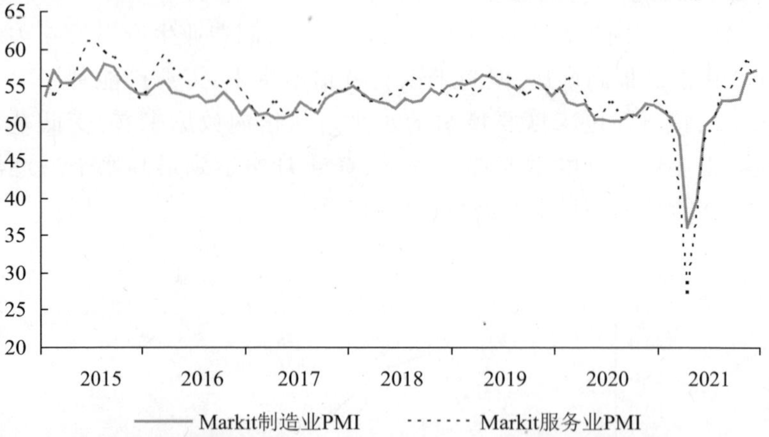

图 2 美国 Markit 制造业与服务业 PMI 月度走势(%)

资料来源:IHS Markit。

(四)就业市场整体向好

2021 年,美国全年平均失业率为 5.4%,较上年回落 2.7 个百分点;非农就业人数较上年增加 666.5 万人,尚未弥补 2020 年减少 929.2 万人的劳动力缺口。从年内数据看,失业率呈下降态势,从 1 月份的 6.4%回落至 12 月份的 3.9%,创 2020 年 2 月份以来新低,接近疫情前水平(图 3)。

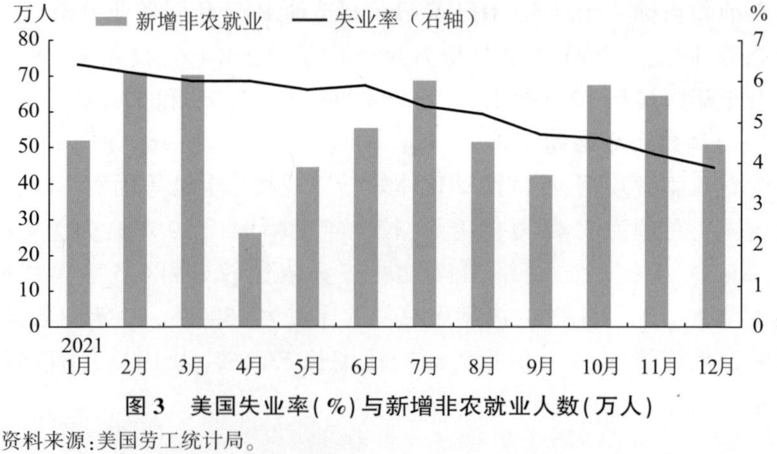

图 3 美国失业率(%)与新增非农就业人数(万人)

资料来源:美国劳工统计局。

(五)通胀压力高企

2021年,美国CPI全年上涨4.7%,涨幅较上年扩大3.5个百分点,为1990年以来最大涨幅;扣除食品和能源价格的核心CPI上涨3.6%,涨幅扩大1.9个百分点。分类别看,食品和饮料价格上涨3.8%,居住价格上涨3.3%,服装价格上涨2.5%,交通运输价格上涨14.6%,医疗保健价格上涨1.2%,娱乐价格上涨2.4%,教育和通信价格上涨1.6%,其他用品和服务上涨3.1%。全年PPI上涨7.0%,涨幅扩大6.8个百分点,主要受能源价格上涨30.6%的推动。

(六)对外贸易表现活跃,贸易逆差创新高

2021年,美国进出口总额为58757亿美元,较上年增长20.0%,为历史最高水平。其中,出口总额为24800亿美元,增长16.8%;受国内商品消费需求拉动,进口总额达33958美元,增长22.4%。由于进口增长快于出口,全年贸易逆差总额达9159亿美元,较上年扩大40.6%,创历史新高(图4)。

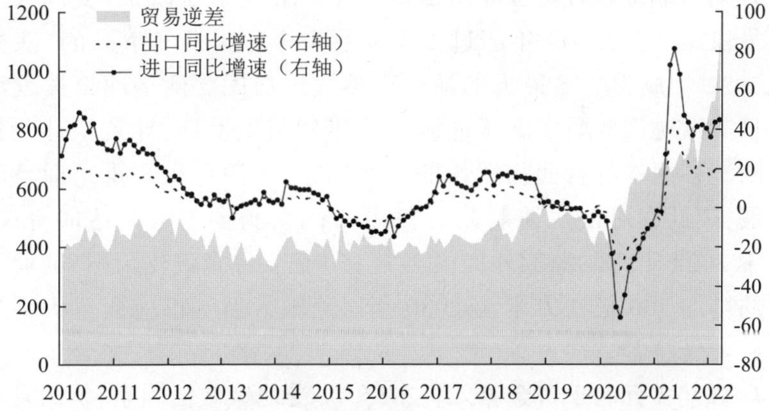

图4 美国月度进、出口同比增速(%)及贸易逆差(亿美元)

资料来源:美国商务普查局。

二、2022年美国经济形势展望

(一)支撑经济复苏的有利因素

1. 新一轮财政刺激计划将继续支撑政府支出、促进经济活动。2021

年 11 月 15 日,美国总统拜登正式签署总额达 1.2 万亿美元的《基础设施投资和就业法案》,其投资主要集中于修建道路、桥梁等交通基础设施,更新完善供水系统、电网和宽带网络等,包括为现有联邦公共工程项目提供资金,同时在 5 年内新增约 5500 亿美元基建投资,并创造大量就业岗位,缓解供应链瓶颈。根据基建投资法案,新增 5500 亿美元中,1100 亿用于道路、桥梁和其他重大项目建设,730 亿用于扩大和更新电网,660 亿用于货运和客运铁路建设,650 亿用于建设高速互联网、更新饮用水管道,500 亿美元用于应对气候变化。

2. 国内需求保持旺盛。在疫情后超宽松财政货币政策的支撑下,美国居民名义收入和可支配财富明显高于疫情前水平,2022 年有望继续为居民消费提供支撑。同时,随着疫情整体趋缓,美国逐步放开疫情防控限制措施,2021 年受到显著抑制的服务消费于 2022 年正在加快增长,尤其是接触性服务业加速修复,有望成为 2022 年居民消费的增长点。

3. 对俄制裁利好美国能源出口。自页岩气革命以来,美国天然气开采量快速增长,2009 年超过俄罗斯稳坐全球天然气生产的“头把交椅”,2022 年成为全球最大的液化天然气出口国。俄乌冲突爆发后,3 月 8 日美欧对俄罗斯实施了能源禁令以制裁俄罗斯,导致全球油价暴涨。欧洲各国本身就面临严峻的能源问题,能源危机严重掣肘欧洲经济发展,因此在对俄罗斯制裁后,3 月 25 日,美国与欧盟达成协议,美国将于 2022 年为欧洲额外提供至少 150 亿立方米液化天然气,此后每年大约增加 500 亿立方米至 2030 年。美国天然气供应商成为俄乌冲突的巨大受益者。

4. 强势美元利于资金流入。2022 年,受地缘政治因素、货币环境收紧、通胀加剧以及疫情因素影响,市场避险情绪不断积累,资金从新兴经济体回流美国,美元指数不断走强,4 月 28 日触及 103.92,创 2003 年以来新高。据国际金融协会(IIF)4 月 5 日发布的全球资金流向报告显示,3 月份新兴市场国家中,股票市场和债券市场分别流出 67 亿美元和 31 亿美元,这也是 2021 年 3 月以来新兴市场国家整体首次面临资金流出的处境(图 5)。

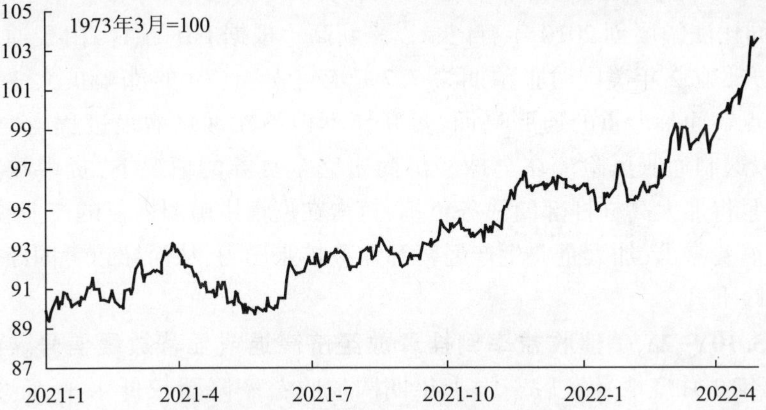

图 5　2021 年以来美元指数走势

资料来源:WIND。

(二)制约美国经济复苏的风险因素

1. 美国供应链困境短期内难以缓解。2021 年,美国供给端面临内部和外部双方面较大约束,从而对需求端造成一定负面影响。从外部因素看,疫情导致全球供应链受阻,全球航运和物流系统遭受空前冲击;从内部因素看,由于美国经济复苏态势明显领先于其他发达经济体和大部分新兴经济体,国内消费需求急剧回升,但受制于劳动力、关键部件和原材料短缺,生产和供应能力及物流水平未能及时恢复,出现供需错配现象。内、外部因素叠加,导致美国国内供应链持续紊乱,企业面临原材料短缺的窘境,不但严重影响生产经营,并加剧了终端消费品的短缺。据 2022 年 1 月 20 日美国人口普查局“小企业脉动调查”(Small Business Pulse Survey)报告,外国供应商延迟比例从 2020 年 10 月的 9%增加至 2021 年 12 月的 20%,越来越多的小企业也难以找到其他外国供应商。直到 2022 年 1 月份,供应链中断对美国公司库存、生产和销售实际影响仍然明显。尤其是在制造业、建筑业和贸易部门,报告生产和交付延迟的公司比例持续增加。此外,俄乌冲突爆发加剧了全球供应链危机,美国供应链面临更多不确定性,短期内难以改善。

2. 通胀压力高企,美联储加快货币政策转向进程。2022 年以来,在全球疫情和俄乌冲突持续影响下,全球大宗商品价格高位运行,产业链供应链困局难解，美国通胀水平处于历史高位，CPI 同比涨幅达 40 年最高，PPI 同比涨幅屡创 2010 年有记录以来新高。根据 IMF 预计，由于通胀压力上升，2022 年美国通胀预期为 7.7%，较上年 4.7%的涨幅扩大 3.0 个百分点。面临严重的通胀局面，美联储不得不在加息缩表进程上“快步走”以遏制通胀风险。在全球经济尚未完全复苏的情况下，货币政策快速收紧将加大高杠杆部门债务负担、打击在疫情中脆弱恢复的产业，降低居民消费需求，加大企业生产经营和业务扩张压力，从而导致美国经济衰退风险上升。

3. 10Y-2Y 美债收益率倒挂释放经济衰退或显著放缓信号。由于 2020 年 3 月疫情暴发后美国十年期国债收益率降至较低水平，而 2022 年美联储持续释放货币紧缩政策预期，导致国债收益率迅速上行，而两年期国债收益率上行速度超过十年期国债，4 月 1 日，10Y-2Y 美债利率倒挂 5 个基点，4 月 5 日解除倒挂。10Y-2Y 美债利率长期以来作为预示美国经济衰退的重要领先指标，平均领先经济衰退 19 个月（领先区间为 6 至 35 个月），因此部分经济学家认为本轮短暂的倒挂可能是未来半年至一年半美国经济衰退的警示，但也有经济学家认为对经济衰退预测能力更强的 10Y-3M 利差同时走阔，表明本次 10Y-2Y 利差倒挂对于美国经济衰退的预示作用有限，还需跟踪观察美国经济的具体运行状况与经济政策调整方向。根据期限利差所反映的情况，即使美国经济没有发生衰退，未来放缓程度也将十分显著（图 6）。

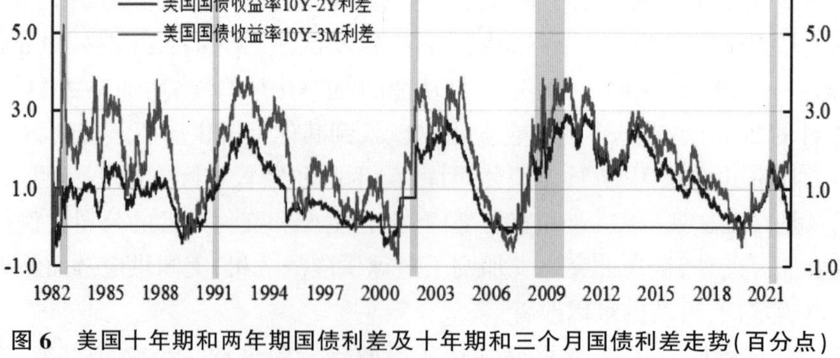

图 6　美国十年期和两年期国债利差及十年期和三个月国债利差走势（百分点）

资料来源：WIND。

三、主要国际机构对 2022 年美国经济的预测

4 月 19 日，IMF 发布《世界经济展望》报告称，在俄乌冲突之前，全球经济尚未从疫情中完全恢复，大宗商品价格大幅上涨和供需失衡导致通胀飙升，美联储等央行已开始收紧货币政策。俄乌冲突加剧了滞胀压力，全球经济前景已经明显恶化，高通胀率将持续更久，并倒逼美国加快收缩货币政策步伐。由于美国货币支持的撤出速度较此前预测的更快，以及俄乌冲突造成供应链中断进一步恶化，将对美国经济前景造成负面影响。

综合短期正负面影响因素，近期国际机构对 2022 年美国经济增长预测值全面下调。1 月份，世界银行预测 2022 年美国经济将增长 3.7%，低于 2021 年 6 月预测的 4.2%。3 月份，OECD 预测美国经济将增长 2.8%，低于 2021 年 12 月预测的 3.7%。4 月份，英国共识公司预测美国经济将增长 3.2%，低于 3 月份预测的 3.3%；IMF 预测美国经济将增长 3.7%，低于 1 月份预测的 4.0%（表 3）。

表 3 主要国际组织和机构对美国经济的预测（%）

	2021 年	2022 年 预测值	2023 年 预测值
IMF	5.7	3.7	5.7
世界银行	5.6	3.7	2.6
OECD	5.7	2.8	
英国共识公司	5.7	3.2	2.2
美国联邦公开市场委员会	5.5	4.0	2.2
高盛	5.7	3.1	2.0

数据来源：世界银行《全球经济展望》（2022 年 1 月），经合组织《经济展望预测》（2022 年 3 月），英国共识公司《共识预测》（2022 年 4 月），国际货币基金组织《世界经济展望》（2022 年 4 月），美国高盛《美国经济分析》（2022 年 4 月）。

（执笔：李婧婧；成文于 2022 年 4 月）

经济缓慢修复 前景挑战加大

——2021 年欧元区经济形势回顾及 2022 年展望

2021 年，欧元区经济持续恢复，制造业延续扩张态势，对外贸易稳步改善，就业市场显著向好，但受制于疫情反复、供应链阻滞，特别是三季度以来能源危机的拖累，经济恢复动能逐渐趋弱。展望 2022 年，俄乌冲突将成为影响欧元区经济的最重要因素，冲突及制裁将令欧元区持续处于能源困境，并继续推高通胀水平，加剧经济下行风险。同时，疫情反复、债务高企、区内经济结构性差异等问题短期难有明显改善，经济复苏面临的挑战将进一步加大。

一、2021 年欧元区经济实现恢复性反弹

（一）GDP 增速逐步趋缓

2021 年，欧元区国内生产总值（GDP）增速为 5.3%，创有记录以来新高，实现恢复性反弹。季度增速前快后慢，GDP 环比增速分别为-0.1%、2.2%、2.3%和 0.3%；同比增速为-0.9%、14.6%、4.0%和 4.6%。

从主要成员国看，欧元区第一大经济体德国 GDP 增速由上年的-4.6%增至 2.9%，为增速最低的国家，经济较疫情前水平仍有较大差距，主要因供应链问题特别是电子元件和芯片短缺导致工业制造业恢复缓慢，经济复苏受到限制。法国、意大利经济恢复速度较快，增速分别由-7.9%和-9.0%升至 7.0%和 6.6%，经济已接近疫情前水平；西班牙由上年的-10.8%升至 5.0%，由于经济主要依赖旅游业，受疫情影响恢复程度相对较低。受疫情冲击较小的国家中，爱尔兰（13.5%）经济增速为区内最高，经济已超过疫情前水平，希腊（8.3%）、荷兰（4.8%）、奥地利（4.5%）等经济均已接近疫情前水平（图 1）。总体来看，欧元区经济在疫情反复影响下，呈现缓慢恢复态势，成员国中，受疫情冲击较小的经济体恢

复较快，而工业占比较高的国家因疫情叠加供应链紧张，恢复相对较慢。

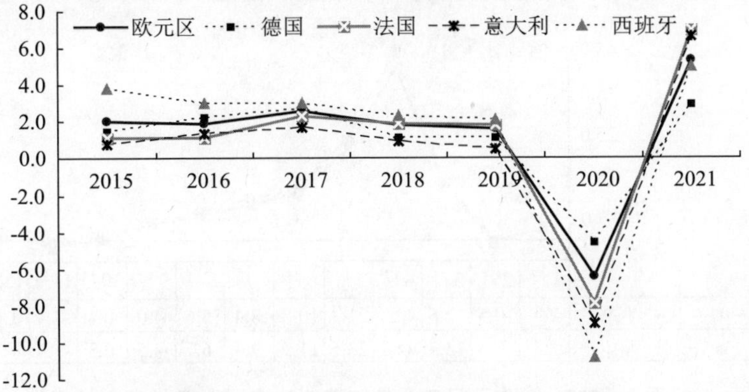

图 1　欧元区和部分成员国 GDP 年度增长率(%)

资料来源：欧盟统计局。

从 GDP 支出构成看，个人消费支出、出口为主要拉动项，个人消费拉动经济增长 1.80 个百分点，出口拉动增长 4.98 个百分点；进口成为拖累 GDP 增长的主要原因，拖累经济下降 3.66 个百分点(表 1)。

表 1　2021 年欧元区三大需求对 GDP 增长的拉动(百分点)

	GDP增长率	最终消费支出		资本形成总额		净出口		
		个人消费支出	政府消费支出	固定资本形成总额	库存变化		出口	进口
一季度	-0.9	-2.9	0.6	-1.4	0.2	2.7	0.0	2.6
二季度	14.6	6.4	1.9	3.9	-0.3	2.7	11.6	-8.9
三季度	4.0	1.5	0.6	0.6	0.9	0.5	4.8	-4.4
四季度	4.6	2.9	0.6	0.9	0.7	-0.3	4.2	-4.5
2021 年	5.3	1.80	0.89	0.93	0.43	1.32	4.98	-3.66

资料来源：欧盟统计局。

(二)工业生产修复性反弹后逐步趋缓

2021 年，欧元区工业生产和制造业生产较上年增长 7.8%和 8.5%，均创 1991 年有记录以来新高；月度降幅呈现倒“V”走势，受上年低基数效应影响,4 月份升至年内最高水平,分别达 40.6%和 44.2%,均为有记录以来最大,此后恢复逐步趋缓,年末增幅回落至 1.6%和 1.7%(图 2)。

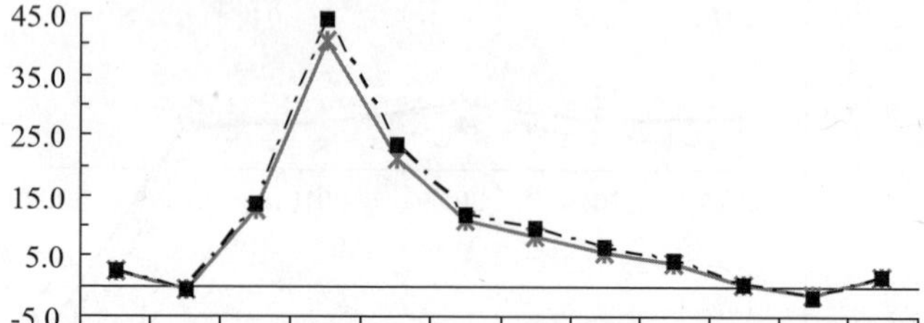

	1月	2月	3月	4月	5月	6月	7月	8月	9月	10月	11月	12月
工业生产	2.4	-0.5	12.6	40.6	21.3	10.8	8.4	5.6	4.0	0.1	-1.4	1.6
制造业生产	2.4	-0.5	13.7	44.2	23.5	11.9	9.4	6.7	4.5	0.3	-1.9	1.7

图 2　2021 年欧元区工业与制造业生产同比增长率(%)

资料来源:欧盟统计局。

(三)能源危机刺激消费需求较快增长

2021 年,欧元区商品零售量较上年增长 5.0%,为 2000 年有记录以来最快增速。其中,因欧洲能源危机导致民众恐慌性抢购燃料现象频发,汽车燃料零售量大幅增长 9.3%,创有记录以来新高,是零售增长的主要拉动项。因防疫限制措施放宽,通过邮购或网购的零售量逐月回落,全年增长 13.1%,较上年回落 10.8 个百分点(图 3)。

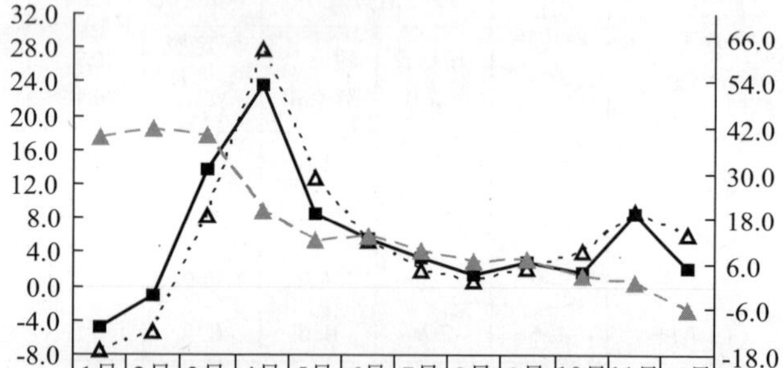

	1月	2月	3月	4月	5月	6月	7月	8月	9月	10月	11月	12月
零售量	-4.8	-1.2	13.8	23.7	8.6	5.7	3.4	1.4	2.8	1.7	8.5	2.1
汽车燃料零售量(右)	-16.0	-11.0	18.6	62.3	28.7	12.0	4.1	1.4	5.0	9.1	19.8	13.8
通过邮购或网购的零售(右)	39.2	41.4	39.6	19.6	12.2	12.9	9.4	6.7	6.9	2.7	0.9	-6.1

图 3　2021 年欧元区零售量同比增长率(%)

资料来源:欧盟统计局。

（四）对外贸易稳步改善

2021年，欧元区货物贸易进出口总额为407403亿欧元，已超过疫情前水平，较上年增长17.5%。其中，货物出口额为24343亿欧元，增长14.1%；进口额为23059亿欧元，增长21.4%，均已恢复至疫情前水平（图4）。

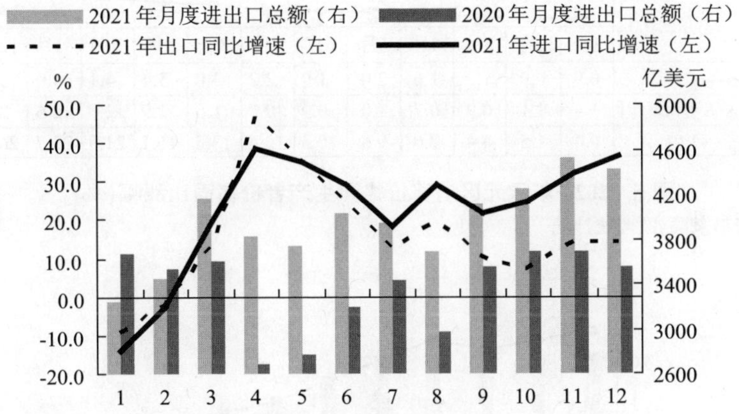

图4　2020年与2021年欧元区进出口情况对比

资料来源：欧盟统计局。

（五）价格水平创历史新高

2021年，欧元区全年消费价格较上年上涨2.6%，涨幅较上年扩大2.3个百分点，创2011年以来新高；其中，能源价格较上年上涨13.0%，创21年来最大涨幅，是推动消费价格上涨的主要因素，剔除能源和食品后的核心通胀为1.5%，较上年扩大0.8个百分点，为2008年以来新高。受能源价格大幅上涨影响，生产者价格上涨12.3%，创有记录以来新高（图5）。

（六）就业市场恢复向好

2021年，欧元区劳动力市场持续恢复向好，全年失业率为7.7%，较上年下降0.3个百分点；月度失业率自5月份起持续下降，12月份降至7.0%的有记录以来新低；全年失业人数平均1258.8万人，较上年减少35.2万人，其中12月份降至1143.9万人，为有记录新低，连续8个月下降。失业率、失业人数均已好于疫情前水平（图6）。

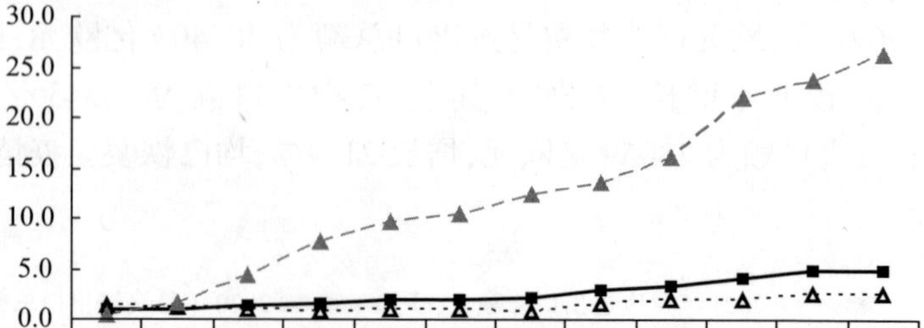

	1月	2月	3月	4月	5月	6月	7月	8月	9月	10月	11月	12月
CPI	0.9	0.9	1.3	1.6	2.0	1.9	2.2	3.0	3.4	4.1	4.9	5.0
核心CPI	1.4	1.1	0.9	0.7	1.0	0.9	0.7	1.6	1.9	2.0	2.6	2.6
PPI	0.4	1.5	4.4	7.6	9.6	10.3	12.4	13.5	16.1	21.9	23.7	26.3

图 5　2021 年欧元区消费价格和生产者价格同比涨幅(%)

资料来源:欧盟统计局。

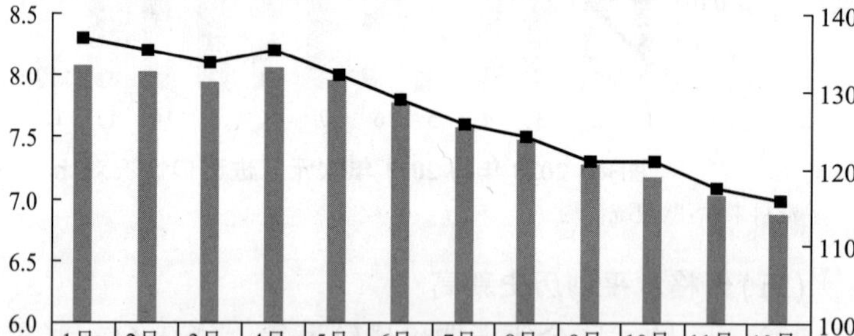

	1月	2月	3月	4月	5月	6月	7月	8月	9月	10月	11月	12月
失业人数(万人)	1334	1325	1313	1332	1315	1286	1253	1237	1206	1191	1165	1143
失业率(%)	8.3	8.2	8.1	8.2	8.0	7.8	7.6	7.5	7.3	7.3	7.1	7.0

图 6　2021 年欧元区失业人数和失业率

资料来源:欧盟统计局。

(七)景气指标扩张趋缓,市场信心持续低迷

2021 年,欧元区制造业景气度保持扩张态势,但受疫情反复及能源危机影响,制造业 PMI 从 4 月 62.9%的历史高位回落至 12 月的 58.0%;服务业景气度呈现加速恢复后趋缓态势,4 月服务业 PMI 升至 50.5%,为 8 个月以来重回收缩区间,但受疫情反弹及防疫限制措施抑制,服务业 PMI 由 7 月 59.8%的高位回落至 12 月的 53.1%。市场信心持续低迷。上半年消费者信心由 1 月的-15.5 逐步回升至-3.3,但下半年在不断攀

升的通胀和反复的疫情的打击下，欧元区市场信心再度恶化，12 月消费者信心指数降至-8.4，为 9 个月新低。

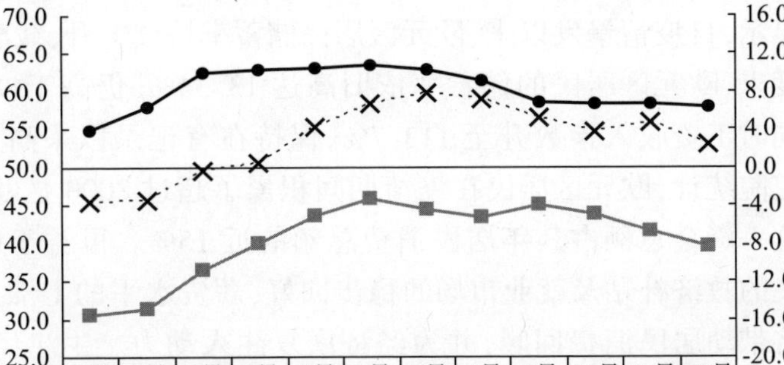

	1月	2月	3月	4月	5月	6月	7月	8月	9月	10月	11月	12月
制造业PMI	54.8	57.9	62.5	62.9	63.1	63.4	62.8	61.4	58.6	58.3	58.4	58.0
服务业PMI	45.4	45.7	49.6	50.5	55.2	58.3	59.8	59.0	56.4	54.6	55.9	53.1
消费者信心指数(右)	-15.5	-14.9	-10.9	-8.1	-5.1	-3.3	-4.4	-5.3	-4.0	-4.9	-6.8	-8.4

图 7 2021 年欧元区主要景气指标

资料来源：IHS Markit、欧盟统计局。

二、2022 年欧元区经济复苏挑战加大

当前，在疫苗接种率不断提升、政府财政及货币政策支持下，欧元区经济持续恢复，但受制于疫情反复、供应链阻滞等因素，经济恢复动能不足。展望 2022 年，俄乌冲突将成为影响欧元区经济的最重要因素，持续的冲突及欧洲对俄制裁不断加码，将加剧欧元区能源困境，推高通胀水平，加大经济滞涨风险。同时，疫情的不确定性将继续对经济活动和复苏节奏造成扰动，叠加欧元区债务高企、经济结构性差异及内部分歧较大等问题长期存在，经济复苏面临的难度加大。

（一）支撑欧元区经济复苏的有利因素

一是支持性财政将继续助推经济恢复。2020 年 7 月，欧盟成员国正式达成“下一代欧盟”复苏计划（NGEU），该计划旨在支持各成员国经济复苏、刺激私营部门投资和加强医疗卫生体系建设，增强应对危机的经济韧性。预计自 2021 年起的未来五年累计向各成员国累计发行总额约 8000 亿欧元债券。该计划预计将在 2022 年至 2023 年继续加大支出力度，这将促进私人投资增长，有助于欧元区市场需求的恢复，维护欧洲产

业链供应链稳定，为经济的进一步恢复提供支撑。

二是居民消费持续回暖为经济提供动力。从历史数据看，欧元区居民消费占 GDP 比重长期高于 50%，是占比最大的部分。欧盟统计局数据显示，自疫情暴发以来，欧元区居民储蓄率持续上升，截至 2021 年第四季度末，欧元区居民的储蓄率依旧高达 13.34%，仍高于疫情暴发前水平；同时工资收入指数升至 113.7%，保持在有记录以来高位。牛津经济研究院统计，欧元区居民在疫情期间积累了超过 8000 亿欧元的超额储蓄，这一资金总额占其年居民消费总额的近 15%。得益于疫情以来面向居民的救济补贴及就业市场的稳步向好，薪资水平的上涨及较高的储蓄率将带动居民消费回暖，并为经济恢复注入动力。牛津经济研究院预测，2022 年消费将成为欧元区经济的重要支柱，或将拉动 GDP 增长 6 个百分点。

三是海外需求前景改善带动贸易稳步恢复。当前全球贸易延续复苏态势，在多国疫苗接种快速普及下，疫情限制措施的放宽为欧元区对外贸易的进一步恢复铺平了道路。2022 年 3 月 10 日欧洲央行《宏观经济预测》预测，因美国和英国等需求更趋旺盛，2022 全球贸易量（不含欧元区）将增长 4.6%，较 2021 年 12 月预测上调了 0.7 个百分点，欧元区国外需求将增长 4.0%，与 2021 年 12 月预测持平。欧洲央行指出，欧元区出口预计将在 2022 年底实现完全恢复至疫情前水平，并在未来一段时间内稳定在疫情前水平附近；由于出口中含有较高的进口成分以及部分北欧国家旅游服务的稳定进口，预计进口的增长将强于国内需求预期。

（二）制约欧元区经济复苏的风险因素

一是新冠肺炎疫情带来的不确定性依然较大。当前欧洲疫情持续反复，截至 2022 年 4 月 15 日，英国、法国、意大利日新增确诊病例分别由 3 月初的 3 万、6 万和 4 万例升至 9 万、14 万和 8 万例；德国日新增近一个半月维持在 20 万例以上。葡萄牙、西班牙、荷兰等国新增确诊均有不同程度回升。欧洲央行指出，疫情的反复及新变异病毒的出现仍将对经济产生较大不确定性，企业及家庭的生产生活将继续受到一定影响，并对经济的恢复造成拖累。此外，欧元区以外地区疫情的不确定性也将通过国际贸易、供应链等渠道对欧元区经济造成影响。

二是财政赤字及政府债务水平仍处高位。尽管当前欧元区各国财政刺激力度远小于疫情暴发初期，但为支持经济的继续恢复，各国财政政策仍延续扩张势头不改，政府财政及债务水平维持高位。IMF《全球财政监测报告》预测，2022 年欧元区政府财政赤字率将达-3.4%，继续处于历史相对高位，且短期内难以回到疫情前水平，主要成员国中，德国(-1.8%)、意大利(-4.7%)、法国(-4.7%)、西班牙(-5.0%)均保持在较高水平。从政府债务杠杆率看，2022 年欧元区政府杠杆率将达96.3%，继续处于历史高位，其中，德国为 69.8%，预计 2026 年将勉强恢复至疫情前水平；法国(113.5%)、意大利(150.4%)、西班牙(116.4%)短期内均难以恢复至疫情前水平。

三是俄乌冲突或致能源困境持续存在。由于欧洲大力推进绿色能源转型，近年来欧洲在传统能源特别是天然气上严重依赖进口。经合组织数据显示，截至 2022 年 1 月，欧洲天然气进口量占消费量比重达 99.6%，产量占消费量比重仅为 28.6%，对外依存度过高。从欧盟能源进口看，天然气、煤炭、原油从俄罗斯进口占各能源总进口比重分别为 36.1%、37.9%和 21.0%，此外，俄罗斯对欧洲出口天然气主要以管线方式运输，这些管线约 1/4 需经乌克兰境内。2021 年三季度，受极端天气、俄罗斯减少能源供应、国内新能源产量不足影响下，欧洲能源危机愈演愈烈。2021 年 12 月，作为欧洲天然气价格风向标的荷兰 TTF 基准天然气期货价格一度升至 136.31 欧元/立方米的历史高位，较 6 月末上涨近 3 倍。2022 年，在俄乌冲突及对俄制裁影响下，欧洲能源供应紧张再度加剧。2 月 27 日荷兰 TTF 基准天然气期货价格飙升至 193.56 欧元/立方米，再创历史新高。能源危机引发民众恐慌性抢购能源，2 月份欧元区汽车燃料零售量同比增长 12.0%，连续 4 个月保持两位数增长。在国内新能源供应技术尚不成熟、传统能源供应受冲突、限制难有明显扩张下，欧元区能源安全风险或将长期存在。

四是经济滞胀风险加大。俄乌冲突以来，欧洲对俄制裁层层加码，实施金融制裁、禁止进口俄煤、出台油气禁令，在制裁、博弈及冲突持续下，欧元区多项经济指标出现恶化。2022 年 3 月，欧元区 CPI 升至 7.5%的历史新高，其中，德国、法国、意大利均创有记录以来新高，爱沙尼亚、拉脱维亚、立陶宛及荷兰均高达两位数。同时欧洲央行大幅上调欧元区 2022 年通胀预期至 5.1%。伴随高通胀的是经济增长的持续放缓，3 月份欧洲央行下调2022年欧元区经济增长预期至3.7%，并预计2023、2024年分别增长2.8%和1.6%，市场对欧元区经济陷入滞胀的担忧正在上升。4月11日，欧洲央行行长拉加德表示，当前欧洲经济迎来困难阶段，短期内将面临通胀更高、增长更慢的局面，且俄乌冲突持续时间越长，给欧洲经济造成的损失越大。

三、主要国际机构对欧元区经济预测

欧洲央行于3月10日发布《宏观经济预测》报告称，由于全球流动性收紧、供应紧张、能源价格高企以及俄乌冲突持续，令欧元区经济前景的不确定性显著增大，特别是俄乌冲突走向已成为影响欧元区经济的最重要因素，俄乌冲突将继续通过贸易、价格和信心等渠道削弱短期经济增长前景。国际货币基金组织（IMF）4月19日《世界经济展望》指出，俄乌冲突和对俄罗斯的制裁将加大欧洲能源安全风险，并进一步推高欧元区通胀水平，此外由于战争和制裁阻碍了关键投入品的生产，供应链中断或将令部分制造业扩张受限。从主要成员国看，因德国、意大利等制造业规模占比相对较高，荷兰、法国等对俄罗斯能源进口依赖程度较高，经济遭受冲击的程度可能较大。

综合短期因素影响，主要国际组织和机构普遍下调了欧元区2022年经济预期。其中，2022年4月份，IMF预测2022年欧元区经济将增长2.8%，较1月预测值下调1.1个百分点；英国共识公司预测经济将增长2.8%，较3月预测值下调0.4个百分点。2022年3月份，欧洲央行预测欧元区经济增速为3.7%，较2021年12月预测值下调0.5个百分点，经济将恢复至疫情前水平；OECD预测欧元区经济将增长2.9%，较2021年12月预测值下调1.4个百分点；贸发会议预测欧元区经济将增长3.4%，较2021年10月预测值下调1.7个百分点；标普、惠誉分别预测欧元区经济将增长3.3%和3.0%，分别较上期预测值下调1.1和1.5个百分点（表2）。

表 2　主要国际组织对欧元区经济的预测

单位:%

	2021 年	2022 年 预测值	2023 年 预测值
IMF	5.3	2.8	2.3
英国共识公司	5.3	2.8	2.3
联合国贸发会议	5.0	3.4	—
欧洲央行	5.4	3.7	2.8
标普	5.2	3.3	2.6
欧盟委员会	5.3	4.0	2.7
世界银行	5.2	4.2	2.1

资料来源:国际货币基金组织(IMF)《世界经济展望》(2022 年 4 月),英国共识公司《共识预测》(2022 年 4 月),联合国贸发会议《全球经济最新动态》(2022 年 3 月),欧洲央行《宏观经济预测》(2022 年 3 月),标普《全球经济展望 2022Q2》(2022 年 3 月),欧盟委员会《经济预测(冬季)》(2022 年 2 月),世界银行《全球经济展望》(2022 年 1 月)。

(执笔:郝悦;成文于 2022 年 4 月)

经济缓慢修复 复苏动力明显不足

——2021 年日本经济形势回顾及 2022 年展望

2021 年，日本实施了总量空前的刺激政策，经济在疫情扰动下艰难复苏，工业、消费、贸易、房地产等主要指标均呈现复苏迹象，但经济仍未恢复到疫情暴发前的水平。2022 年，疫情发展形势仍将是影响日本经济复苏的重要因素，在全球经济复苏的大背景下，叠加日本政府量化宽松的经济政策支撑，日本有望继续延续缓慢复苏态势。但疫情及俄乌冲突等因素的影响将给日本经济恢复带来较大的不确定性。

一、2021 年日本经济缓慢修复

（一）经济低速增长

2021 年，日本经济在疫情冲击下艰难复苏，国内生产总值达 537.14 万亿日元，同比增长 1.6%，继两年负增长后转正，但绝对量上仍未达到疫情暴发前水平。分季度看，受新冠疫情冲击影响一季度 GDP 同比下降 1.8%，二季度起结束疫情暴发以来持续下降趋势，同比增速分别为 7.3%、1.2%以及 0.4%，总体呈现缓慢修复态势（图 1）。

从 GDP 构成看，得益于新冠疫情严峻形势的逐步缓解，国内需求、出口为经济主要拉动项，全年分别拉动经济 0.7 和 1.8 个百分点。由于日本外需恢复强于内需，财政趋于收敛，进口、政府投资拖累经济 0.8 和 0.2 个百分点，为主要拖累项，均为 2015 年以来最低水平。（表 1）。

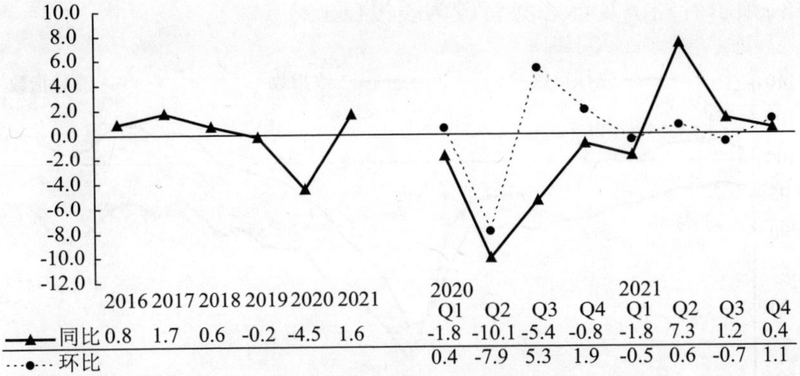

图 1　日本年度和季度 GDP 增长速度(%)

资料来源:日本内阁府。

表 1　日本国内生产总值构成对经济增长的拉动(%)

	2021 年	2021 年			
		一季度	二季度	三季度	四季度
国内生产总值	1.6	-0.5	0.6	-0.7	1.1
国内需求	0.6	-0.4	0.7	-0.8	0.9
个人需求	0.4	-0.2	0.7	-0.9	1.2
个人消费	0.7	-0.4	0.4	-0.5	1.3
个人住宅投资	-0.1	0.0	0.0	-0.1	0.0
个人企业设备投资	-0.1	0.1	0.3	-0.4	0.1
政府需求	0.2	-0.2	0.0	0.1	-0.3
政府消费	0.4	-0.1	0.2	0.2	-0.1
政府投资	-0.2	-0.1	-0.2	-0.2	-0.2
净出口	1.0	-0.1	-0.1	0.1	0.2
出口	1.8	0.4	0.5	-0.1	0.2
进口	-0.8	-0.5	-0.6	0.2	0.1

注:环比贡献。

资料来源:日本内阁府。

从经济景气度看,12 月份先行指数为 104.7,已回升至历史相对高位;反映经济现状的一致指数呈缓慢上升态势,2022 年经济将逐步复苏,但一致指数和滞后指数仍低于 100 的荣枯线,且一致指数在四季度有所回落，预示着经济复苏态势将较为缓慢（图 2）。

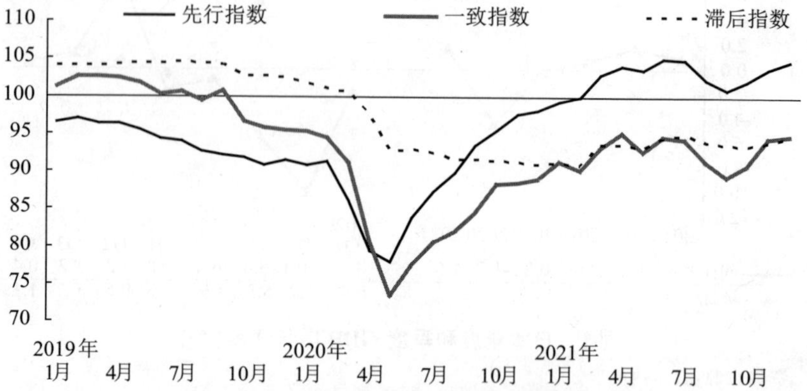

图 2　日本经济景气动向指数

资料来源：日本内阁府。

（二）工业生产呈现复苏迹象

2021 年，日本工业生产较上年增长 5. 8%，继连续两年负增长后首次转正。分行业看，15 个工业大类中，除运输机械行业（不包括汽车行业）及化学工业（不包括无机/有机化学工业/医药）较上年分别下降 25. 5% 和 1. 4%外，其余 13 个行业均为正增长，其中，生产机械制造业、电子零件和设备制品业涨幅最大，分别增长 23. 0%和 15. 1%（图 3）。

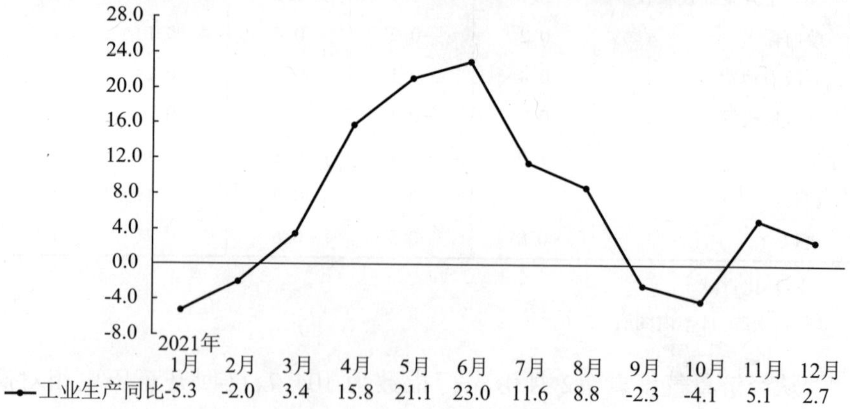

图 3　2021 年日本工业生产同比增速（%）

资料来源：日本产业经济省。

(三)国内消费缓慢复苏

2021年日本零售额较上年增长1.9%,由负转正。新车登记数同比下降0.1%,降幅较上年缩小11.3个百分点。消费者信心有所提振,12月份消费者信心指数为38.8,已大致恢复至疫情前39.0的水平(图4)。

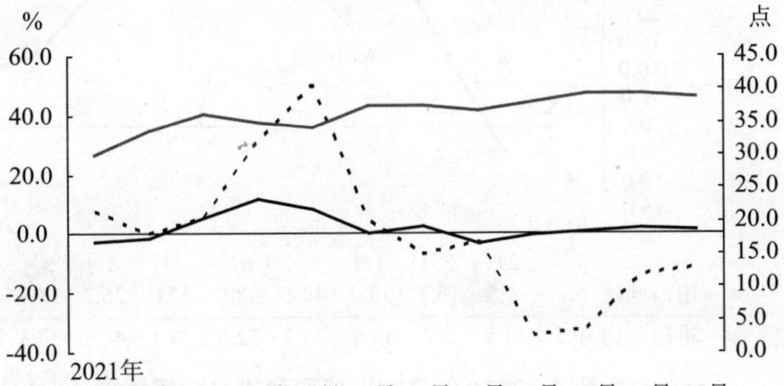

	1月	2月	3月	4月	5月	6月	7月	8月	9月	10月	11月	12月
—— 零售额同比	-2.4	-1.5	5.2	11.9	8.3	0.1	2.4	-3.2	-0.5	0.9	1.9	1.4
······ 新车登记同比	7.8	0.0	5.2	31.5	50.0	4.5	-6.4	-2.5	-34.3	-32.2	-13.4	-11.1
—— 消费者信心(右轴)	30.0	33.7	36.1	34.8	34.2	37.6	37.5	36.6	38.0	39.2	39.2	38.8

图4 2021年日本消费市场情况

资料来源:日本产业经济省、日本央行、日本内阁府。

(四)房地产市场显现久违活跃景象

2021年,日本全年新房开工量85.6万套,较上年增长5.0%,为2017年以来首次实现正增长。分类别看,自有新房28.6万套,增长9.4%;租赁用新房32.14套,增长4.8%;销售用新房24.4万套,增长1.5%。均较上年由负转正。

(五)对外贸易平稳回升

2021年,日本出口额和进口额同比增速继两年负增长后首次转正,较上年分别增长21.5%和24.3%。分季度看,一季度在疫情冲击下对外贸易复苏相对缓慢,进出口额同比仅增长3.9%;随着海外需求回暖,二季度进出口额迎来高增长后,三、四季度增速逐渐趋于平稳,二、三和四季度进出口额分别增长33.5%、30.7%和26.0%(图5)。

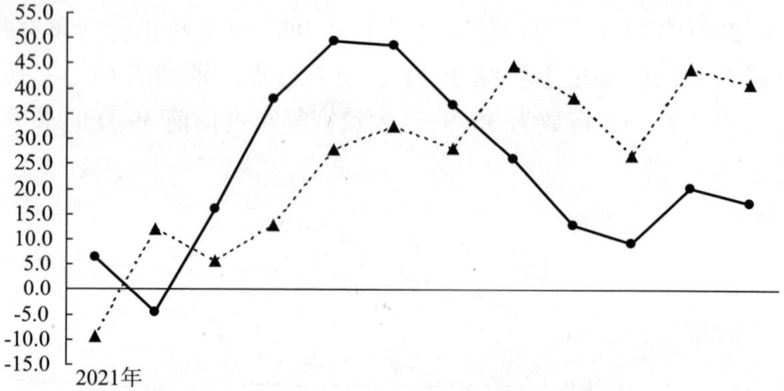

2021年	1月	2月	3月	4月	5月	6月	7月	8月	9月	10月	11月	12月
出口同比	6.4	-4.5	16.1	38.0	49.6	48.6	37.0	26.2	13.0	9.4	20.5	17.5
进口同比	-9.5	11.8	5.7	12.7	27.7	32.5	28.1	44.5	38.3	26.8	43.9	41.1

图 5　2021 年日本出口额和进口额同比增长率(%)

资料来源:日本财务省。

(六)价格水平走势稳定

受能源成本上涨影响,2021 年日本通胀水平与日本央行设定的 2.0%目标的差距逐步缩小,12 月核心 CPI 同比上涨 0.5%,连续第二个月出现近两年来的最快增速。2022 年 1 月,日本央行 8 年来首次调整了

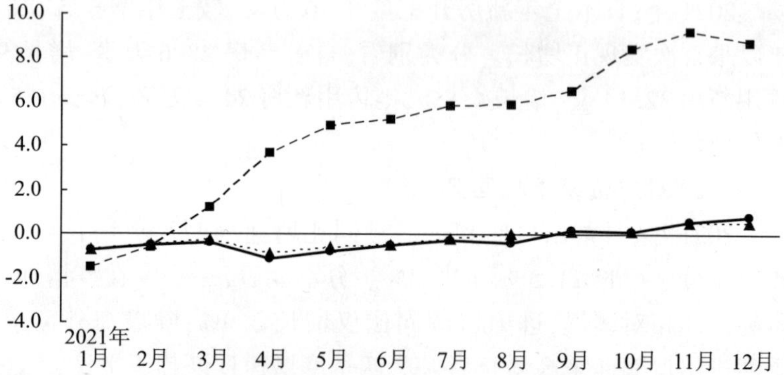

2021年	1月	2月	3月	4月	5月	6月	7月	8月	9月	10月	11月	12月
CPI	-0.7	-0.5	-0.4	-1.1	-0.8	-0.5	-0.3	-0.4	0.2	0.1	0.6	0.8
核心CPI	-0.7	-0.5	-0.3	-0.9	-0.6	-0.5	-0.2	0.0	0.1	0.1	0.5	0.5
PPI	-1.5	-0.6	1.2	3.7	4.9	5.2	5.8	5.9	6.5	8.4	9.2	8.7

图 6　2021 年日本 CPI 和 PPI 同比涨跌率(%)

资料来源:日本统计局和日本央行。

通胀风险评估，摒弃之前“偏向下行”的表述，转为“均衡水平”。能源类产品价格、食品类价格等是第四季度以来物价上涨的主要推手。生产者价格较上年上涨4.8%，较上年由负转正(图6)。

(七)就业形势依然严峻

2021年，日本失业率为2.8%，与去年持平，就业形势仍未恢复至疫情暴发前水平；具体来看，全年完全失业人数为193万，较上年增加2万；就业人数为6667万，减少9万。此外，企业用人需求大幅减少，求人倍率较上年下降0.06个点至1.13，为2015年来最低水平，反映出受新冠疫情反复影响日本就业环境呈继续恶化趋势。

二、2022年多因素制约日本经济，复苏动力明显不足

2022年，在宽松财金政策下，日本经济将继续保持复苏态势，同时区域全面经济伙伴关系协定的生效也将对经济起到一定支撑。但当前持续反复的疫情仍是影响经济走势的最大风险因素，加之政府债务高企、内需相对疲软以及劳动力不足等问题存在，叠加国际社会存在种种不确定性因素，经济复苏前景的风险挑战仍然较大。

(一)支撑日本经济增长的主要因素

一是维持超宽松政策不变。2021年，日本政府降低发债力度，财金政策扩张力度趋于收敛，但绝对金额依然明显高于疫情前。在货币政策方面，2022年1月18日，日本央行发布最新利率决议，继续将短期利率维持在-0.1%不变，10年期国债收益率维持在零左右，以及各项资产购买计划均维持不变，日本央行将保持超宽松的货币政策，以支持经济从新冠疫情中复苏。在财政政策方面，为协助疫情后的经济复苏和推行“新型日式资本主义”，日本政府2021年11月敲定了总规模达78.9万亿日元的一揽子经济刺激计划，其中包括55.7万亿日元的财政刺激支出，为有史以来规模最大的一次，内阁府预测该刺激政策或使实际GDP提升5.6%。

二是海外需求回暖提振实体经济。由于世界主要经济体明显复苏，2021年海外需求增长对日本出口形成极大利好，对日本经济复苏起到巨大支撑作用。日本出口增长主要得益于亚洲市场需求旺盛，特别是中国制造业和消费都稳步恢复，对日本商品的需求量猛增；2022年1月1日，

全球最大的经贸合作《区域全面经济伙伴关系协定》(RCEP)在15个缔约国中的10个生效,中国、日本和韩国三大经济体首次被纳入同一自贸框架,RCEP的生效有力推动了进口关税的降低,这将促进个人消费需求的提升,出口贸易的增长也将带来企业经济活动的进一步活跃,两者相互影响,更好地刺激日本国内经济的增长。联合国报告指出,RCEP中日本在经济上将成最大赢家,获得的贸易转移和贸易创造利益将最大。日本政府测算,RCEP将给日本带来15万亿日元的经济增量,将日本GDP提高2.7个百分点,同时增加57万个工作岗位。

(二)日本经济面临的挑战及存在的问题

一是新冠肺炎疫情持续拖累经济复苏进程。新冠疫情反复是拖累去年日本经济增长的主要因素,2021年前三个季度日本均因疫情实施了紧急状态,抗疫政策治标不治本,日本经济在疫情反复和"紧急事态宣言"中曲折恢复。其中,去年第一和第三季度日本经济环比增速两度陷入负增长。进入2022年后,日本疫情再现反弹迹象,1月25日,日本全国单日新增新冠感染人数首次突破6万,再次刷新疫情发生以来的最高值。目前,日本全国47个地方行政区域中已有34个地区实施或即将实施疫情管控措施。日本再度受到变异新冠病毒奥密克戎毒株扩散的影响,多地被迫实施相当于准紧急状态的"防止蔓延等重点措施",预计今年第一季度日本经济将不可避免地减速,据日本经济研究所预测,2022年一季度日本GDP同比增速将为1.8%,环比增速将为0.6%,环比较上季度明显回落。如果疫情进一步恶化,日本经济甚至有可能再度陷入负增长。

二是政府债务问题仍然严峻。2021年,日本政府的发债力度有所减弱,但绝对额依然很高。2021年12月日本政府债务规模达1218.4万亿日元,同比增长0.5%,政府债务占GDP比重约219%,创历史新高(图7);国债依存度从上2020年度年的31.7%升至40.9%,为2015年以来首次超过40%。财政收支不平衡、债务增加,使日本深陷经济增长与财政重建的两难境地,也预示着已被拖延至2025年度的财政重建目标可能会再次延迟。根据2022年1月17日日本政府向国会提交的2022财年预算案中,占财政收入30%以上的36.9万亿日元将以发国债筹措,加上过去发行部分,国债余额预计到2022财年末达到1026.5万亿日元,财政将进一步恶化。

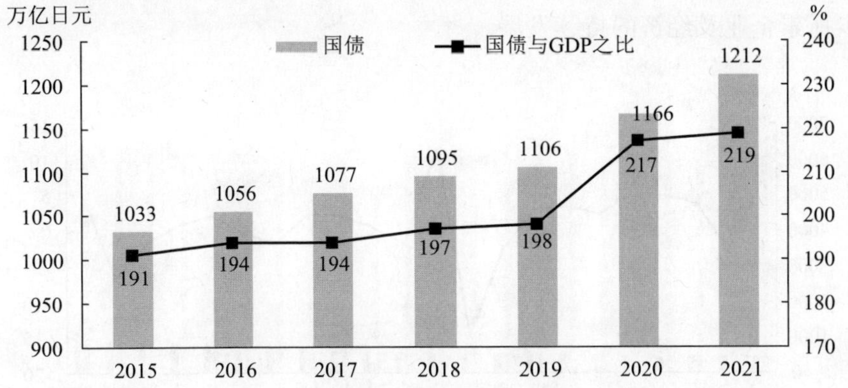

图 7 日本国债及国债占 GDP 比重

资料来源:日本财务省。

三是内需相对疲弱。根据内阁府报告,从内外需对日本经济增长的贡献度来看,2021 年年内需对日本经济增长的贡献为 0.7 个百分点,较外需贡献低 0.3 个百分点;进口拖累经济 0.8 个百分点。随着 2021 年新冠肺炎疫情的反复,个人消费需求再受冲击,特别是一季度日本政府宣布进入紧急防控事态以来,居民消费需求更趋疲弱。2021 年一季度进口和个人消费分别拖累经济 0.5 和 0.4 个百分点,为主要拖累项;2021 年 1 月份,消费者信心更是跌至 30.0,为全年最低。在此影响下,2021 年日本零售额增长 1.9%,虽较上年由负转正,仍未恢复至疫情暴发前的水平;新车登记数下降 0.1%,保持连续三年下降。2021 年消费复苏势头明显偏弱,尚未成为拉动经济复苏的主要动力。

四是劳动力短缺问题加剧。人口老龄化、出生率低下导致的劳动力供给不足一直是制约日本经济发展的重要问题。在疫情冲击下,劳动力短缺问题进一步加剧。2021 年,日本 15 岁以上劳动人口 6860 万人,较上年减少 8 万人,为三年来最低。从年龄细分看,日本适龄劳动人口不断减少,2021 年日本 15—64 岁适龄劳动人口 5931 万人,较上年下降 0.3%,再创 2019 年以来新低。而高龄、女性劳动力不断增加,2021 年 65 岁以上高龄劳动人口 929 万人,女性劳动参与率达 53.5%,均创有记录以来最高水平。在适龄劳动人口短缺叠加疫情影响下,2021 年,日本制造业劳动生产率虽较上年上升 5.5%,仍未恢复至疫情暴发前的水平;未来，随着劳动力短缺问题难以有效缓解叠加劳动生产率相对低下将进一步拖累企业及经济的持续发展。

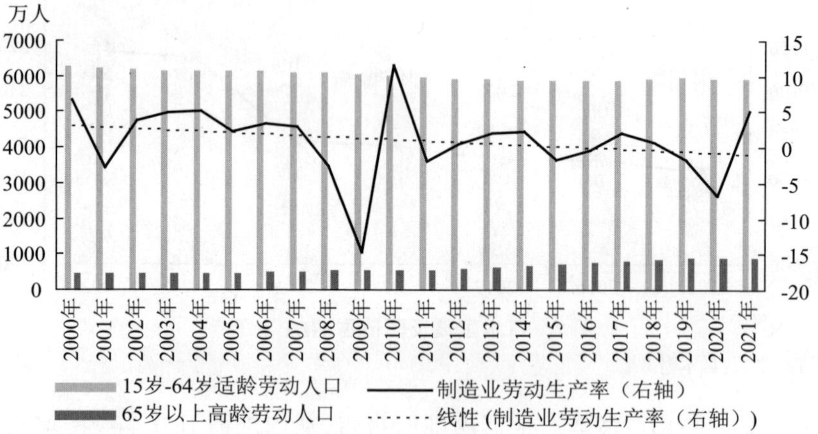

图 8　日本劳动人口及制造业生产率

资料来源：日本统计局。

五是俄乌冲突加剧或将影响经济复苏。俄乌冲突影响下全球金融市场剧烈波动、大宗商品价格持续冲高，进一步加大了日本经济复苏的不确定性。俄乌冲突爆发以来，日本不断追加对俄制裁；俄驻日大使称俄方将对日本采取重大反制裁措施。俄罗斯是全球能源、金属、农产品及化肥重要出口国。日本经济发展需要大量能源，能源价格大幅上涨可能导致通货膨胀、消费下滑、企业减少投资，经济增长将受到严重影响。有专家预测，由于日本对俄罗斯实施经济制裁，能源价格上涨和出口减少或将导致一季度经济再度陷入负增长。

三、2022 年日本经济的初步预测

近期，主要国际组织预测 2022 年日本经济将延续复苏态势，俄乌战争爆发后各机构纷纷在最新预测中下调了增长预期。其中，2021 年 12 月份，经济合作与发展组织预测增长 3.4%；2022 年 1 月份，世界银行预测将增长 2.9%；2022 年 3 月份，日本经济研究中心预测将增长 2.2%；2022 年 4 月份，国际货币基金组织将 2022 年日本经济增速预期由 2022 年 1 月份的 3.3%下调至 2.4%；英国共识公司将 2022 年日本经济增速预

期由3月份的2.3%下调至2.1%(表3)。尽管2022年日本经济将实现恢复性增长,但反弹力度明显低于其他发达经济体,预示着未来日本经济复苏仍将相对缓慢。

日本央行指出,疫情对服务业和消费产生的下行压力减小,对供给侧限制的影响减弱,叠加海外需求回暖,在宽松的财金政策支持下,日本经济可能会延续复苏态势,预计日本经济将继续以高于其潜在增长率的速度增长。国际货币基金组织4月份《世界经济展望》预测,鉴于俄乌战争的爆发,石油价格预期上涨,将对私人消费和投资造成压力,叠加国内需求疲软和净出口下降,将拖累日本经济复苏进程。

表3 主要国际组织和机构对日本经济的预测

	2021年 估计值	2022年 预测值	2023年 预测值
世界银行	1.7	2.9	1.2
国际货币基金组织	1.6	2.4	2.3
经济合作与发展组织	1.8	3.4	1.1
英国共识公司	1.7	2.1	1.8
日本经济研究中心	1.6	2.2	0.3

资料来源:世界银行《全球经济展望》(1月);国际货币基金组织《世界经济展望》(4月);英国共识公司《共识预测》(4月);经济合作与发展组织《经济展望》(2021年12月);日本经济研究中心《短期经济预测》(3月)。

(执笔:黄佩佩;成文于2022年4月)

经济持续恢复　前景仍存隐忧

——2021 年新兴经济体经济形势回顾及 2022 年展望

2021 年，新兴经济体经济呈恢复性增长态势，经济增长由负转正，制造业生产持续扩张，对外贸易快速增长，就业市场有所改善，但通胀压力不断累积，金融和债务风险上升，经济韧性仍然较差。展望 2022 年，随着疫苗普及和产业链修复，新兴经济体经济仍将延续复苏态势，但在疫情扰动、发达经济体宏观政策转向及输入性通胀压力等多重挑战下，新兴经济体复苏进程或将放缓。

一、2021 年新兴经济体经济脆弱复苏

2021 年，随着疫苗接种率不断提高，疫情形势有所缓和，复工复产加快推进、外需改善拉动对外贸易增速加快，新兴经济体经济持续修复。据国际货币基金组织测算，新兴和发展中经济体 GDP 增长率为 6.5%，增速较上年由负转正。但随着宽松的货币财政政策的逐渐退出以及通胀压力不断累积，新兴经济体的长期复苏动力仍显不足。

(一) 经济增速触底反弹

多数新兴经济体年度 GDP 增速由负转正。其中，印度和南非增长 8.3%和 4.9%，分别创 2010 年和 2007 年以来新高；巴西、韩国和墨西哥增速位于 4.5%~5.0%区间，均为近 10 年来最高增速(图 1)。

分季度看，GDP 增速先升后降。二季度多数新兴经济体增速大幅上升，印度、巴西、俄罗斯、墨西哥、南非增速均超过 10%，此后开始逐季回落，但仍高于一季度增速；韩国经济增长较为平稳，二季度增长 6.0%，下半年增速保持在 4.0%左右，为 2011 年以来高位；越南受疫情扰动影响，三季度经济大幅下跌 6.0%，拖累全年经济增长(图 2)。

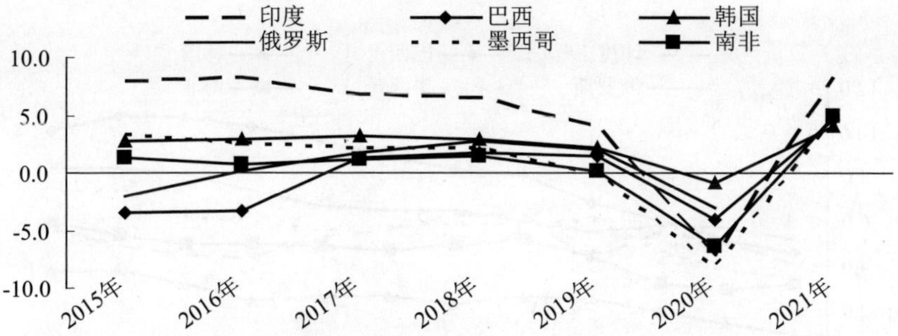

图 1　主要新兴经济体年度 GDP 增长率(%)

资料来源:各经济体官方统计网站。

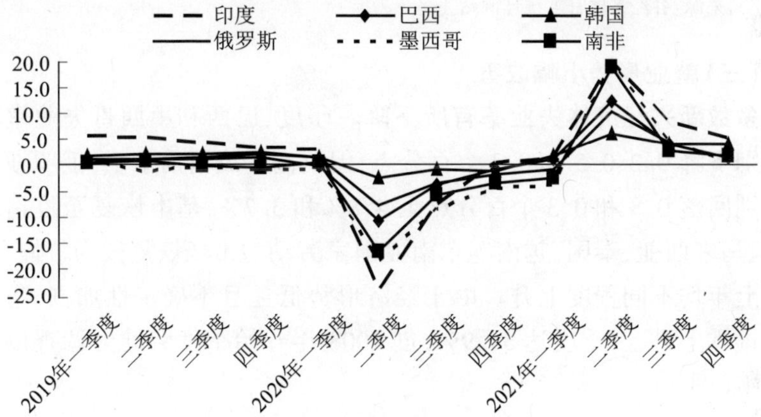

图 2　主要新兴经济体季度 GDP 同比增长率(%)

资料来源:各经济体官方统计网站。

(二)价格水平持续攀升

消费者价格(CPI)整体呈上行趋势。部分经济体通胀压力加剧,巴西 CPI 自 1 月起连续 11 个月涨幅扩大,11 月达 10.7%,创 2016 年以来新高,年平均 CPI 较上年扩大 5.1 个百分点;俄罗斯和土耳其年平均 CPI 分别为 6.7%和 19.4%,均超过 IMF 估测的新兴和发展中经济体 5.7%的通胀水平;韩国 CPI 较上年扩大 4 倍至 2.5%,创 2011 年以来新高,南非和墨西哥分别扩大 1.4 和 2.3 个百分点,均创 2017 年以来新高。但印度 CPI 较上年回落 1.5 个百分点;越南和印度尼西亚分别回落 1.4 和 0.3 个百分点,均处于 2%以下的相对低位(图 3)。

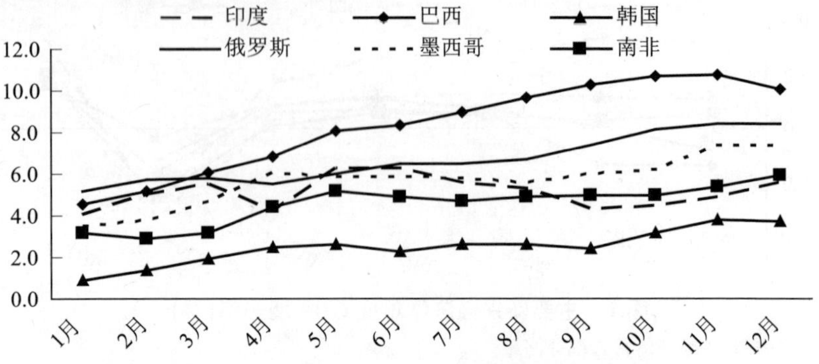

图 3　2021 年主要新兴经济体消费者价格同比上涨率(%)

资料来源:各经济体官方统计网站。

(三)就业形势小幅改善

多数新兴经济体失业率有所下降。印度、巴西和墨西哥失业率较上年分别下降 0.2、0.5 和 0.3 个百分点,但仍高于疫情前水平;俄罗斯和韩国分别回落 0.8 和 0.3 个百分点至 4.8% 和 3.7%,基本恢复至疫情前水平;但马来西亚、泰国、越南等东南亚国家劳动力市场恢复较为缓慢,失业率较上年均不同程度上升。由于经济形势低迷且不确定性加剧,南非失业率逐季上升,三季度达 34.9%,创 2008 年开始季度劳动力调查以来最高水平(图 4)。

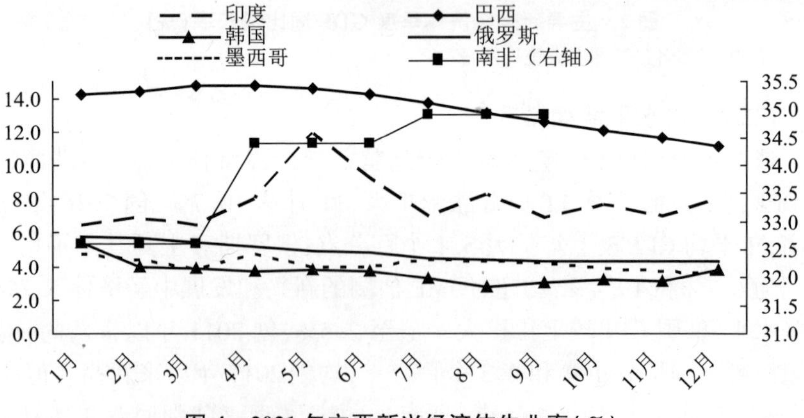

图 4　2021 年主要新兴经济体失业率(%)

资料来源:各经济体官方统计网站。

(四)对外贸易强劲增长

对外贸易加速修复。受基数效应、需求复苏和价格上升等因素影响,上半年进出口总额同比增速迭创新高,下半年逐渐趋于平稳。4月份,印度、南非、菲律宾进出口总额同比增速均超过100%,此后逐月回落至20%~40%。全年来看,受大宗商品价格大幅上涨推动,南非、巴西贸易顺差创有记录以来新高,俄罗斯贸易顺差创2018年以来新高,印度作为大宗商品进口国,贸易逆差创2018年以来新高。受外部需求拉动,亚太经济体出口额大幅提升,韩国、中国台湾、中国香港、越南、印度尼西亚等经济体出口额均创有记录以来新高(图5)。

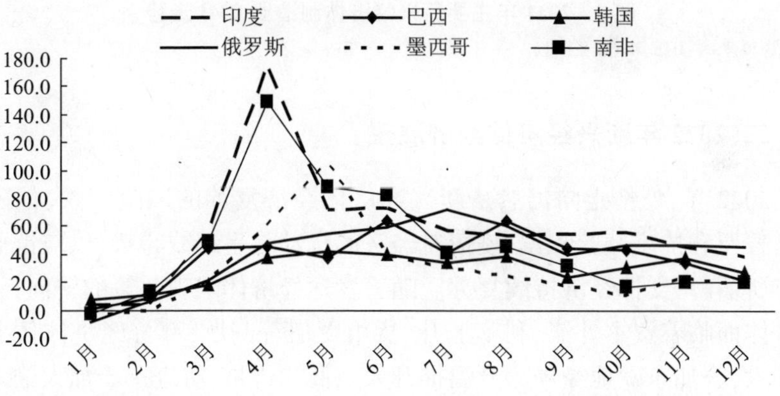

图5 2021年新兴经济体进出口总额同比增长率(%)

资料来源:各经济体官方统计网站。

(五)多数经济体制造业处于扩张区间

制造业整体呈恢复态势。韩国、新加坡、中国台湾和波兰制造业PMI全年处于扩张区间,其中,中国台湾连续5个月超过60%,创2012年以来新高。印度和南非除个别月份短暂跌回收缩区间外,全年PMI在55%上下波动,制造业复苏势头较为强劲;巴西上半年制造业快速扩张,下半年复苏动力不足,逐步回落至收缩区间;俄罗斯全年在50%荣枯线上下波动,复苏进程较为缓慢。墨西哥由1月的43.0%上升至12月的49.4%,全年处于收缩区间,制造业持续低迷(图6)。

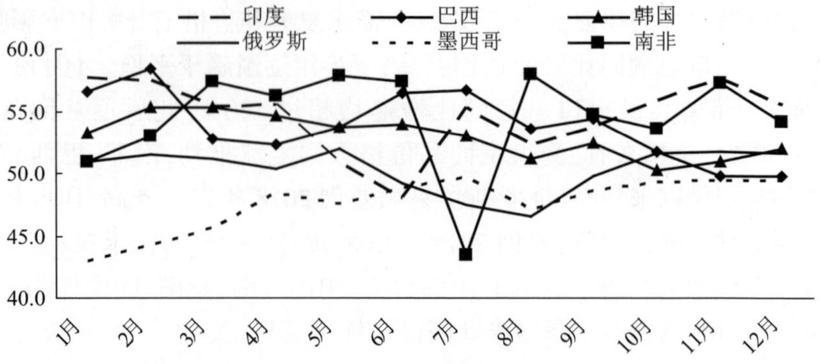

图6 2021年主要新兴经济体制造业PMI走势

资料来源:IHS Markit公司。

二、2022年新兴经济体经济展望

2022年,疫情走向仍然是新兴经济体经济复苏的风险因素,但随着疫苗普及和抗疫经验积累,疫情对经济的扰动将呈递减趋势,供应链瓶颈将有所缓解,支撑经济持续复苏。随着发达经济体宏观政策的转向,新兴经济体面临着资本外流、利率上升、货币贬值等问题,部分经济体债务风险加大,叠加东欧地缘局势升温推升大宗商品价格,将进一步加大输入性通胀风险,经济复苏仍较为艰难,经济增速将有所回落。

(一)支撑新兴经济体经济复苏的有利因素

一是疫苗接种率不断提高,防疫措施有望进一步放宽。截至3月13日,印度、巴西、韩国、越南、墨西哥完成疫苗接种率分别为58.3%、73.7%、86.8%、79.0%和60.9%,均超过全球平均疫苗接种率56.6%。疫苗接种进程的加快推进为放宽防疫措施提供了更大的政策空间。2022年1-3月,印度疫情政府响应严厉指数连续下调3次至71.8,韩国下调2次至40.7,墨西哥和俄罗斯均下调1次,分别为31.5和40.3,均处于疫情以来相对低位。

二是产业链修复程度有所增强,制造业复苏前景持续改善。2022年1月份,韩国工业生产指数涨至119.4(2015年=100),连续4个月上升,创1980年有记录以来新高;印度为138.4(2011-2012年=100),为2019

年3月以来次高水平；墨西哥为101.73(2013年=100)，创疫情以来新高。领先指标同样显示部分经济体制造业前景好转。2022年2月份，韩国制造业PMI为53.8，连续4个月扩张幅度加大；新加坡大幅上升至58.3，创有记录以来新高；南非、越南和泰国较上年末分别上升4.5、1.8和3.0个百分点，扩张速度加快。

(二)制约新兴经济体经济复苏的风险因素

一是变异病毒传播风险犹存，疫情走向仍存较大不确定性。尽管各新兴经济体疫苗接种率显著提升，应对疫情的经验更加丰富，但自2021年11月以来，奥密克戎变异毒株的快速传播增加了疫情的不确定性，可能进一步抑制供应链恢复以及投资、消费热情，从而影响经济复苏进程。2022年以来，部分新兴经济体疫情快速反弹。截至3月10日当周，韩国日新增确诊较2月初增长近15倍，升至26万例的记录新高；越南在20天内日新增病例由3万例升至17万例。2022年1月世界银行发布《全球经济展望》指出，奥密克戎变种对经济的扰动可能进一步压低2022年经济增长速度，与发达经济体相比，大多数新兴市场和发展中经济体因新冠疫情受到的影响更为严重，预计其增长轨迹不足以将投资或产出在2023年恢复到疫情前的趋势。

二是发达经济体货币政策收紧，加大新兴经济体外债和金融市场风险。美联储自2022年1月起每月资产购买缩减规模从150亿美元扩大至300亿美元，3月份宣布加息25个基点，为2018年以来首次加息；英国央行3个月内加息2次，总加息幅度为40个基点；欧洲和日本虽未开始加息，但也缩减了资产购买金额。迫于发达经济体压力，许多新兴经济体已经提前开始加息。疫情以来至2022年3月10日，俄罗斯和巴西均已加息8次，累计加息幅度分别为1575和875个基点，墨西哥、南非和韩国分别加息6次、2次和3次，累计加息幅度均超过50个基点，大幅收紧货币政策将抑制经济复苏进程。

三是俄乌冲突引发地缘局势升温，大宗商品价格上涨加大新兴经济体通胀压力。俄罗斯是全球能源、金属、农产品及化肥重要出口国，其天然气和原油、小麦及化肥出口份额均居世界前三，钯、镍、钨等金属在全球出口份额均超20%；乌克兰是全球农产品主要出口国，谷物出口总量仅次于美国。随着俄乌冲突持续发酵，对俄乌大宗商品的生产、运输、结算等供应链各环节造成较大冲击，对外贸易萎缩，全球能源、粮食、金属、化肥等大宗商品供应短缺仍将持续，支撑大宗商品价格保持高位，加剧新兴经济体输入性通胀压力。2022 年 1 月，IMF 发布《世界经济展望》指出，2022 年新兴和发展中经济体通胀形势更为严峻，CPI 将同比上涨 5.9%，较 2021 年扩大 0.2 个百分点，并较 2021 年 10 月份预测上调 1.0 个百分点。

三、2022 年新兴经济体经济的初步预测

近期，主要国际机构预测 2022 年新兴经济体经济增速将有所放缓。总体来看，2022 年新兴经济体 GDP 增速将维持在 3.7%～4.6%区间，其中联合国贸发会议和 IMF 最新预测包含了俄乌冲突对世界经济的冲击，较上次预测均下调 1.0 个百分点。印度经济增速仍然处于领先地位，全年经济增长区间为 4.6%～8.7%，平均增速较 2021 年回落 1.1 个百分点；巴西 GDP 增速位于 0.8%～1.4%区间，平均增速较 2021 年大幅回落 3.4 个百分点；韩国 GDP 增速位于 1.7%～2.8%区间，平均增速较 2021 年回落 1.7 个百分点；俄乌冲突爆发后，俄罗斯 2022 年增速预期由正转负，联合国贸发会议和 IMF 较上次预测分别下调 9.6 和 11.3 个百分点至-7.3%和-8.5%，或将陷入深度衰退；墨西哥和南非平均经济增速预期较 2021 年分别回落 2.7 和 3.2 个百分点。但印度尼西亚、越南、菲律宾和泰国等东南亚国家 2022 年经济增速有望加快。

表　2022 年主要新兴经济体 GDP 增长率预测

	世界银行	联合国 贸发会议	国际货币 基金组织	英国 共识公司
新兴和发展中经济体	4.6	3.7	3.8	—
印度	8.7	4.6	8.2	7.5
韩国	—	1.7	2.5	2.8
俄罗斯	2.4	-7.3	-8.5	—
巴西	1.4	1.3	0.8	—
墨西哥	3.0	1.3	2.0	—
印度尼西亚	5.2	4.4	5.4	5.1
土耳其	2.0	2.5	2.7	—
波兰	4.7	—	3.7	—
泰国	3.9	—	3.3	3.4
阿根廷	2.6	4.6	4.0	2.5
菲律宾	5.9	—	6.5	6.7
南非	2.1	1.1	1.9	—
越南	5.5	—	6.0	7.1

注：印度为财政年度数据。

资料来源：世界银行《全球经济展望》（2022 年 1 月），联合国贸发会议《全球经济最新动态》（2022 年 3 月），国际货币基金组织《世界经济展望》（2022 年 4 月），英国共识公司《共识预测》（2022 年 4 月）。

（执笔：朱祎，成文于 2022 年 4 月）

三 国际比较研究

2021 年全球 FDI 恢复疫情前水平 中国为全球第二大外资流入国

联合国贸易和发展会议(UNCTAD)近日发布最新的《全球投资趋势监测报告》显示,预计 2021 年全球外商直接投资(FDI)达 1.65 万亿美元,较上年增长 77%,已超过疫情前水平。中国 FDI 流入达到创纪录的 1790 亿美元,较上年增长 20%,为全球第二大外资流入国。

一、全球 FDI 较上年增长 77%

2021 年全球 FDI 强劲反弹至 1.65 万亿美元,增幅达到 77%,较上年增加 7180 亿美元,但全球复苏呈现不均衡状态,其中发达经济体增量约占全球增量的 3/4,超过 5000 亿美元(图)。

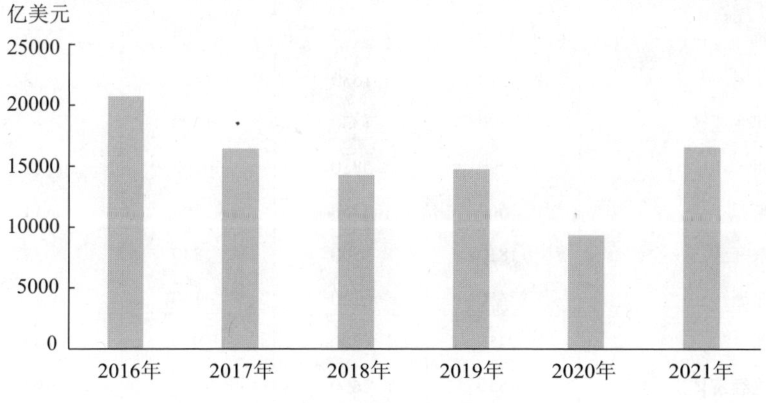

图 近年全球 FDI 规模

注:2021 年为预测数据。

资料来源:联合国贸发会议。

流入发达经济体的 FDI 大幅增长 199%。2021 年,发达经济体 FDI

流入7770亿美元,较上年大幅增长199%,为有记录以来最快增速。欧洲和美洲地区是FDI流入增长的重点区域,流入北美的FDI为3830亿美元,增长120%;流入欧洲的FDI为3050亿美元,是上年的15.25倍。

流入发展中经济体的FDI增幅为30%。2021年,发展中经济体FDI流入8700亿美元,较上年增长30%。其中,流入东亚和东南亚的FDI分别增长14%和35%,是发展中经济体FDI的主要流入地区,东南亚超过疫情前水平,且大多数成员国FDI显著增加;拉美和加勒比地区增长75%,已接近疫情前水平,非洲增加约1.5倍;最不发达地区FDI流入280亿美元,增幅为19%,仍为较低水平,对其生产能力至关重要的行业以及电力、食品或健康等关键部门的新投资停滞不前(表1)。

表1 2019-2021年主要地区FDI流入规模及2021年增速

单位:亿美元

经济体/地区	2019年	2020年	2021年	2021年增速(%)
全球	14730	9290	16470	77
美洲	4310	2590	5310	105
北美	2750	1740	3830	120
拉美及加勒比地区	1560	840	1470	75
欧洲	3920	200	3050	1525
欧盟	4510	1530	1650	8
其他地区	-590	-1330	1400	—
亚洲	5590	5880	6960	18
东亚	2560	3150	3580	14
东南亚	1810	1360	1840	35
大洋洲	450	230	180	-22
非洲	450	390	970	147
发达经济体	7520	2600	7770	199
发展中经济体	7210	6690	8700	30
最不发达经济体	240	240	280	19

注:2021年为预测数据。

资料来源:联合国贸发会议。

二、FDI 主要领域表现不一

全球跨境并购较快复苏。2021 年，全球跨境并购交易额为 7100 亿美元，较上年增长 49%。其中，发达经济体跨境并购交易额增长 58%，主要依赖于北美 185%增速的贡献；由于受东亚和南亚分别下跌 82%和 72%的拖累，发展中经济体交易额仅增长 11%。

跨境项目融资交易大幅反弹。2021 年，全球跨境项目融资交易数量为 1840 件，较上年增长 53%。其中，发达经济体跨境项目融资交易数量增长 59%，发展中经济体增长 46%，最不发达经济体下降 15%。在极低的融资成本、经济刺激政策和海外投资增长的支持下，大多数行业的基础设施项目融资已恢复疫情前水平，其中可再生能源融资交易额增长最为强劲，达到 174%，另外，信息通信行业的数字经济领域也完全恢复，交易数量增长 50%以上。

表 2　2021 年全球 FDI 三大领域增速

单位：%

经济体/地区	全球跨境并购交易额	跨境项目融资交易数量	绿地投资交易数量
全球	49	53	-1
美洲	173	53	5
北美	185	45	4
拉美及加勒比地区	-1	63	8
欧洲	-1	60	-7
欧盟	-26	46	-10
其他地区	64	107	2
亚洲	26	54	5
东亚	-82	62	2
东南亚	—	4	1
大洋洲	159	52	3
非洲	—	25	-7
发达经济体	58	59	-4
发展中经济体	11	46	4
最不发达经济体	—	-15	-23

资料来源：联合国贸发会议。

绿地投资进一步下跌。 2021 年，绿地投资交易数量为 13049 件，较上年下降 1%，延续了 2020 年的下降趋势。其中，发达经济体绿地投资数量下降 4%，发展中经济体增长 4%，最不发达经济体下降 23%（表 2）。绿地投资是代表 FDI 未来趋势的重要指标，降幅较大不利于长期经济增长。2021 年全球价值链密集型行业的新项目数量进一步下降，工业部门的绿地投资交易数量较疫情前的平均水平低 30%，反映出投资者对行业和全球价值链的信心仍然疲软，全球供应链缺口依然难以弥补。

三、中国居全球外资流入国第二位

报告显示，得益于制度型开放持续深化、产业链完善畅通等因素，我国 FDI 呈现持续增长态势，2021 年流入中国的 FDI 达到创纪录的 1790 亿美元，较上年增长 20%，排名全球第二。其中，高技术产业和服务业 FDI 增长较快，成为我国 FDI 增长的重要推动力。

美国再度成为全球最大 FDI 目的地，流入 FDI 为 3230 亿美元，增长 114%，主要集中在批发贸易、金融服务和制造业跨境并购领域；流入欧盟的 FDI 为 1650 亿美元，增长 8%，仍远低于疫情前水平。巴西 FDI 流入达到 580 亿美元，增长一倍；因南非跨国公司与其在荷兰上市的子公司进行了 460 亿美元的股票互换交易，南非 FDI 流入从 2020 年的 30 亿美元增至 410 亿美元；主要因跨国并购交易规模减少，印度 FDI 流入下降 26%。

报告认为，2022 年全球经济持续复苏将推动全球 FDI 继续增长，但增速或将放缓，同时发展中国家与最不发达国家的 FDI 恢复相对缓慢。虽然基础设施领域的国际项目融资仍将提供强劲的增长动力，同时美联储加息缩表节奏加快或将导致国际资本的流动性加大，但由于新冠肺炎疫情仍在演变，制造业和全球价值链的新投资将会处于低位。疫苗接种不均衡、基础设施投资刺激措施的实施速度以及劳动力和供应链瓶颈、能源价格和通胀压力仍然是影响全球 FDI 不确定性的重要因素。

（执笔：李婧婧；成文于 2022 年 2 月）

2021 年国际大宗商品价格走势分析

2021 年,全球经济加速复苏、供应链瓶颈叠加刺激性财政和货币政策持续释放流动性导致国际大宗商品价格强劲上涨,屡创新高。展望 2022 年,经济复苏势头放缓和财金政策环境趋紧将对大宗商品价格产生一定冲击。但不均衡的疫后复苏、疫情出现反复的威胁以及地缘政治等因素仍将令大宗商品前景面临较大不确定性。

一、2021 年国际大宗商品价格大幅上涨

2021 年全年,国际能源价格指数为 94. 5(2010 年 = 100),较上年上涨 82. 0%;非能源价格指数为 111. 3(2010 年 = 100),上涨 32. 3%。随着全球疫苗接种加快推进、疫情恐慌情绪缓解以及宏观经济政策的刺激,全球经济活动加快复苏,全面提振全球大宗商品总需求,而受制于部分生产国复工复产进程缓慢以及供应链瓶颈,大宗商品供给相对紧张,价格屡创新高。10 月份,国际能源价格指数涨至 122. 3,较上年末上涨 94. 4%,创 2014 年 7 月以来新高;12 月份,非能源价格指数涨至 116. 9,同比上涨

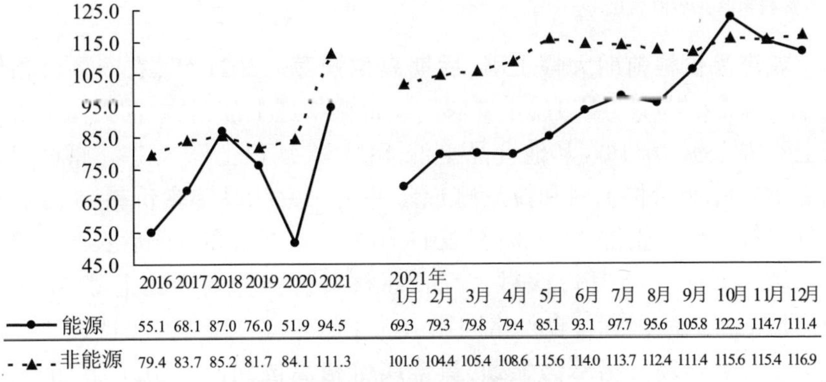

图 1　国际大宗商品价格走势

资料来源:世界银行。

20.2%，创2011年9月以来新高（图1）。

国际油价先涨后跌。2021年，OPEC一揽子原油平均价格较上年上涨68.5%。1-10月，经济快速复苏带动原油需求持续改善，但OPEC+产量释放缓慢，供需失衡导致国际油价持续攀升。10月份OPEC一揽子原油价格涨至82.11美元/桶，较上年末上涨67.0%，创2014年10月以来新高。此后，奥密克戎变异毒株的出现导致多国重启防疫限制措施，市场恐慌情绪冲击原油需求，且多国释放原油储备缓解能源紧缺，油价高位回落。12月份，OPEC一揽子原油价格跌至74.38美元/桶，较10月份回落9.4%（图2）。

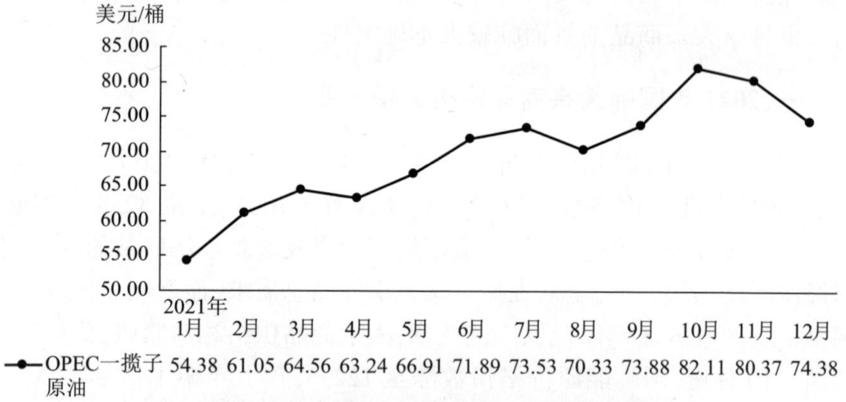

图2　2021年OPEC一揽子原油价格走势

资料来源：OPEC官网。

农产品价格前期大幅上涨，后期高位震荡。2021年，农产品价格较上年上涨23.5%。1-5月，主要农产品价格快速上涨，其中油类肉类价格较上年末上涨16.1%、其他食品上涨18.5%、饮料上涨8.1%，原材料上涨2.3%；化肥价格上涨和拉尼娜现象冲击大幅抬高粮食价格，5月份粮食价格较上年末上涨25.8%，创2013年7月以来新高。此后农产品价格持续居于高位。12月份饮料、食品、原材料价格分别同比上涨31.6%、17.4%和0.7%；国际粮食价格同比上涨15.2%至122.79，保持近8年来高位。**工业金属价格涨势强劲，贵金属价格高位回落。**2021年，金属价格较上年上涨47.1%。1-5月，全球制造业迅速反弹增长，带动主要工业金属价格强势上涨，5 月份金属价格指数较上年末上涨 26. 2%至 125. 79，创 2011 年 2 月以来新高，其中铁矿石、铜、铝价格分别上涨 33. 6%、30. 7%和 20. 8%。此后随着需求趋稳和供给改善，增速有所放缓，但仍维持近 10 年来高位。贵金属方面，随着疫情对市场的扰动逐渐减弱，市场避险情绪回落，金、银、铂价格出现回调。12 月份，金、银和铂价格同比分别下跌 3. 7%、9. 8%和 8. 1%。**化肥价格加速上涨**。2021 年，化肥价格指数较上年上涨 80. 5%，其中尿素价格上涨 110. 9%。一方面能源价格全面上涨推升化肥生产成本，另一方面粮价上行刺激化肥需求，持续推高化肥价格，10–12 月同比涨幅连续 3 个月超过 100%，12 月份化肥价格指数涨至 208. 0，同比上涨 163. 9%，创 2008 年 10 月以来新高（图 3）。

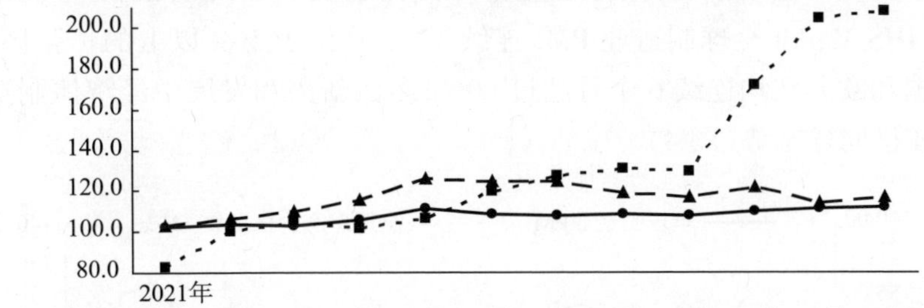

	1月	2月	3月	4月	5月	6月	7月	8月	9月	10月	11月	12月
农产品	102.1	103.7	103.2	105.7	111.1	108.7	107.6	108.2	107.7	109.7	111.1	112.0
化肥	83.0	100.1	104.2	101.6	106.1	119.8	127.0	130.7	129.5	171.5	204.5	208.0
金属矿	102.8	106.4	110.2	115.3	125.8	124.3	124.5	119.0	116.8	121.4	114.0	116.7

图 3　2021 年全球非能源产品价格走势

资料来源：世界银行。

二、影响国际大宗商品价格的主要因素

2021 年，随着疫情防控措施放松以及财政政策刺激，全球需求呈现恢复性增长，大幅提振大宗商品需求，同时受劳动力和航运运力短缺影响，全球供应链陷入瓶颈，限制大宗商品供应增长，而宽松的货币政策加剧大宗商品市场供需失衡，导致多数商品价格出现大幅上涨。

（一）全球需求强劲复苏

供需关系决定大宗商品价格的整体走势。2021 年，全球提高疫苗接种速度，疫情防控进入常态化，促进经济秩序的加快恢复，提振全球大宗商品需求。**一是世界经济加速恢复。**2021 年,全球主要经济体经济大幅增长,二季度经济增长最为显著,美国、欧元区和日本经济同比增速分别升至 12.2%、14.4%和 7.3%;新兴和发展中经济体经济增速也出现不同程度反弹。下半年世界经济延续修复态势,据世界银行估算,全年世界经济增速为 5.5%,创 1973 年以来新高。**二是全球贸易显著改善。**2021 年,得益于疫情限制措施放宽、经济刺激及宽松货币政策引发的需求复苏,全球贸易额大幅增长,已超过疫情前水平。联合国贸发会议报告显示,2021 年全球贸易额达 28.5 万亿美元,较 2020 年和 2019 年分别增长 25%和 13%,再创历史新高。**三是工业、制造业持续扩张。**能源、工业金属等主要大宗商品作为初级投入品,工业和制造业发展规模直接影响其需求变化。全年来看,世界工业生产同比增长 8.6%,创 2009 年以来新高,IHS Markit 全球制造业 PMI 连续 12 个月位于 50%以上的扩张区间,美国和欧元区均连续 6 个月超过 60%,多数新兴和发展中经济体制造业 PMI 呈向好态势(图 4)。

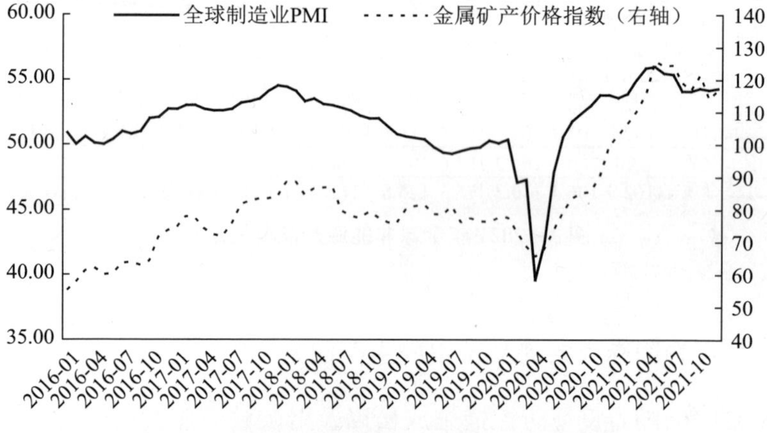

图 4　全球制造业 PMI 与金属矿产价格指数

资料来源:全球制造业 PMI 数据来源于 IHS Markit 公司,金属矿产价格指数来源于世界银行。

(二)全球大宗商品供应不足

大宗商品供给主要受疫情、产能及政策因素影响。在全球疫情反复扰动下,大宗商品主产国产能恢复较为缓慢,叠加全球劳动力和航运运力短缺的影响，供应链矛盾日益突出，导致大宗商品供给紧张。同时，供应面的恐慌情绪也令部分国家出台出口限制政策，进一步加剧供需失衡态势。分产品来看，**能源方面**，在绿色能源转型背景下，投资者对化石燃料企业的投资意愿降低，原油产能扩张受限，且 OPEC+采取谨慎增产策略，产能释放幅度小于需求增幅，全球原油供给偏紧。四季度原油供应量为 97.8 百万桶/天，需求为 99.8 百万桶/天，供需缺口达 2.0 百万桶/天，创历史新高(图 5)。**非能源方面**，拉尼娜现象导致的干旱现象冲击多国农作物产量，疫情扰动下化肥、种子等重要投入品流通受阻，以及俄罗斯、白俄罗斯、哈萨克斯坦的出口限制，限制了全球粮食产量和贸易量的增长。FAO 最新预测显示，2021 年全球谷物供给量达 36.2 亿吨，较上年增长 0.6%，为近 3 年来最低增速；从库存利用率看，2021 年全球粮食类农产品库存利用比较上年下降 0.8 个百分点至 28.7，为 2013 年以来新低(图 6)。金属矿产中，秘鲁、智利等主产国由于疫情反复及频繁出现的罢工事件导致铜矿产能恢复滞后，据智利铜业委员会统计，2021 年智利铜产量下降 1.9%至 562.3 万吨，创近 5 年来新低，此外，能源价格高涨导致部分铝和锌精炼企业减产或停产。

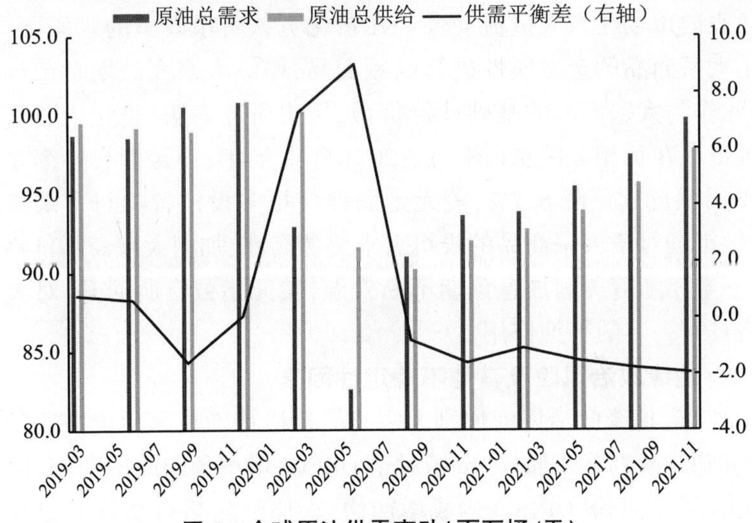

图 5 全球原油供需变动(百万桶/天)

资料来源：OPEC 官网。

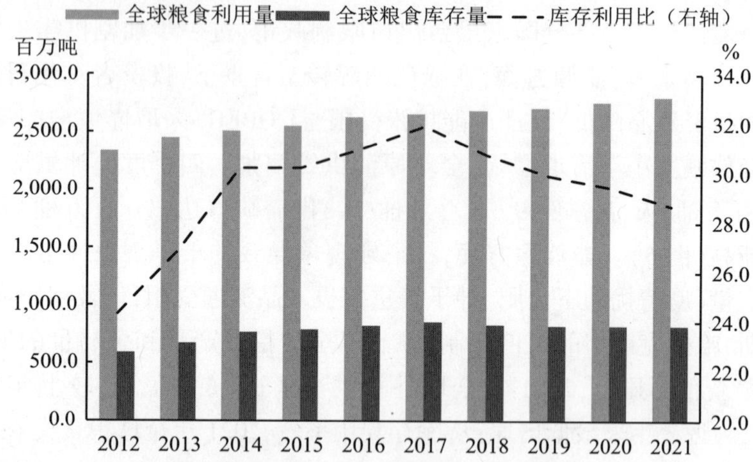

图 6　全球主要粮食利用量与库存量变动

资料来源：国际粮农组织（FAO）。

（三）全球量化宽松的货币政策持续释放流动性

2021 年，为加快经济恢复，各国央行延续宽松的货币政策，一方面，美欧日等利率水平仍保持零利率乃至负利率；另一方面，央行通过扩张资产负债表向市场注入大量流动性。在量化宽松货币政策的刺激下，投机者利用大宗商品的金融属性进行高频交易，操纵大宗商品期货市场。此外，美元作为大宗商品的基础计价货币，历史研究表明，美元指数与大宗商品价格存在负相关关系（图 7）。2021 年上半年，美元指数持续在低位徘徊，6 月份同比下降 6.7%，美元走弱促使更多投机者参与大宗商品交易，金融市场对于大宗商品的投机需求仍然高涨，加剧大宗商品价格上涨幅度；下半年随着美国加息预期不断升温，美元指数有所回升，对大宗商品价格具有一定的平抑作用。

（四）地缘政治风险及其他不确定性因素

2021 年，地缘政治博弈加剧大宗商品价格特别是原油价格波动。上半年，OPEC+谈判陷入僵局，市场对于 OPEC+增产预期尚不明朗，原油价格频繁震荡；7 月份，OPEC+达成增产协议，原油价格自 7 月下旬开始承压下滑，8 月低点较 7 月初下跌 11.7%。未来，中东地缘局势演变和俄乌军事冲突或将进一步影响全球能源供应，对能源价格产生较大冲击。此外，一些其他不确定性因素如极端天气、劳工冲突、自然灾害等，也将对国际大宗商品价格产生影响。

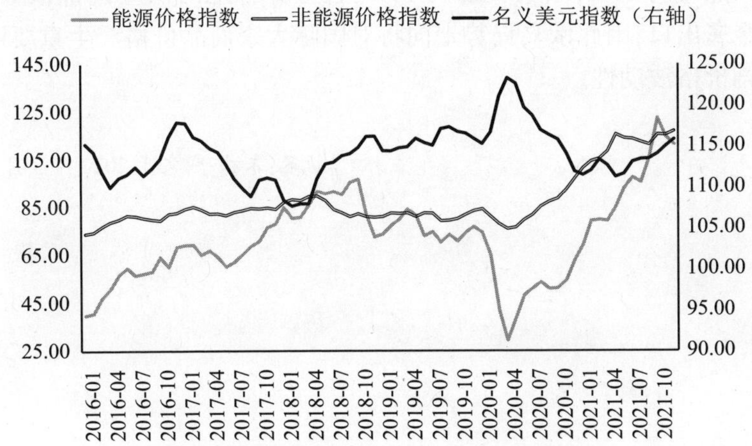

图 7　国际大宗商品价格与美元指数走势

资料来源：世界银行、美联储。

三、2022 年国际大宗商品价格初步展望

展望 2022 年，疫情走向、经济复苏、宏观政策和地缘政治仍将是影响大宗商品价格的主要因素。当前疫苗接种加快推进，但疫苗分配不均衡拖累全球抗疫进程，若出现传染能力更强的变异病毒，仍会对全球经济造成较大冲击。IMF 1 月发布《世界经济展望》预测，2022 年世界经济增速将回落 1. 5 个百分点至 4. 4%，经济复苏势头放缓将引导大宗商品需求趋稳。此外，随着经济复苏程度提高及通胀压力加剧，各国将逐步退出财政刺激政策，美联储 3 月份宣布加息 25 个基点，为 2018 年以来首次加息，英国央行 3 个月内加息 2 次，总加息幅度为 40 个基点，流动性收紧将对大宗商品价格带来下行风险。

但大宗商品市场前景面临的不确定性仍然较大。2022 年初爆发的俄乌冲突导致部分大宗商品生产、运输中断，叠加欧美等国对俄罗斯的一系列制裁措施，引发市场对于俄罗斯大宗商品在交易、结算等环节的担忧，市场再次陷入供给短缺的恐慌情绪，导致大宗商品价格快速上涨。

OECD 3 月发布的《中期经济展望》指出，俄罗斯和乌克兰在全球大宗商品市场具有重要地位，两国合计约占全球小麦出口的 30%，玉米、矿物肥料和天然气的 20%，以及石油的 11%，且世界各地的供应链都依赖于两国的金属出口，因此俄乌局势走向将对国际大宗商品价格产生重要影响，将加剧价格波动性。

（执笔：朱祎；成文于 2022 年 3 月）

表 国际大宗商品价格指数

商品	2021年	2022年（预测）	2021年 1月	2月	3月	4月	5月	6月	7月	8月	9月	10月	11月	12月	2022年 1月	2月
名义价格指数（2010年=100）																
能源	94.5	97.3	59.3	79.3	79.8	79.4	85.1	93.1	97.7	95.6	105.8	122.3	114.7	111.4	120.3	129.5
非能源	112.0	107.6	102.3	105.0	105.8	108.9	116.1	114.4	114.2	113.2	112.3	116.8	116.7	118.2	123.6	128.8
农产品	108.7	104.8	103.1	104.6	103.7	106.2	112.0	109.2	108.4	109.4	109.2	111.6	113.1	113.9	118.5	123.9
饮料	93.5	90.7	82.6	83.4	83.4	84.2	88.9	90.0	92.6	97.1	100.9	104.3	106.3	108.2	109.7	111.8
食品	121.8	116.3	115.0	116.6	115.3	119.8	127.6	123.4	122.3	122.9	121.8	124.1	125.9	127.3	133.6	141.1
油类	127.1	126.1	123.2	123.6	122.5	125.0	133.6	125.7	126.1	127.2	126.3	131.4	131.4	129.4	140.6	154.3
谷物	123.8	105.1	120.0	123.2	119.4	123.7	133.7	128.0	122.7	120.7	118.3	121.2	125.9	129.1	133.2	138.6
其他食品	113.1	113.5	99.9	101.6	102.1	109.6	114.4	116.2	116.8	119.3	119.1	117.0	118.8	122.9	124.6	126.0
原材料	84.5	84.1	84.7	86.0	85.7	84.3	85.6	84.7	82.7	83.0	82.7	84.9	85.5	84.2	86.5	88.0
木材	90.4	92.0	91.1	91.8	91.1	91.0	92.1	91.7	90.5	90.6	90.2	89.5	88.1	87.4	88.4	88.3
其他原材料	78.0	75.3	77.6	79.7	79.8	77.0	78.5	77.0	74.1	74.7	74.6	79.9	82.7	80.8	84.4	87.7
化肥	132.2	123.7	83.0	100.1	104.2	101.6	106.1	119.8	127.0	130.7	129.5	171.5	204.5	208.0	200.6	196.9
金属和矿产	116.4	111.7	102.8	106.4	110.2	115.3	125.8	124.3	124.5	119.0	116.8	121.4	114.0	116.7	125.2	131.2

资料来源：世界银行。

2021 年我国世界 500 强企业数量继续位居第一

美国《财富》杂志最新发布的 2021 年世界 500 强企业排行榜显示，我国上榜企业共有 135 家[①]，比上年增加 11 家，继续位居世界第一。美国沃尔玛连续八年蝉联全球最大公司，中国国家电网有限公司上升至第二位，美国亚马逊首次进入前三。

一、经营改善质量提高

受新冠肺炎疫情影响，世界 500 强企业的经营状况总体不佳，所有上榜企业的营业收入约为 31.7 万亿美元，比去年下降 5%（表 1）。上榜公司的净利润总和为 1.6 万亿美元，同比大幅下降 20%，是 2009 年以来最大跌幅（表 2）。因疫情给全球企业带来巨大冲击，进入世界 500 强门槛的最低营业收入从 254 亿美元下降到 240 亿美元。

我国上榜企业的平均营业收入 661 亿美元，超过世界 500 强的平均营业收入 634 亿美元；平均利润 35 亿美元，超过世界 500 强的平均利润 33 亿美元；销售收益率 5.4%，高于世界 500 强平均销售收益率 5.2%；净资产收益率 8.7%，高于世界 500 强平均净资产收益率 8.4%。反映了我国经济持续稳定恢复、稳中向好的态势，彰显了我国经济的实力与潜力。

我国在过去一年及时妥当地应对疫情，恢复了产能，成为全球经济稳定器，成为全球商品的供应商，制造业也获得了全球市场信赖。尤其是疫情期间，强劲的外贸出口需求催生了海运需求，诸如中国船舶、潍柴动力等企业首次进入 500 强榜单。

---

① 包括香港 9 家企业，不包括台湾 8 家企业。

表 1　2021 年世界 500 强营业收入前十名企业

单位：百万美元

排名	公司名称	国　家	营业收入
1	沃尔玛	美　国	559151.0
2	中国国家电网有限公司	中　国	386617.7
3	亚马逊	美　国	386064.0
4	中国石油天然气集团有限公司	中　国	283957.6
5	中国石油化工集团有限公司	中　国	283727.6
6	苹果公司	美　国	274515.0
7	CVSHealth 公司	美　国	268706.0
8	联合健康集团	美　国	257141.0
9	丰田汽车公司	日　本	256721.7
10	大众公司	德　国	253965.0

资料来源：《财富》网站 https://www.fortunechina.com/

表 2　2021 年世界 500 强利润额前十名企业

单位：百万美元

排名	500 强排名	公司名称	国　家	利润
1	6	苹果公司	美　国	57411.0
2	14	沙特阿美公司	沙特阿拉伯	49286.8
3	184	软银集团	日　本	47052.6
4	20	中国工商银行股份有限公司	中　国	45783.4
5	33	微软	美　国	44281.0
6	11	伯克希尔-哈撒韦公司	美　国	42521.0
7	21	Alphabet 公司	美　国	40269.0
8	25	中国建设银行股份有限公司	中　国	39282.5
9	29	中国农业银行股份有限公司	中　国	31293.4
10	86	Facebook 公司	美　国	29146.0

资料来源：《财富》网站 https://www.fortunechina.com/

二、竞争能力存在短板

此次发布的榜单也显示目前我国企业发展仍面临一些挑战。我国上榜企业虽然在规模和数量上占据优势，但在盈利能力、核心竞争力等方面与部分美欧等发达经济体企业相比还存在一定差距。

在盈利方面,非银行企业存在差距。我国进入500强榜单的10家银行利润占全部上榜企业利润总额的41%。我国上榜的125家非银行企业平均利润只有23亿美元,而美国113家非银行企业平均利润接近47亿美元,是我国的两倍。

在核心竞争力方面,企业缺乏创新产品。进入世界500强的我国企业缺乏创新的产品以及制造创新产品的核心零部件及软件,竞争力整体不足。例如信息和通信技术(ICT)产业,体现了现代高新技术发展的水平,美国有19家ICT产业公司进入世界500强,我国只有9家。

三、练好内功缩小差距

我国企业在数量和规模方面的成绩值得肯定,但是要重视整体行业结构、盈利能力、核心竞争力等方面的差距。应在推动经济高质量发展的背景下抢抓机遇、练好内功,进一步提升发展的质量和效益。

一是在注重量的积累的同时,更应注重质的提升。围绕核心技术、核心产品、核心工艺和核心人才,培育更多单项冠军企业,推动产业链各类市场主体参与创新创造,向价值链中高端迈进。

二是提速国际化战略,提升企业的国际化水平。通过国际市场组合生产要素,提高企业的国际竞争力,实现产品销售全球化,在国际市场获取最大利润。

三是努力提高我国企业技术创新能力,使我国企业从“中国制造”走向“中国创造”。持续加大科技研发力度,提升产品和服务的质量效益,努力在技术创新和产业发展上牢牢掌握主导权。

(执笔:高析;成文于2021年9月)

2020 年中国货物贸易进出口总额继续稳居世界第一位

世界贸易组织(WTO)近期发布的贸易进出口统计报告及数据显示,2020 年中国货物贸易进出口总额继续稳居世界第一位。

一、2020 年中国货物贸易进出口总额达 46468.7 亿美元

2020 年,世界货物贸易进出口总额为 353950.3 亿美元,比上年下降 7.6%。其中,中国货物贸易进出口总额为 46468.7 亿美元,居世界第一位,较上年增长 1.5%,比位居第二位的美国高 21.0%。位列第 3-10 位

表 1　2019-2020 年世界货物贸易进出口额排名前十位的国家和地区

单位:亿美元

2019 年			2020 年		
位次	国家和地区	货物进出口总额	位次	国家和地区	货物进出口总额
1	中　国	45778.4	1	中　国	46468.7
2	美　国	42106.1	2	美　国	38391.8
3	德　国	27233.9	3	德　国	25507.9
4	日　本	14265.2	4	日　本	12758.9
5	荷　兰	13442.7	5	荷　兰	12712.2
6	法　国	12256.1	6	中国香港	11185.4
7	英　国	11654.8	7	法　国	10707.0
8	中国香港	11127.2	8	英　国	10380.3
9	韩　国	10455.8	9	韩　国	9801.3
10	意大利	10127.2	10	意大利	9189.9

资料来源:世界贸易组织。

的国家和地区分别为德国、日本、荷兰、中国香港、法国、英国、韩国和意大利(表1)。

从出口看,2020年中国货物贸易出口总额25911.2亿美元,比上年增长3.7%,居世界第一位,比位居第二的美国高81.0%。排在第3-10位的国家和地区分别为德国、荷兰、日本、中国香港、韩国、意大利、法国和比利时(表2)。

表2 2019-2020年世界货物贸易出口额排名前十位的国家和地区

单位:亿美元

2019年			2020年		
位次	国家和地区	货物出口额	位次	国家和地区	货物出口额
1	中国	24994.6	1	中国	25911.2
2	美国	16431.6	2	美国	14316.4
3	德国	14894.1	3	德国	13800.0
4	荷兰	7086.0	4	荷兰	6744.8
5	日本	7055.6	5	日本	6413.8
6	法国	5709.5	6	中国香港	5487.7
7	韩国	5422.3	7	韩国	5125.0
8	意大利	5377.2	8	意大利	4961.1
9	中国香港	5348.9	9	法国	4883.5
10	英国	4696.8	10	比利时	4193.4

资料来源:世界贸易组织。

从进口看,2020年中国货物贸易进口总额20557.5亿美元,比上年下降1.1%,居世界第二位,比位居第一位的美国低14.6%,排在第3-10位的国家和地区分别为德国、英国、日本、荷兰、法国、中国香港、韩国和意大利(表3)。

表 3　2019-2020 年世界货物贸易进口额排名前十位的国家和地区

单位：亿美元

2019 年			2020 年		
位次	国家和地区	货物进口额	位次	国家和地区	货物进口额
1	美　国	25674.5	1	美　国	24075.5
2	中　国	20783.9	2	中　国	20557.5
3	德　国	12339.8	3	德　国	11707.9
4	日　本	7209.6	4	英　国	6347.1
5	英　国	6958.0	5	日　本	6345.1
6	法　国	6546.6	6	荷　兰	5967.5
7	荷　兰	6356.8	7	法　国	5823.5
8	中国香港	5778.3	8	中国香港	5697.7
9	韩　国	5033.4	9	韩　国	4676.3
10	印　度	4860.6	10	意大利	4228.8

资料来源：世界贸易组织。

二、2021 年世界贸易增幅将达 8.0%

WTO 报告预计，在经历了新冠肺炎疫情冲击后，世界贸易将迎来强劲但不均衡的复苏，预计 2021 年全球贸易增幅将达 8.0%。全球贸易相对积极的短期前景受区域差异、服务贸易持续疲软和部分国家疫苗接种滞后等因素影响，将呈现区域不均衡性。疫情将继续对全球贸易前景构成最大威胁，若疫情反弹，全球贸易复苏前景会很容易被破坏。

WTO 认为，全球贸易的强劲反弹有助于减轻疫情对民众生活、企业生产和各经济体发展的打击，保持国际市场开放对各国经济从这场危机中复苏至关重要。其中，在全球范围内迅速和公平地分配疫苗是强劲、持续复苏的先决条件。贸易能够帮助各国在疫情期间获得食品和基本医疗用品。生产疫苗需要许多国家共同投入，但贸易限制加大了疫苗增产的难度，因此国际社会必须借助贸易力量来增加各国民众获得疫苗的机会。

报告预计，2022 年疫情影响仍将持续显现，全球贸易依旧会低于疫情前水平，全球贸易增长将放缓至 4.0%。

（执笔：高析；成文于 2021 年 5 月）

中国制造业全球竞争力位居世界第二

联合国工业发展组织(UNIDO)于2021年4月28日发布《工业竞争力绩效报告(2020年)》。数据显示,中国制造业全球竞争力指数①排名第二位,其中世界影响力居首位。

一、我国制造业全球竞争力指数排名世界第二

报告显示,中国制造业全球竞争力指数为0.37,仅低于德国(0.47),在152个国家(地区)中排名第2位,连续4年保持在该水平(表1,2)。

表1 全球制造业竞争力指数排名前十的国家(地区)

排名	国家(地区)	制造业竞争力指数
1	德　国	0.47
2	中　国	0.37
3	韩　国	0.35
4	美　国	0.35
5	日　本	0.34
6	爱尔兰	0.33
7	瑞　士	0.30
8	中国台湾	0.28
9	新加坡	0.26
10	荷　兰	0.25

资料来源:联合国工业发展组织数据库。

① 制造业全球竞争力指数包含生产和出口制成品的能力、技术深化与升级以及世界影响力三个维度,包括人均制造业增加值、制造业出口占比、中高科技产品出口占比等共计8个指标,评估范围包括全球152个国家(地区)。

表 2　中国在制造业竞争力指数各维度的排名情况

维度	具体指标	数值	排名
世界影响	制造业增加值占全球的比重	28. 9%	1
	制造业出口占全球的比重	17. 2%	1
技术深化与升级	制造业增加值占 GDP 的比重	28. 9%	4
	制造业出口额占总出口的比重	96. 4%	4
	中高技术制造业出口占制造业总出口的比重	60. 5%	28
	中高技术制造业增加值占全部制造业增加值的比重	41. 5%	29
生产和出口制成品的能力	人均制造业增加值	2726 美元	35
	人均制造业出口额	1658 美元	58

资料来源:联合国工业发展组织数据库。

二、我国制造业世界影响力居于首位

我国制造业发展迅速,特别是在全球价值链地位持续提升,中国制造业出口已遍布全球,成为全球制造业的重要力量。报告显示,中国制造业

表 3　制造业出口占全球比重排名前十的国家(地区)

排名	国家(地区)	制造业出口占全球比重
1	中　国	17. 2%
2	德　国	10. 1%
3	美　国	7. 3%
4	日　本	4. 8%
5	韩　国	4. 2%
6	法　国	3. 6%
7	意大利	3. 5%
8	荷　兰	3. 4%
9	比利时	3. 0%
10	墨西哥	2. 7%

资料来源:联合国工业发展组织数据库。

出口占全球比重升至17.2%，稳居世界第1，比排名第2的德国高出7.1个百分点（表3）；制造业增加值占全球比重达到28.9%，继续排名世界第1，比排名第2的美国高出12.5%个百分点。

三、我国中高技术制造业增加值占比有待提高

报告显示，我国制造业结构得到改善。2018年中高技术制造业的增加值占全部制造业增加值的比重达到41.5%，排在第29位，与1990年相比小幅提升3.7个百分点，但与发达经济体相比仍存在一定差距，仅为排在第1位的新加坡的一半（表4）。

表4　中高技术制造业的增加值占全部制造业增加值的比重

排名	国家（地区）	中高技术制造业的增加值占全部制造业增加值的比重
1	新加坡	80.5%
2	中国台湾	69.5%
3	瑞　士	64.6%
4	韩　国	63.8%
5	德　国	61.7%
6	匈牙利	57.4%
7	日　本	56.6%
8	丹　麦	55.3%
9	爱尔兰	54.5%
10	捷　克	52.8%
…	…	…
29	中　国	41.5%

资料来源：联合国工业发展组织数据库。

四、我国人均制造业增加值存在较大差距

报告显示，我国制造业增加值占GDP比重为28.9%，排在第4位，但人均制造业增加值较低，为2726美元，仅为排在第1位的爱尔兰（26090

美元)的十分之一,与瑞士、新加坡、德国等发达经济体相比也存在较大差距(表5)。

表5 人均制造业增加值

排名	国家(地区)	人均制造业增加值(美元)
1	爱尔兰	26090
2	瑞 士	15907
3	新加坡	10974
4	德 国	9148
5	奥地利	8123
6	韩 国	8084
7	日 本	7556
8	瑞 典	7526
9	中国台湾	7485
10	丹 麦	7093
…	…	…
35	中 国	2726

资料来源:联合国工业发展组织数据库。

(执笔:张旭;成文于2021年5月)

联合国2030年可持续发展目标指标数据缺口率国际比较

联合国2030年可持续发展目标(SDG)是对联合国千年发展目标(MDG)的继承、延续和深化,是迄今为止联合国通过的规模最为宏大和最具雄心的发展议程。SDG共包括17项目标、169项具体目标和247个指标,涉及经济、社会、环境等三个方面。可持续发展目标给各国决策者带来挑战的同时,也给各国家统计机构带来了新任务和新挑战。联合国官网显示,我国在大部分经济类指标上的数据可获得性较好,在环境方面的可获得性还有待改进,社会类指标居中。我们通过收集、整理联合国官网有关世界各经济体数据后测算得到,在指标层级上,我国SDG数据缺口率整体达45.3%,在197个经济体中居第70位;在28个主要国家①中居第6位,属于数据缺口率偏高的经济体。随着中国统计制度方法的完善以及官方统计数据日益公开透明,我国SDG数据缺口情况将进一步得到改善。

一、联合国SDG目标的内容

2013年9月,联合国大会召开了专门会议,呼吁国际社会面向未来,以普适性为基本原则制定"一个发展框架,一套发展目标"的可持续发展目标。2015年8月,各国谈判代表就2015年后发展议程的内容达成一致,最终名称确定为《改变我们的世界:2030年可持续发展议程》,2015年9月27日联合国峰会正式批准通过。世界各国领导人空前一致承诺为如此广泛而普遍的政策议程共同采取行动并作出努力。

① 本文中世界主要国家指G20国家、金砖国家以及东盟国家。共计28国。

SDG共包括17项目标、169项具体目标和247个②指标，涉及经济(例如消除贫困)、社会(例如性别平等)、环境(例如气候变化)等三个方面，体现了人类(People)、地球(Planet)、繁荣(Prosperity)、和平(Peace)、伙伴(Partnership)五大愿景。247个指标构成了SDG可量化的评估框架，指标之间相互融合、不可分割(integrated and indivisible，联合国2015年70/1号决议)，也因此给各国家统计机构在制定优先实现目标时提出了挑战。联合国SDG目标和具体目标列表见表1。

表1 联合国17项可持续发展目标

1.	在全世界消除一切形式的贫穷
2.	消除饥饿，实现粮食安全，改善营养状况和促进可持续农业
3.	确保各年龄段人群的健康生活方式，促进他们的福祉
4.	确保包容和公平的优质教育，让全民终身享有学习机会
5.	实现性别平等，增强所有妇女和女童的权能
6.	为所有人提供水和环境卫生并对其进行可持续管理
7.	确保人人获得负担得起的、可靠和可持续的现代能源
8.	促进持久、包容和可持续经济增长，促进充分的生产性就业和人人获得体面工作
9.	建造具备抵御灾害能力的基础设施，促进具有包容性的可持续工业化，推动创新
10.	减少国家内部和国家之间的不平等
11.	建设包容、安全、有抵御灾害能力和可持续的城市和人类住区
12.	确保采用可持续的消费和生产模式
13.	采取紧急行动应对气候变化及其影响
14.	保护和可持续利用海洋和海洋资源以促进可持续发展
15.	保护、恢复和促进可持续利用陆地生态系统，可持续管理森林，防治荒漠化，制止和扭转土地退化，遏制生物多样性的丧失
16.	创建和平、包容的社会以促进可持续发展，让所有人都能诉诸司法，在各级建立有效、负责和包容的机构
17.	加强执行手段，重振可持续发展全球伙伴关系

资料来源：联合国官网。

② 2020年3月13日和2020年4月2日，联合国可持续发展目标指标的机构间专家组(IAEG-SDG)对指标名称及其内容进行了完善，目前共有247个具体指标，去重后为231个。这些指标成为全球层面可持续发展目标的统计、监测和评估的依据。

二、世界各经济体 SDG 指标数据缺失情况

从 247 个指标数据的可获得情况看，联合国官网数据显示，排除 GDP 总量小于 100 亿美元的小型经济体，世界 197 个经济体 SDG 指标数据平均缺口率为 46.3%（各经济体缺口率的简单平均数），缺口率较高的经济体多为小岛屿国家，排名前 14 位经济体的缺口率均在 80%以上；缺口率较低的有南非、菲律宾、哥伦比亚、秘鲁和墨西哥，分别为 29.1%、29.1%、27.9%、27.5%和 26.3%。从 17 个目标看，目标 13"采取紧急行动应对气候变化及其影响"和目标 14"保护和可持续利用海洋和海洋资源以促进可持续发展"缺口率最高，分别达到 81.1%和 67.9%，目标 3"确保各年龄段人群的健康生活方式，促进他们的福祉"和目标 15"保护、恢复和促进可持续利用陆地生态系统，可持续管理森林，防治荒漠化，制止和扭转土地退化，遏制生物多样性的丧失"最低，分别为 20.9%和 26.4%。

从 G20、东盟以及金砖国家共 28 个经济体的情况看，这些经济体 SDG 数据的平均缺口率为 40.1%。其中，韩国、文莱、新加坡、沙特阿拉伯和加拿大缺口率较高，分别达到 61.9%、58.3%、56.3%、49.0%和 45.7%，印度尼西亚、泰国、南非、菲律宾、墨西哥缺口率较低，分别为 32.4%、32.4%、29.1%、29.1%和 26.3%（图 1）。从 17 个目标看，目标 13"采取紧急行动应对气候变化及其影响"和目标 5"实现性别平等，增强所有妇女和女童的权能"缺口率最高，分别达到 74.6%和 61.2%，目标 3"确保各年龄段人群的健康生活方式，促进他们的福祉"和目标 7"确保人人获得负担得起的、可靠和可持续的现代能源"最低，分别为 10.7%和 19.6%。

从世界各经济体可看出，一是发达经济体和发展中经济体（按国际货币基金组织的划分标准）的整体数据缺口率相差不大。197 个经济体中，35 个发达经济体和 162 个发展中经济体的缺口率分别为 46.0%和 46.4%，发达经济体略低于发展中经济体；二是发达经济体普遍在消除贫困和饥饿方面的数据缺口率高于发展中经济体。这主要是一些发达经济体处于更高的发展阶段，在这些方面（即目标 1 和目标 2）的部分指标上没有进行统计。

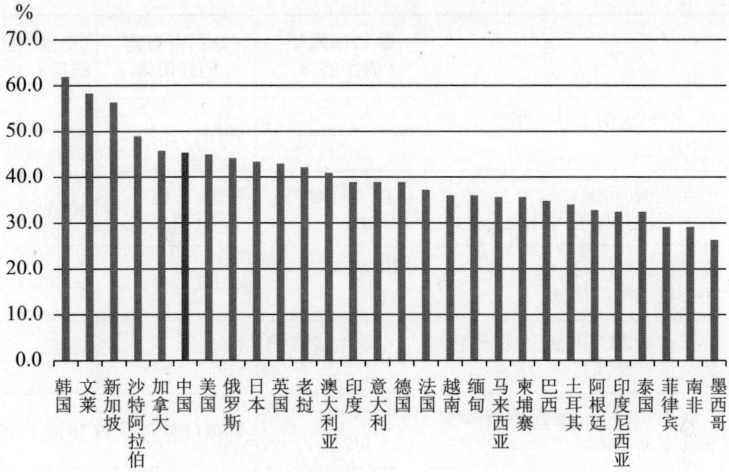

图 1　世界 28 个经济体 SDG 数据缺口率

三、我国 SDG 指标数据缺失情况

联合国官网数据显示,我国在大部分经济类指标上的数据可获得性较好,但在环境方面的可获得性还有待改进,社会类指标居中。根据联合国官网数据测算,我国 SDG 指标数据缺口率为 45.3%,在 197 个经济体中排名第 70 位,在 28 个主要经济体(指以上提及的 G20、东盟国家、金砖国家)中排名第 6 位,在金砖国家中排名居首,属于缺口率偏高的经济体。

从各目标看,我国目标 1 至 17 的数据缺口率分别为 53.8%、50.0%、10.7%、58.3%、78.6%、27.3%、0、56.3%、25.0%、28.6%、57.1%、46.2%、87.5%、80.0%、14.3%、79.2%、33.3%。其中,目标 7“确保人人获得负担得起的、可靠和可持续的现代能源”下的 6 个指标,我国均有数据,数据可获得情况在 17 项目标中最好。与世界平均水平相比,我国目标 2、3、6、7、9、10、11、12、15、17 的缺口率较低,目标 1、4、5、8、13、14、16 的缺口率较高;与 28 个经济体相比,我国目标 6、7、10、12、15、17 的缺口率较低,目标 1、2、4、5、8、9、11、13、14、16 的缺口率较高,目标 3 持平(表 2)。

表 2 17 项 SDG 目标数据缺口率

目标	内容	缺口率最低的经济体	缺口率最高的经济体	中国缺口率	世界平均缺口率
目标 1	在全世界消除一切形式的贫困。	南非(7.7%)	韩国(92.3%)	53.8%	41.7%
目标 2	消除饥饿,实现粮食安全,改善营养状况和促进可持续农业。	印度、墨西哥(21.4%)	韩国、老挝、文莱(71.4%)	50.0%	56.5%
目标 3	确保健康的生活方式,促进各年龄段人群的福祉。	印度尼西亚(0)	文莱(25%)	10.7%	20.9%
目标 4	确保包容和公平的优质教育,让全民终身享有学习机会。	墨西(8.3%)	韩国、日本(66.7%)	58.3%	44.2%
目标 5	实现性别平等,增强所有妇女和女童的权能。	柬埔寨(28.6%)	韩国(85.7%)	78.6%	62.7%
目标 6	为所有人提供水和环境卫生并对其进行可持续管理。	马来西亚、巴西、南非(9.1%)	文莱(72.7%)	27.3%	34.7%
目标 7	确保人人获得负担得起、可靠和可持续的现代能源。	南非、阿根廷、巴西、土耳其、墨西哥、印度、中国、印度尼西亚、老挝、柬埔寨、越南、缅甸、菲律宾、泰国、马来西亚(0)	德国、日本、美国、法国、澳大利亚、加拿大、英国、俄罗斯、意大利(50%)	0	22.2%
目标 8	促进持久、包容和可持续的经济增长,促进充分的生产性就业 和人人获得体面工作。	墨西哥(12.5%)	韩国(68.8%)	56.3%	40.2%
目标 9	建造具备抵御灾害能力的基础设施,促进具有包容性的可持续 工业化,推动创新。	印度尼西亚、巴西、印度、墨西哥、马来西亚、土耳其、菲律宾、泰国、印度尼西亚(8.3%)	韩国(58.3%)	25.0%	31.0%
目标 10	减少国家内部和国家之间的不平等。	墨西哥、法国、土耳其、巴西、菲律宾、越南(21.4%)	韩国、新加坡、文莱(57.1%)	28.6%	38.4%
目标 11	建设包容、安全、有抵御灾害能力和可持续的城市和人类住区。	阿根廷、墨西哥、南非、印度尼西亚、菲律宾、泰国(42.9%)	韩国(85.7%)	57.1%	62.8%

续表

目标	内　容	缺口率最低的经济体	缺口率最高的经济体	中国缺口率	世界平均缺口率
目标 12	采用可持续的消费和生产模式。	墨西哥、印度、南非、土耳其、阿根廷、巴西（38.5%）	韩国（76.9%）	46.2%	59.7%
目标 13	采取紧急行动应对气候变化及其影响。	南非、英国、澳大利亚、土耳其、日本、俄罗斯、印度尼西亚、阿根廷、马来西亚、墨西哥、法国、美国、泰国、菲律宾、缅甸（62.5%）	加拿大、印度、韩国、文莱、新加坡（100.0%）	87.5%	81.1%
目标 14	保护和可持续利用海洋和海洋资源以促进可持续发展。	加拿大、法国（30.0%）	老挝（100.0%）	80.0%	67.9%
目标 15	保护、恢复和促进可持续利用陆地生态系统，可持续管理森林，防治荒漠化，制止和扭转土地退化，遏制生物多样性的丧失。	阿根廷、南非、法国、意大利、沙特阿拉伯、巴西、土耳其、印度尼西亚、中国、马来西亚、菲律宾、缅甸、柬埔寨、泰国（14.3%）	新加坡（57.1%）	14.3%	26.4%
目标 16	创建和平、包容的社会以促进可持续发展，让所有人都能诉诸司法，在各级建立有效、负责和包容的机构。	南非（33.3%）	沙特阿拉伯（83.3%）	79.2%	62.3%
目标 17	加强执行手段，重振可持续发展全球伙伴关系。	中国（33.3%）	韩国（66.7%）	33.3%	49.9%

资料来源：联合国官网并经作者计算。

四、联合国官网中有关我国 SDG 指标数据的来源

联合国官网上有关我国的 SDG 指标数据，其主要的直接来源为各个国际组织，少部分数据来自国际著名的商业调查机构以及我国的学术研究机构。其中，联合国取自其下属机构或其他国际组织的数据，一部分来

自中国国家统计局和其他部委报送的统计数据，一部分为来自中国相关机构的官网或公开数据资料，还有一部分为国际组织（包括联合国）通过相关数据加工计算得到或是通过建立模型估算得到的数据。目前，只有约三分之一的指标我国可以提供相对稳定的数据。

具体来说，通过相关的联合国专门机构得到的数据主要包括联合国粮农组织、联合国教科文组织、世界卫生组织等；通过其他国际组织得到的数据主要包括国际货币基金组织、OECD、国际能源机构等；来自商业调查机构和学术研究机构的数据，如美国盖洛普调查咨询公司和北京师范大学中国收入分配研究院。

目前，中国国家统计局向国际组织报送的数据主要包括：

一是联合国月度统计报表。填报内容包括人口（该指标填报年度数据）、工业生产指数、采矿业、能源、制造业、国际贸易等方面的月度数据。

二是联合国国民经济核算报表。填报内容包括支出法 GDP、分行业增加值等方面的指标。

三是联合国能源统计报表。填报内容包括各种化石燃料以及薪材的生产总值和净值、进出口总值和净值、库存产量变化等指标。

四是联合国人口统计报表。填报内容包括人口动态统计、人口估计、国际旅行和移民统计三方面指标。

五是 OECD 月度统计报表。填报内容包括主要经济指标（月度和季度）、企业和消费趋势指数、景气指标、工业增加值、采购经理指数五方面数据。

六是 OECD 国民经济核算统计报表。填报内容包括 GDP 增加值、分行业增加值和资金流量、社会养老保险等。

七是亚行关键指标统计报表。填报内容包括人口、劳动力、国民账户、生产指数、能源、价格指数、政府财政、对外贸易等方面指标。

五、我国部分 SDG 指标数据缺失的原因

（一）联合国 SDG 指标设计方面的原因。这主要包括：

一是联合国尚未明确统计方法。具体指标中，有些指标联合国对其有明确的界定，如具体目标 3.1："到 2030 年，全球孕产妇每 10 万例活产的死亡率降至 70 人以下"，该指标对时间和数量有明确的界定。但是，

有些指标的界定不够清晰,如具体目标 5.1:"在全球消除对妇女和女童一切形式的歧视"。该目标虽然提出了数量界定,即数字为 0 的无歧视目标,但没有指出歧视的具体涵义,也没有提出到什么时间达到无歧视的目标。这些未明确统计方法的指标,造成各国难以提供相应数据。

二是一些指标涵盖的内容太多。例如具体目标 11.2:"到 2030 年,向所有人提供安全、负担得起的、易于利用、可持续的交通运输系统,改善道路安全,特别是扩大公共交通,要特别关注处境脆弱者、妇女、儿童、残疾人和老人的需要"。这类指标层级较多,内容较丰富,造成数据填报困难。

三是一些指标的设计不适用于我国。例如具体目标 10.2:"到 2030 年,增强所有人的权能,促进他们融入社会、经济和政治生活,而不论其年龄、性别、残疾与否、种族、民族、出身、宗教信仰、经济地位或其他任何区别";以及指标 11.1.1:"居住在贫民窟和非正规住区内或者住房不足的城市人口比例"。

四是联合国 SDG 指标体系不断完善变化,导致新增指标或新修订指标数据缺失,如指标 2.2.3:"按怀孕分类(机率),15-49 岁女性贫血发生率"为新增指标,我国尚不能提供数据。

(二)我国统计发展现状方面的原因。这主要包括:

一是我国的统计标准与 SDG 指标有所不同。如具体 2.a.2:"用于农业部门的官方资金(官方发展援助和其他官方资金流)总额",我国目前对于资金口径的定义尚未统一。

二是我国的统计分类还不够细。如指标 9.c.1:"按技术分,移动网络所覆盖的人口比例",我国目前没有进行按技术分类的移动网络人口比例统计。

三是我国在部分领域统计基础较为薄弱。如反映生态环境方面的指标中,我国目前约有三分之二的指标不能提供数据。目标 13:"采取紧急行动应对气候变化及其影响"和目标 14:"保护和可持续利用海洋和海洋资源以促进可持续发展"的数据缺口率在 17 个目标中最高,分别达到 87.5%和 80.0%。

四是部分敏感数据不宜公开。如具体目标 16.4:"到 2030 年,大幅减少非法资金和武器流动,加强追赃和被盗资产返还力度,打击一切形式的有组织犯罪”。

六、进一步提高我国统计数据可获得性的改进建议

“十四五”时期是我国全面建成小康社会、实现第一个百年奋斗目标之后,乘势而上开启全面建设社会主义现代化国家新征程、向第二个百年奋斗目标进军的第一个五年。落实《2030 年可持续发展议程》,是全球转型发展的要求。因此,“十四五”时期,为进一步增强我国 SDG 指标数据的可获得性,除了建议联合国层面进一步根据各国数据报送情况修订完善指标体系外,建议我国在积极参与国际合作的同时,可以从以下几方面进一步改进:

(一)进一步完善统计制度方法

SDG“不让任何一个人掉队”的思想,提出了对国家统计数据进行细分的要求,包括按收入、性别、年龄、种族、民族、残疾情况、地理位置等进行细分。我国可以对相关调查项目的指标概念、细分方式、计算方法等予以改进。另外,还可以在住户调查、人口普查等调查项目中增加与可持续发展指标相关的指标。

(二)进一步拓宽数据来源

联合国官网关于各经济体 SDG 指标数据的来源较为广泛,除了有来自各经济体向国际组织报送的官方统计数据,联合国还利用一些大型私人调查机构或学术研究机构的数据,甚至自行(或利用其他国际组织)通过相关数据计算或通过建立模型估算得到数据。我国可借鉴相关经验,探索运用大数据来生产所需数据或利用有关研究性数据,增强关于我国数据生产的主动权。

(三)进一步加强部门之间数据共享

联合国 2030 年可持续发展目标,从 169 项具体目标对应的部门来看,涉及到我国扶贫办、人社部、民政部、医保局、发展改革委、自然资源部、人民银行、银保监会、国际发展合作署、统计局等共 47 个部门。通过采取切实措施,进一步加强部门之间数据共享,有助于改善我国相关数据的报送现状。

(四)构建我国本土化的 SDG 指标体系

将 SDG 目标的实现与国家工程建设紧密联系起来。十九届五中全

会提出要“深入实施可持续发展战略”,要“坚定不移贯彻创新、协调、绿色、开放、共享的新发展理念,坚持稳中求进工作总基调,以推动高质量发展为主题”,我国经济社会发展的主导思想与 SDG 目标是相通的,通过构建适合我国国情的 SDG 指标体系,可有力推动 SDG 目标在我国的落地实施。

(执笔:王金萍、张旭;成文于 2021 年 2 月)

四 热点问题探索

境外流动性过剩对我国的影响分析及对策建议

新冠肺炎疫情在全球暴发以来,各大经济体先后推出多轮超常规经济救助政策。这些措施在短期内减轻了企业资金紧张和劳动者收入不足的压力,同时也为全球注入史无前例的流动性。全球流动性过剩对于中国的经济金融稳定性将产生重大影响,对中国经济金融政策调整提出了挑战。

一、境外流动性处于历史高位

为应对疫情的冲击,各国开启了超量化宽松的政策模式。据国际货币基金组织(IMF)2021 年 1 月发布的《财政监测报告》,自 2020 年 3 月以来,全球各国应对疫情所采取的货币政策与财政刺激规模已经达近 14 万亿美元[①],包括额外支出 7.8 万亿美元和流动性支持 6 万亿美元,约占全球 GDP 的 13.5%。

为确保财政政策效果,各国营造了异常宽松的货币环境。自 2020 年 3 月以来,已有至少 92 家中央银行共降息 241 次。美联储短期内连续两次降息共 150 个基点,并将存款准备金率降为 0%;英格兰银行连续两次降息共 65 个基点。主要国家利率水平已全面处于历史低点,美国、欧元区、日本、英国四大央行政策利率都已经或基本达到"零利率"水平。

主要经济体央行资产负债表规模快速扩张。截至 2020 年末,美联储、欧洲央行、日本央行资产负债表规模均较上年末大幅扩张,增幅分别达到 77.1%、49.5%和 22.6%,明显高于国际金融危机时期的扩张力度和速度(表)。

① 货币政策与财政刺激主要包括增加财政支出、减少税收以及提供流动性支持。

表　主要国家央行资产负债表规模

（本币，万亿元）

机　构	2019 年末	2020 年末	扩张幅度(%)
美联储	4.2	7.3	77.1
英格兰银行	0.6	0.9	47.3
欧洲央行	4.7	7.0	49.5
印度央行	2.1	2.9	42.7
俄罗斯央行	40.5	51.5(11 月末)	27.2
日本央行	573.1	702.6	22.6
巴西央行	3.5	4.0	15.2
中国人民银行	37.1	38.8	4.5

数据来源：Wind、Trading economics。

部分发达国家选择财政赤字货币化政策，各国货币供应量增速普遍提高。美国自 2020 年 5 月份起 M2 同比保持 20%以上的高增速，明显高于国际金融危机时期 10.4%的峰值，为有该项指标以来最快增速；2020 年 12 月份，日本 M2 同比增速达到 9.1%，较年初 3.0%的增速明显加快；欧元区、英国最新数据同样显示，M2 增速明显高于疫情前水平。

二、境外流动性过剩对中国的影响

（一）直接或间接影响

1. 催生国内资产价格泡沫。在我国经济相对强劲，资产收益率较高的情况下，境外过剩的流动性通过贸易和资本流动逐渐进入包括中国在内的新兴市场国家，对金融体系稳定性造成冲击。IMF 报告指出，只要投资者相信市场将继续受益于政策支持，资产价格就可能会在一段时间内维持高位。疫情以来，全球泛滥的流动性注入金融市场，极低的融资成本使杠杆率快速提升，推动股市上涨。明晟全球股票指数从 2020 年 3 月份的 460 点升至 2021 年 3 月的 777 点，累计上涨 69%；明晟中国 A 股指数（美元计价）从 1558 点升至 2493 点左右，累计上涨 60%，趋势基本一致（图）。

流动性与杠杆率变化同样也加大了房价上扬压力，对房价稳定政策

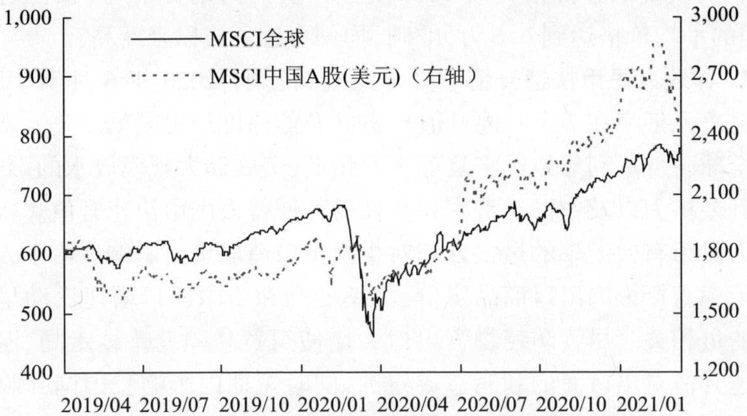

图 明晟全球股票指数和明晟中国 A 股指数走势

数据来源：Wind。

提出挑战。据 IMF 于 2021 年 1 月发布的《全球金融稳定报告》，受国内经济率先恢复推动，2020 年中国利率指数②由 3 月份的-0.23 升至年底的 0.28，显示货币政策张弛有度，是全球唯一利率指数恢复为正的主要经济体。虽然中国利率指数偏向正常化，但中国房价上涨压力并未缓解。2021 年 2 月份，中国一线城市新建商品住宅价格同比上涨 4.8%，是 2017 年 8 月以来最大涨幅，涨幅较 2020 年 4 月份 2.9%的低点扩大 1.9 个百分点；一线城市二手住宅销售价格同比上涨 10.8%，创 2017 年以来最大涨幅。持续膨胀的资本市场泡沫有可能促使国内经济脱实向虚，杠杆率的快速提升也对国内金融稳定带来一定压力。

2. 推动大宗商品价格持续上涨，输入性通胀压力增加。流动性过剩及美元指数走弱，推动大宗商品价格上涨，推高通胀预期。据世界银行数据，2021 年 2 月份国际能源价格指数为 79.2（2010 年 = 100），连续十个月上涨，已回升至疫情前水平；非能源价格指数为 104.2（2010 年 = 100），同比上涨 28.3%，为 2013 年 3 月以来最高水平。OPEC 一揽子原油价格突破 60 美元，达 2018-2019 年平均价格水平。受此影响，2021 年 2 月份中国 PPI 同比上涨 1.7%，创 2018 年 12 月以来最大涨幅。3 月份，

② 利率指数由 IMF 编制，用于衡量利率松紧度，包含在 IMF 金融指数中。

LME 铜的现货结算价格突破 9000 美元/吨,国内期货市场(长江有色市场)铜的平均价格达到 6.6 万元/吨,均创金融危机以来新高。

3. 导致人民币快速升值。受美元走弱影响,2020 年 6 月至年底,人民币兑美元汇率在 7 个月内升值 8.8%,升值速度历史罕见。美元走弱主要受全球防疫不利导致经济复苏不及预期、美联储大规模放水的影响,境内外利差扩大以及中国经济率先企稳复苏使得人民币快速升值。

人民币有效汇率的过快升值对中国出口造成负面影响。由于人民币有效汇率直接影响出口商品定价,汇率变动和中国出口增速变动呈现出显著的负相关。尽管防疫物资出口大增使得贸易顺差持续走高,但人民币快速升值对出口商的利润造成侵蚀,同时短期内影响我国国际收支平衡,从而影响我国国际收支平衡的长远目标。

4. 贫富差距问题加剧。全球流动性过剩带来普遍的资产价格上升,将对收入分配格局产生消极作用。高收入群体掌握更优质的资本品,更易从资产价格泡沫中获利,而低收入群体的财富将因通货膨胀上升而受损,可能导致收入差距进一步扩大。

5. 国际经济环境恶化。据联合国 2021 年 1 月份《世界经济展望》报告,各国在疫情期间采取的大规模经济刺激措施防止了经济全面崩溃,但发达国家人均经济刺激支出比最不发达国家高近 580 倍,不同经济体之间的财政能力存在明显差异。在财政实力和经济实力不均等的情况下,发展中国家的经济复苏步伐将相对落后,而汇率和资本市场不稳定使其更易受国际流动性泛滥的冲击,或将进一步加剧经济分化,不利于在我国周边形成宽松、祥和、稳定、友好的贸易和政治环境。

(二)政策转向带来的潜在风险

当前,全球正处于史无前例的量化宽松状态,财政支出规模、政府债务负担和利息水平均已接近政策空间的极限。随着经济逐渐恢复,各国政府也将适时减少财政计划的规模,放慢推出刺激政策的步调,逐步退出应急政策。但是,退出过程可能引发市场非理性行为。目前,美国政府债券长期利率在 3 月初快速回升至 1.6%,已经开始引发全球金融市场的一轮重新定价,应高度警惕"缩减恐慌"对全球金融市场的冲击。

1. 资产泡沫破裂。历史上有过多次案例和教训,美国通常在危机过后率先加息,导致全球流动资金迅速回流,引起全球金融市场震荡,可能造成巨大的经济和金融灾难。尤其是再通胀交易预期上升时会迫使债券收益率走高，导致流动性的收紧先于政策转向发生，进而导致资本市场如股市部分板块、房地产市场、比特币等泡沫破裂，从而引发系统性风险。

2. 汇率波动，人民币快速贬值。中美利差收窄，境外套利资金受再平衡需求驱动，或将在短期内大幅流出，引起汇率市场大幅波动，人民币汇率快速贬值，从而导致中国企业境外融资成本和债务压力上升，债务违约风险加大，引发市场恐慌和债市波动。同时，汇率大幅波动不利于人民币在国际货币市场中建立稳固的地位，影响人民币国际化进程。

3. 基础信贷质量下降。2020 年，中美利差最高达到 250 个基点，吸引大量短期资本流入，外国投资者持有中国债券的规模明显攀升。投资者为了追求收益而进入风险较高的细分市场，增加了对评级或增长质量较低公司的敞口。

4. 企业债务违约率上升。当前，我国的宏观杠杆率偏高，特别是地方政府隐性杠杆率偏高，地方政府所关联的地方国企和部分事业单位债务率过高。另外，资本过于宽松的情况下，市场放贷标准下降，资质较差的企业及本应被淘汰的僵尸企业等反而因融资更容易得以存活。一旦全球政策转向，融资环境收紧，国内债务压力也会相应上升，再融资成本高的企业则可能倒闭，增加金融机构坏账，破坏国内金融市场稳定性。

5. 挤压实体经济，产业空心化风险上升。若宏观政策在货币正常化的过程中诱发市场非理性反应，引发金融市场动荡，资本市场景气趋势可能会受到压制，导致实体经济部门资产负债表恶化，债务风险加剧，而处于资金链下游的中小微型企业融资难、融资贵的问题将更加凸显，产业空心化风险上升。这一风险在大宗商品价格上行周期内将更为严重。

三、应对措施及政策建议

（一）采用审慎货币与金融政策

1. 加强资本项下跨境流动的监控。对国家明令禁止跨境资本流入流出的领域和行业加强监管，例如严控外资进入楼市等领域。对已开放的资本项下流动加强监控，特别是明显过热的领域应避免大幅波动。防止境外机构恶意攻击我国金融领域，确保扩大开放的同时做好防范。

2. 对金融机构采取广泛的宏观审慎措施。限制银行风险敞口，遏制企业债务扩张，防止信贷过度增长。例如，通过提高抵押贷款首付等方式来遏制房地产投机；增加银行为防范高风险贷款而持有的资本金，并提高银行为防范特定部门的贷款损失的准备金率。

3. 加强外汇衍生品监管引导。加强对进出口企业的风险教育，在非实际需要的情况下，对企业和金融机构利用外汇衍生品投机套利的现象加大监控和惩处力度，避免危机发生时去杠杆出现羊群效应，加剧汇率波动。

4. 审慎使用货币政策工具，提高政策传导效率。货币政策的使用应体现出宏观调控的精准性、相机抉择性以及政策的结构性导向，重点支持创新领域的重要项目、绿色行业、小微企业等，重点提高基础信贷质量。引导资金进入国家鼓励的行业，增加我国核心竞争力，助力产业经济在危机下顺利转型。

5. 稳步推进上市制度改革，切实发挥股票市场的融资功能。相较于债权融资对短期流动性的补充，股权融资有利于解决中小企业的融资问题。经济合作与发展组织（OECD）在 2021 年 3 月份《全球经济中期展望》中提议，以绩效或定期评估结果为标准，将部分疫情期间的公共贷款转为赠款，或为私营部门股本融资提供奖励。从我国的实际情况出发，可稳步推行上市制度改革，为企业股权融资提供便利，引导资金流脱虚向实。

6. 改善资产负债表和杠杆率。应约束政府的信用膨胀促使整体债务规模回归到相对合理的水平。2021 年，政府债务增长水平应当回归正常，对于降低杠杆率过程中出现的债务违约问题，应提前划定兜底边界，充分引导市场预期，平滑处理存量与增量、表内与表外、直接与间接市场的债权债务关系。

7. 合理推动人民币国际化。一是要抓好人民币为实体经济服务，在具有相对优势的重点市场、领域和区域，进一步提升人民币计价结算比重，减少汇率大幅波动对企业的影响；二是进一步强化与其他国家的双边本币互换、本币结算和人民币清算行等制度安排，加强人民币跨境支付系统基础设施建设；三是继续推动资本项下开放，促进跨境资金双向有序流动，丰富风险对冲工具，扩大人民币离岸市场，提升境外主体配置人民币金融资产的意愿。

（二）构建新型政策框架

1. 为经济提供持续稳定的政策支持。在疫苗广泛部署之前，经济复苏仍依赖于货币和财政政策的持续支持。我国应保持连贯的货币及财政政策，并根据实际情况及时适度调整，有紧有松，张弛有度。

2. 建立应急政策退出机制。应急政策不能变为常态化政策，必须有适当的退出机制，解决好何时退出和如何退出的问题。联合国提出，当前要加强国际协调，形成全球性的政策协同机制，管理公债价格，以防止债券价格突然下跌对金融市场形成冲击。世界银行提出，主要新兴市场国家（巴西、中国、印度、墨西哥、俄罗斯、土耳其）可在其组成的国际金融委员会中制定基于当前状况的风险资本规则、流动性覆盖比率和资本保护缓冲，以增强其政策协同效应。

3. 建立市场风险应对机制。在资产价格方面，对过热领域做好逆向调控措施，做好风险调控、逆周期调节和应急预案准备。在汇率方面，对企业做好风险中性宣传，不以增值套利为目的，根据业务实际需求做好套期保值；保证人民币在一定区间内具有弹性的同时避免急跌急涨，从而导致社会恐慌，造成市场形成单边预期。在应对全球货币和财政政策转向方面，提前做好预案，货币与财政政策适度做好动态调整，以适应多边变化情况。

4. 对通胀预期进行前瞻性管理。目前全球流动性相对过剩，美国仍在持续加码财政刺激规模，必然会引发货币扩张效应，使全球资产和大宗商品价格进入上升周期。同时，各国实体经济和有效需求正在复苏过程中，实际通胀距离预期水平尚有差距，对通胀预期的管理将成为政策松紧和经济冷热的平衡手。

（三）协同治理全球疫情，合理引导市场预期

1. 促进全球疫苗公平分配。IMF 表示，疫苗的分配不均可能加剧金融脆弱性。妥善应对疫苗供需问题，加强国际合作，合理公平分配疫苗将是全球尽早实现抗疫胜利、推动世界经济健康复苏的重要举措。在全球疫苗供给紧张、分配不均的情况下，中国应继续积极参与国际合作，以实际行动促进全球疫苗公平分配，并积极应对和化解海外对中国疫苗安全性的质疑。

2. 加强对相关工作舆论宣传的管理和监督。强化正面宣传，完善信

息披露机制，以通俗易懂的方式重点宣传我国在加强监管和政策完善方面的具体措施以及获得成效，正确引导市场心理预期。

3. 增强舆情风险防控意识。应密切关注国内外相关舆情，强化舆情反馈机制，提升舆情发现、研判及分析能力，对不实言论做到快速处理、实事求是、合理回应，谨防关于资本市场或疫情相关的恐慌信息引发市场和社会的非理性反应。

（执笔：李婧婧；成文于2021年3月）

全球疫苗分配高度不均 中国积极推进疫苗公平可及

全球新冠肺炎疫情暴发以来，世界各国积极开展疫苗研发生产。世界卫生组织数据显示，2021 年全球疫苗产量将达 81-87 亿剂，可供全球 53%~58%的人口实现接种，疫苗供需存在较大缺口。在供应难以满足大量需求的情况下，全球疫苗分配高度不均，高收入经济体大幅领先，预订量占全球比重高达 51.9%；低收入经济体则面临疫苗相对匮乏的困境，预订量占比仅为 5.2%。面对全球疫苗分配的不平衡，中国积极推动疫苗研发、生产和公平分配。世界卫生组织指出，全球疫苗分配的公平性与均衡性将对战胜疫情起到重要作用。妥善应对疫苗供需问题，加强国际合作，合理公平分配疫苗将是全球尽早实现抗疫胜利的重要举措。

一、全球疫苗需求快速增长，疫苗供应面临较大压力

全球新冠疫苗加速研发、生产。受疫情持续蔓延影响，全球加速推进疫苗的研发与落地，世界卫生组织数据显示，目前全球共有 240 种新冠疫苗正处于临床实验或临床前研发阶段，其中 63 种正在临床实验阶段，177 种正在临床前研发阶段。在临床实验阶段的疫苗中，美国辉瑞公司研发疫苗已于巴林、沙特阿拉伯和瑞士等国获得上市批准，中国国药集团研发疫苗于中国、巴林和阿联酋等国获得上市批准；此外，另有 8 种疫苗已获得部分国家和地区紧急使用批准。从研发上市时间看，新冠疫苗从实验研发到投入使用的速度远快于过往疫苗的研发上市进程，美国康涅狄格大学研究显示，当前新冠疫苗从前期临床实验到上市使用仅需 1-2 年，较普通疫苗 6-10 年的时间大大缩短。从预期产量看，目前已上市疫苗

在2021年计划产量约为81-87亿剂,预计可供41-44.5亿人口免疫接种,约占全球总人口的53%~58%;若包括正处于二、三期试验疫苗,则计划产量将为125-131亿剂,可供63-66.5亿人口免疫接种,约占全球总人口的82%~87%。

疫苗需求迅速增长。随着疫情持续蔓延,全球疫苗需求量呈现快速且大幅增长态势。从疫苗预订量看,根据杜克大学全球健康卫生中心统计,截至2月8日,全球已有61个经济体、地区和组织拟预订共计128.5亿剂新冠疫苗,预订量较上年末增长10.7%,并已连续5个月保持两位数增长。其中:78.3亿剂为明确预订订单,较上年末增长16.1%;50.2亿剂为协商订单或已确认订单中的潜在追加量。从疫苗接种量看,牛津大学数据显示,截至2月8日,全球新冠疫苗接种总量累计达1.3亿剂,较前一周增长32.4%,自疫苗实施接种以来持续保持较高增速(图1)。

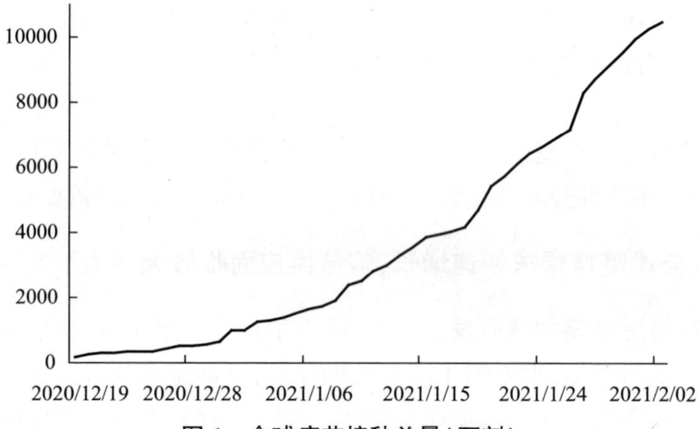

图1 全球疫苗接种总量(万剂)

数据来源:牛津大学 Our World in Data 网站。

全球疫苗供需缺口较大。尽管当前全球疫苗加速研发生产,但从预期供给情况看,在包含实验阶段疫苗的计划产量下全球仍将有20%左右的人口无法被疫苗覆盖。从疫苗的实际供给情况看,1月15日美国辉瑞表示受工厂产能影响将推迟欧洲疫苗交付时间;1月25日英国阿斯利康宣布将减少欧洲约六成新冠疫苗供应量。根据《华尔街日报》跟踪分析显示，当前英国阿斯利康、美国强生等部分疫苗生产企业存在大量用工短缺现象，劳动力不足将导致疫苗实际供应量低于预期，疫苗供不应求的局面或将加剧。从各国疫苗使用情况看，受供给不足影响，1 月 5 日英国政府宣布推迟第二剂疫苗接种时间；德国、丹麦、罗马尼亚等国也于近日纷纷宣布推迟第二剂接种时间。此外，部分国家计划通过减少疫苗接种剂量、暂缓为年轻人接种等措施以应对疫苗供应紧张问题。

二、全球疫苗分配高度不均，高收入经济体大幅领先

在当前全球疫苗需求快速增长、疫苗生产不及预期的情况下，全球疫苗供给缺口凸显，供需的不平衡导致各国纷纷开启疫苗订购竞备。

高收入经济体超量预订疫苗，全球疫苗预订分布明显不均。截至 2 月 8 日，在疫苗已确认预订订单中，高收入经济体疫苗预订总量高达 42.5 亿剂，占全球总确认预订量 54.3%，显著高于中高收入经济体（12.1 亿剂，15.5%）、中低收入经济体（5.8 亿剂，7.4%）预订水平，全球超半数疫苗将流向高收入经济体。若包含协商订单与潜在追加量，高收入经济体预订量将为 66.7 亿，占全球总预订量 51.9%，高于中高收入[①]（17.9 亿剂，13.9%）、中低收入（17.0 亿剂，13.2%）预订水平（图 2）。与高收入经济体超量预订疫苗相比，低收入经济体面临疫苗相对匮乏的困境。截至 2 月 8 日，除非洲联盟已确认预订约 6.7 亿剂新冠疫苗外，其他低收入经济体和地区将主要依赖新冠肺炎疫苗实施计划（COVAX）的援助。

高收入经济体预订疫苗人口覆盖率较高，多数达到或远超 100%。截至 2 月 8 日，全球已确认订单的疫苗人口覆盖率达到 100%的经济体为 11 个，除秘鲁外均为高收入经济体。其中，加拿大预订疫苗人口覆盖率位居世界第一，已明确预订的疫苗总量将可为超该国总人口数 500%的人口接种；英国、美国、欧盟、日本预订疫苗人口覆盖率分别高达 326.9%、199.5%、199.4% 和 124.3%，明显高于巴西（55.0%）、印度（4.3%）、南非（1.3%）等中高及中低收入经济体覆盖率水平（图 3）。此外，若包含协商订单与潜在追加量，加拿大预订疫苗总量将可完成人口全面接种 5.8 倍有余，而绝大多数中高与中低收入经济体不足 0.5 倍。

① 中高收入经济体，同时也是主要新冠疫苗生产国之一俄罗斯未在统计行列。

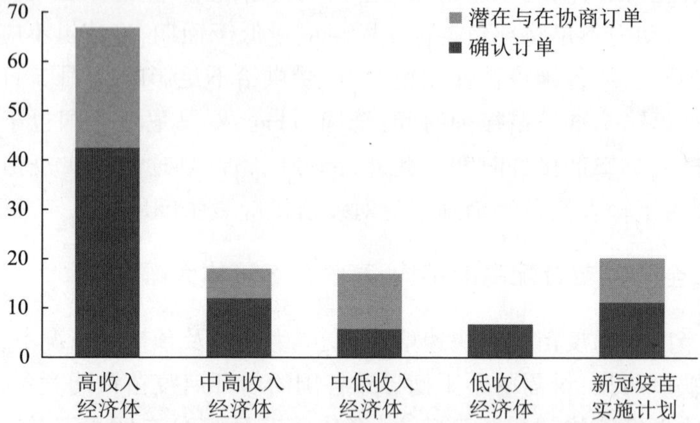

图 2　全球不同收入水平经济体疫苗预订量(亿剂)

数据来源:杜克大学全球健康卫生中心。

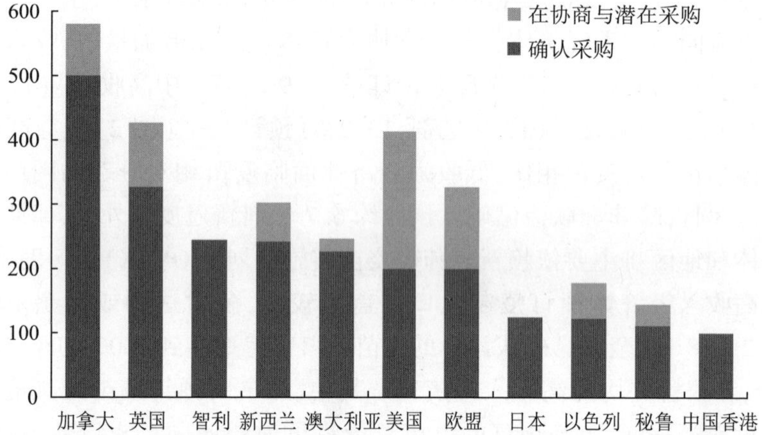

图 3　预订疫苗人口覆盖率(%)

数据来源:杜克大学全球健康卫生中心。

全球疫苗接种覆盖率严重分化,高收入经济体较为领先。从每百人疫苗接种量看,截至 2 月 8 日,以色列、阿联酋每百人疫苗接种量分别达 64.3 剂、43.6 剂,处于世界前列;英国(18.5)、美国(12.3)、意大利(4.2)、德国(3.9)等主要高收入经济体也均明显高于 1.7 的世界平均水平。其他经济体中,中国、巴西、俄罗斯、墨西哥每百人疫苗接种量分别为

2.17 剂、1.67 剂、0.69 剂和 0.55 剂，印度接种量仅为 0.4 剂，疫苗接种覆盖率均与主要高收入经济体存在较大差距，全球疫苗接种覆盖率分化程度较高（图 4）。

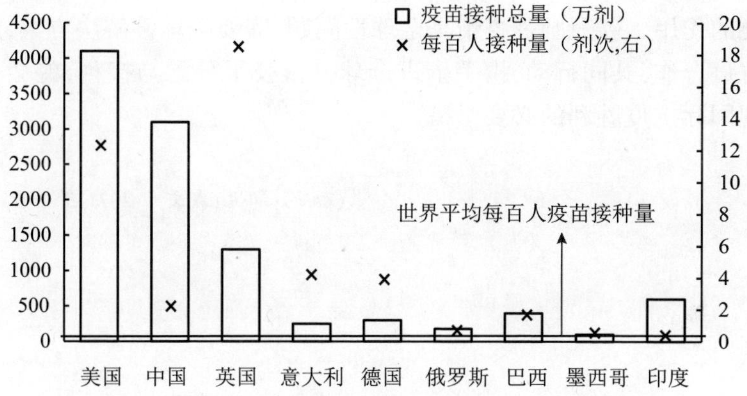

图 4　部分主要经济体疫苗接种总量与每百人接种量

数据来源：牛津大学 Our World in Data 网站。

三、中国积极推进全球疫苗公平分配

在全球疫苗供给紧张、分配不均的情况下，中国积极参与国际合作，通过签订订购协议、无偿捐赠和援助的形式向中低及低收入经济体提供疫苗，以实际行动促进全球疫苗公平分配。

根据杜克大学全球健康卫生中心统计，截至 2 月 8 日，中国已与巴西、墨西哥、埃及等 20 个经济体签署疫苗订购协议，预计将提供共计约 6.4 亿剂新冠疫苗。分经济体看，中国将向菲律宾、乌克兰、巴基斯坦等 7 个中低收入经济体提供共计约 1.4 亿剂疫苗，预订疫苗将可覆盖各协议国约 15%～20%的人口；中国将向巴西、印尼、墨西哥等 10 个中高收入经济体提供约 4.4 亿剂疫苗，其中疫苗对秘鲁、墨西哥人口覆盖率将达 58.4%和 41.2%；中国还将向智利、阿联酋等 4 个高收入经济体提供约 0.7 亿剂疫苗。同时，中国已向巴基斯坦、塞尔维亚、津巴布韦等多个经济体无偿捐赠疫苗。此外，中国积极参与国际疫苗合作项目，2020 年 10 月 8 日，中国正式加入 COVAX 计划，推动新冠疫苗成为全球公共产品。2021 年 2 月 3 日，中国宣布将向 COVAX 计划提供 1000 万剂疫苗，中国始终秉持人类命运共同体理念，履行自身承诺，为疫苗在全球特别是中低收入国家的可及性和可担负性作出贡献。

当前，面对全球疫苗供应紧缺、分配高度不均的情况，世界卫生组织多次强调加强全球疫苗分配的公平性与均衡性将对全球战胜疫情起到至关重要的作用。新冠肺炎疫情是全球性问题，需要全球性解决方案，加强国际抗疫合作，共同行动，携手推进全球疫苗公平分配与接种，将会是尽早实现国际抗疫胜利的必要举措。

（执笔：郝悦；成文于 2021 年 2 月）

国际粮价创七年新高 全球粮食安全风险显著上升

新冠肺炎疫情暴发以来,各国严格的防疫措施及贸易限制政策令全球粮食供需不平衡性加剧,同时在全球充裕的流动性支持下,2021 年 2 月份国际粮食价格涨至七年来新高。受此影响,全球粮食不安全地区显著增加。世界粮食计划署(WFP)数据显示,截至 2020 年末,疫情使全球超过 2.65 亿人口面临严重的粮食危机,51 个国家正处于严重饥饿甚至危机水平。WFP 指出,在全球抗击疫情这一艰难时期,更需要各国加强合作,共同维护国际农产品供应链稳定,保障全球粮食安全。

一、国际粮食价格涨至七年来新高

2 月份,全球粮食价格指数为 117.94(2010 年=100),较上年末上涨 15.0%,连续七个月上涨,达七年来高位(图)。其中:玉米价格较上年末

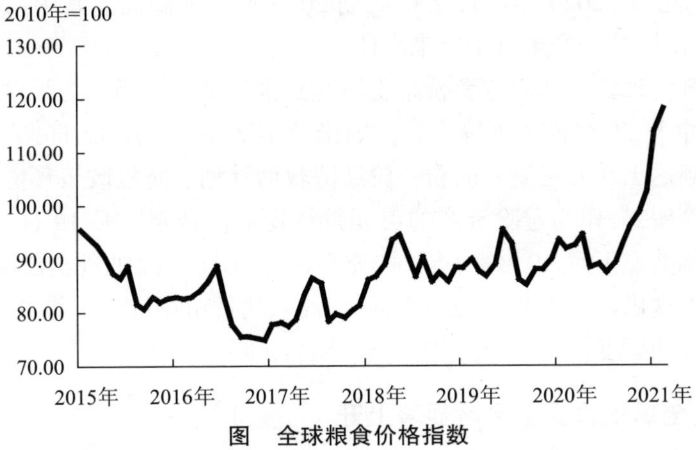

图 全球粮食价格指数

数据来源:世界银行。

上涨23.4%，为2013年7月以来新高；美国小麦价格涨幅超10%，越南、泰国各类稻米价格涨幅均超5%。**高频数据同样显示全球粮食价格大幅上涨。**截至3月18日，芝加哥期货交易所玉米、燕麦期货结算价分别较上年末上涨15.2%和4.0%，均处于2013年以来相对高位。

二、全球粮食价格上涨的主要原因

全球粮食供需不平衡性加剧。从供给端看，一方面疫情持续蔓延令全球贸易恢复有限，粮食流通仍面临阻碍。世界卫生组织数据显示，截至3月16日当周，全球新增确诊病例较前一周增长10%，连续三周上升，全球疫情再现反弹迹象。在此影响下，法国、意大利、巴西等国延续甚至加强疫情封锁措施，严格的限制措施令国际粮食供应受阻。**另一方面，部分地区极端天气令粮食预期产量下调。**国际粮农组织（FAO）3月《全球粮食供需简报》显示，受干旱、暴雨等极端天气影响，东欧、东南亚、非洲中部地区相继下调小麦、粗粮单产及总产量预期。预计2021年全球粮食供应量将达35.80亿吨，较上年末的预测下调0.34亿吨，全球粮食期末库存量将降至8.1亿吨，下调0.55亿吨。**从需求端看，世界经济复苏带动市场需求回暖。**FAO报告显示，得益于全球经济复苏，除粮食需求增长外，非食品用途如动物饲料的需求也呈温和恢复态势，其中澳大利亚、欧盟大麦饲料使用量显著增长。预计2021年度全球粮食使用量将达27.66亿吨，较2020年增长2.0%，创2010年以来新高。其中，大米、粗粮、小麦使用量均升至近十年来高位。

资金流动性过剩对粮食价格上涨起到推波助澜作用。为缓解疫情对经济的冲击，当前各国延续宽松的财金刺激政策。3月12日，美国正式签署总额达1.9万亿美元的新一轮经济救助计划。宽松政策环境提振了市场风险偏好，作为避险资产的美元持续走弱。截至3月19日，美元指数较上年高点下跌10.8%。同时，充裕的流动性令投机资金泛滥，资金不断以粮食供需预期趋紧为炒作题材，涌入期货市场进行炒作，进而放大了价格波动幅度。

三、全球粮食安全风险显著上升

当前，新冠肺炎疫情对全球的冲击已影响到整个粮食体系，贸易限制及封锁措施阻碍了农业劳动力流动和生产必需品的投入，供应链的受阻甚至中断将对粮食生产构成严峻挑战。FAO 预测，2021 年全球粮食库存利用比将降至 28.6%，为六年来新低。在此情况下，全球粮食安全风险显著增加。世界粮食计划署数据显示，截至 2020 年末，新冠肺炎疫情使全球超过 2.65 亿的人口面临严重的粮食危机，较疫情前预测的 1.35 亿增长近 1 倍。同时全球粮食危机的广度和深度正在增加，国际粮食政策研究所数据显示，2020 年全球饥饿指数（GHI）[①]为 18.2 点，虽处于适中级别，但降幅较上年明显放缓。其中，乍得、东帝汶和马达加斯加等 11 个国家处于危机水平，利比亚、印度、巴基斯坦等 40 个国家处于严重水平，饥饿发生率较上年明显提高。

为确保国内粮食供应的相对充足，维护本国粮食价格稳定，近期部分国家已采取粮食限制出口措施。1 月 11 日，阿根廷对玉米设置每日 3 万吨的出口上限；俄罗斯从 2 月中旬起对小麦出口征收 25 欧元/吨的关税，并于 3 月 1 日将小麦出口关税提高到 50 欧元/吨。一旦更多粮食出口国加入到限制出口行列，进口国相继囤积粮食，全球将会陷入粮食价格飙涨的恶性循环之中，粮食危机或将进一步扩大。世界粮食计划署指出，即使健康需求已成为当前迫切的问题，也绝不能忽视生计或粮食安全保障。在全球抗击疫情这一艰难时期，更需要各国共同努力、加强合作，避免采取贸易保护主义措施，加强和扩大对贫困地区的保护和安全网，共同维护全球粮食安全。

（执笔：郝悦；成文于 2021 年 3 月）

① 全球饥饿指数（Global Hunger Index）：依据人口营养不良比例、5 岁以下儿童体重不足比例以及 5 岁以下儿童死亡率作为统计。该指数以百分制对各国进行排名，饥饿指数小于 10 表明该国人口饥饿程度较低（low），10-20 为适中（moderate），20-35 为严重（serious）、35-40 为危机（alarming）、30 以上为高度危机（extremely alarming）。

部分新兴经济体率先加息 全球货币政策或已开始转向

近期,受资本外流加剧和通胀预期升温的影响,巴西、土耳其、俄罗斯央行先后上调基准利率,并宣布在必要时进一步收紧货币政策。随着能源和食品价格持续上升,美债收益率进一步走高,预期将有更多新兴经济体进入加息队伍,全球货币政策或将提前转向。

一、三国央行意外加息

近日,部分新兴经济体率先进入加息周期。3 月 17 日,巴西央行宣布将作为基准的清算与托管特别系统(Selic)目标利率上调 75 个基点至 2.75%,是 2015 年 7 月以来首次加息;3 月 18 日,土耳其央行宣布将基准利率上调 200 个基点至 19%,远超市场预期的 100 个基点,为 2020 年 9 月份以来第四次加息,半年累计加息 1100 个基点;3 月 19 日,俄罗斯央行宣布将基准利率上调 25 个基点至 4.5%,是 2018 年底以来首次加息。同时,多国央行发出政策收紧信号。巴西央行货币政策委员会宣称将在 5 月份会议上再次加息相同的幅度;俄罗斯央行委员会计划在年内累计加息 125 个基点;挪威央行委员会考虑在 2021 年下半年上调政策利率。

二、多因素助推新兴经济体货币政策“急转弯”

(一)价格过快上涨是加息的主要推手

新冠肺炎疫情暴发以来,全球流动性过剩及美元指数走弱,推动大宗商品和资产价格双双走高。

大宗商品价格快速上涨导致各国通胀压力倍增。据世界银行数据,2021 年 2 月份,国际能源价格指数为 79.2(2010 年 = 100),连续十个月上涨,价格回到疫情前水平;非能源价格指数为 104.2,同比上涨 28.3%,

为2013年3月以来最高水平。其中,农产品价格指数较2020年低点上涨27.0%,肥料价格指数上涨49.8%,金属和矿物价格指数上涨62.5%。受此影响,部分新兴经济体通胀压力增大。2021年2月份,俄罗斯通胀压力继续上升,CPI同比涨幅达到5.7%,连续12个月保持上涨态势并进入2015年以来高位区间;土耳其CPI同比涨幅从2020年4月的10.9%快速扩大至15.6%;巴西CPI同比涨幅为5.2%,进入2016年以来高位区间(图1)。

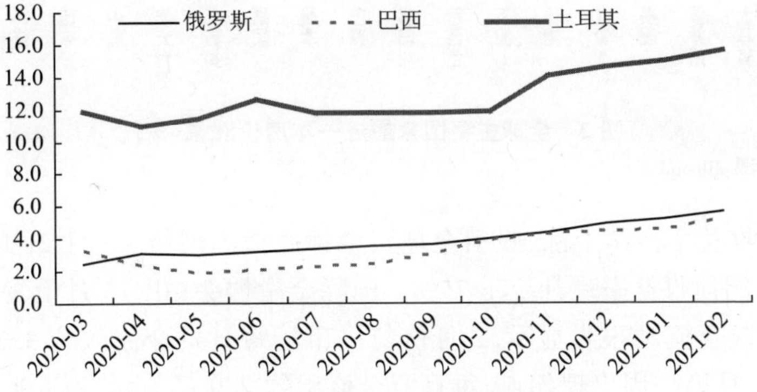

图1 部分新兴经济体一年来通胀水平(%)

资料来源:Wind,各经济体官方统计网站。

资本价格过快上涨催生金融市场泡沫。疫情以来,部分国家房价与股市快速上扬。据彭博社数据,2020年,土耳其、俄罗斯房价涨幅超过20%,美国、加拿大、德国、英国房价涨幅在7%以上,韩国、巴西、法国、日本等国家房价涨幅也超过了5%,资产泡沫全面膨胀(图2)。据凯恩席勒指数,2020年12月,美国20大城市房价同比上涨10.1%,创下2014年以来的最大涨幅。同时,全球股票市场也同步上涨。明晟全球股票指数从2020年3月份的460.24升至2021年3月的782.46点,累计上涨70%。

(二)资本外流压力引发被动加息

全球资本流动转向主要受美国影响。**一是美国经济增长预期吸引全球资本。**2021年3月份,美国通过新一轮总规模达1.9万亿美元的经济救助计划,拉动美国经济复苏预期升温。3月份,英国共识公司预计2021年美国经济增速将达5.7%,经合组织预计为6.5%。强劲的复苏预期吸引全球资本流向美国。**二是美国国债收益率大幅攀升产生虹吸效应。**美

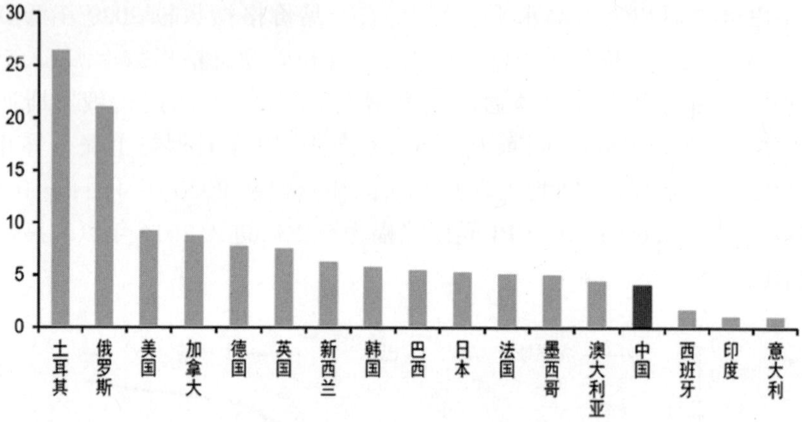

图 2　全球主要国家最近一年房价涨幅(%)

资料来源:Bloomberg。

国国债收益率持续上涨,吸引全球资金抄底美国国债。3 月 21 日,美国 10 年期国债收益率跳升至 1.75%。国际金融协会(IIF)3 月份发布的每日跨境资金流动报告显示,2 月份新兴市场每日资金流入约 3.25 亿美元,但 3 月第一周出现拐点,每日资金流出约 2.9 亿美元,为近半年来首次出现单日资金流出。2020 年资本流入新兴市场的积极势头已经减弱,随着美债收益率迫近 2%,新兴经济体面临较大的资本外逃压力,引发被动加息。

(三)防范全球流动性收紧冲击的预防性加息

全球流动性收紧易对新兴经济体货币产生剧烈冲击。

从历史经验看,2018 年上半年,受美国加息缩表影响,全球 50 多种主要货币中有 40 多种出现贬值,尤其是新兴和发展中经济体货币贬值明显,阿根廷、巴西、俄罗斯、南非等国货币最大降幅超过 20%,委内瑞拉、土耳其等国货币出现暴跌。

从当前状况看,主要发达国家尚未宣布退出计划,部分国家货币已经在资本流出压力下出现大幅贬值情况。疫情以来,相较于 2019 年兑美元的平均汇率水平,巴西雷亚尔贬值 26.2%,土耳其里拉贬值 21.4%,俄罗斯卢布与墨西哥比索贬值幅度也在 10%以上(表)。3 月 22 日,土耳其里拉兑美元暴跌 17%,引发股市暴跌并触发熔断机制,货币接近崩溃。巨大的货币贬值压力迫使新兴经济体布局货币政策转向,力图规避主要发达经济体缩表带来的外溢风险。

表 部分国家货币贬值情况

	2019年平均汇率	疫情以来平均汇率	贬值幅度(%)
俄罗斯卢布	1. 55	1. 35	12. 7
土耳其里拉	17. 62	13. 85	21. 4
巴西雷亚尔	25. 35	18. 71	26. 2
墨西哥比索	5. 19	4. 61	11. 3
印度卢比	1. 42	1. 34	5. 3

注:表中数据为每百元本国货币兑美元数额;“疫情以来”为 2020. 3-2021. 2。

资料来源:Wind。

三、全球货币政策或将转向

当前,美国在经济强劲复苏的预期中开启“软加息”模式。3 月 19 日,美联储宣布补充杠杆率(SLR)的减免措施于 3 月 31 日到期。SLR 是银行必须持有的普通股本金相对于其总杠杆敞口的数量,取消减免措施意味着银行需要从市场中回收一部分资金。同时,美联储在 3 月份的政策会议中表示,将不会对美国 10 年期国债收益率快速攀升采取进一步措施,而持续攀升的国债收益率提高了整个金融市场的资金成本。3 月 19 日,日本央行宣布将调整宽松政策以减轻副作用,允许长期为零的长期利率上调至 0. 25%左右,并取消 6 万亿日元的年度 ETF 购买目标;3 月 23 日宣布自 2021 年 4 月 1 日起缩减在日本股市的买入力度。

根据彭博 WIRP 估算的央行加息预期,印度为全球第三大原油净进口国,输入性通胀压力较高,预期 4 月份预期加息一次;韩国受经济预期向好和通胀压力影响,预计在 2022 年加息 25 个基点;马来西亚和泰国预计在未来两年内加息一次。当前全球货币政策背景正在发生转变。为防止历史重演,经济较为脆弱、货币稳定性较弱的经济体需提前布局政策转向,短期内全球或将迎来新兴经济体加息潮。

(执笔:李婧婧;成文于 2021 年 3 月)

国际工业金属价格创十年新高 应高度重视价格持续上涨对我国的负面影响

近一年来,国际工业金属价格持续上涨,2021 年 5 月份全球金属和矿产价格指数①涨至 125.79(2010 年=100),创十年来新高。供需两端的不平衡叠加全球流动性充裕、投机资本炒作是推动价格上行的主要原因。受价格传导效应影响,当前我国生产领域已呈现成本较快上涨现象。未来,全球经济复苏将带动市场需求继续回暖,但供给紧张态势难以快速缓解,同时全球流动性宽松格局短期还将持续,预计国际工业金属价格仍具备一定上行空间。在此情况下,我国生产端价格过快上涨及可能引发的输入性通胀、企业竞争力下降等风险需持续关注,妥善应对。

一、国际工业金属价格涨至十年来新高

5 月份,全球金属和矿产指数为 125.79(2010 年=100),环比上涨 9.1%,连续 13 个月上涨,创 2011 年 2 月以来新高(图)。其中:铁矿石、铜价格环比分别上涨 15.5%和 9.0%,均达 1960 年有记录以来高位;锡价格环比上涨 13.8%,连续 13 个月上涨,创 1975 年以来最长上涨纪录;铝、铅、镍、锌价格涨幅也达到或超过 5%。**高频数据显示国际工业金属价格短期大幅上涨**。截至 6 月 1 日,伦敦金属交易所铜现货结算价达 10213 美元/吨,较 4 月初上涨 16.4%,维持在有记录以来高位,此外,铝、锌、铅、锡和镍价格涨幅均超 10%。

① 全球金属和矿产价格指数:主要包含铝、铜、铁矿石、铅、锌、镍等金属及矿产价格,能够较好反映国际工业金属价格变动趋势,该指标来源于世界银行。

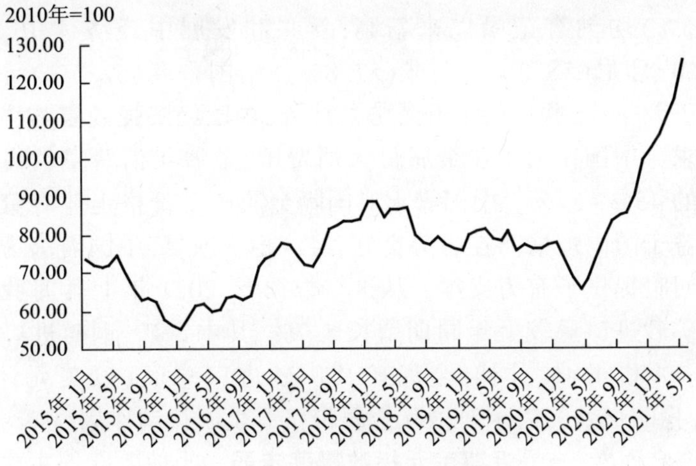

图 全球金属和矿产价格指数

数据来源：世界银行。

二、国际工业金属价格上涨的主要原因

从供给端看，一是部分金属矿产主产国受疫情影响产出下滑。今年以来，全球锌和铜矿主产国秘鲁、锂和铜主产国智利，铁矿石主产国巴西疫情反复，铜、锌、铁矿石等金属矿产产量均较前期有所下滑。其中，2 月份秘鲁锌矿产出较上年末下降 14.3%，1 月份智利铜矿产出较上年末下降 10.7%；一季度，巴西铁矿石最大生产商巴西淡水河谷公司铁矿石产量为 6900 万吨，远低于市场预测的 7200 万吨。**二是出口限制政策加剧市场恐慌情绪。**智利政府为遏制国内疫情扩散，4 月 7 日宣布封锁边境 30 日，4 月 27 日再度宣布延长封锁至 5 月末；5 月 6 日智利政府批准对铜销售征收累进税政策，一系列限制措施令铜期货价格一度突破一万美元，创下十年高位。**三是全球航运运力短缺问题持续存在。**由于全球疫情尚未得到控制，在各国防疫措施限制下，全球航运紧张问题未明显缓解。截至 6 月 2 日，反映全球航运情况的波罗的海干散货指数(BDI)升至 2530，较年初上涨近一倍，连续 4 个月上涨。

从需求端看，当前世界经济持续复苏，全球制造业加速回暖，带动市场需求旺盛。5 月份，IHS Markit 全球制造业 PMI 为 56.0%，创 2011

年2月以来新高。发达经济体中,美国(62.1%)、欧元区(63.1%)、英国(65.6%)均创有记录以来新高;新兴和发展中经济体中,俄罗斯(51.9%)、印尼(55.3%)、南非(57.8%)、中国香港(52.5%)等均连续多月高于荣枯线,并保持上升态势。此外,**中国经济强劲复苏提振全球市场需求**。中国作为工业金属最大消费国,金属年消费量约占全球总消费量的45%~57%。中国需求对国际金属矿产价格走势有着重要影响。得益于国内疫情防控态势良好、经济稳步恢复,中国需求为全球金属市场回暖提供了有力支撑。从进口数据看,2021年1-4月我国对金属矿及矿砂进口量较上年同期增长5.7%,其中铁矿、铜矿进口量分别增长6.7%和4.4%;同时金属矿及矿砂进口总额(以美元计)增长66.2%,我国强劲的需求对国际金属价格产生了拉动作用。

从资金面看,一是近期美元指数震荡走弱。当前美欧等主要发达经济体延续宽松的货币政策,截至6月2日,美元指数为89.8985,较上年3月高点(102.6881)下跌12.5%。**二是投机资金炒作放大价格波动幅度**。在全球流动性充裕的背景下,市场风险偏好上升,投机资本泛滥,金属、石油等大宗商品成为国际金融和商品市场投机的主要对象,在投机资本运作下,金属价格的波动被进一步放大。

三、国际工业金属价格上涨对我国的负面影响

当前,我国对外开放程度日趋加深,我国经济与世界经济的联系日益紧密,同时我国作为金属矿产的进口大国及工业制造业大国,国际工业金属价格的大幅上涨将对我国经济产生重要影响。

一是国内工业、制造业成本压力加大。从我国金属供需自给情况看,世界银行研究显示,我国对于铅、锡和锌的需求在很大程度上可以通过国内生产来满足,但铜、镍、铝等则严重依赖进口,目前我国铜、镍和铝进口量分别占全球总进口量的30%、20%和70%。由于我国对大部分金属的自给率不高,国内难以通过提高产量来抑制价格的上涨,因此国际金属价格的大幅上涨将使我国工业、制造业生产成本面临较大上行压力。

二是输入性通胀风险持续存在。当前我国物价的上涨已呈现出成本推升型通胀迹象,主要表现为生产者价格特别是黑色金属、有色金属冶炼和压延加工业价格指数较快攀升,消费价格中以金属作为主要原料的电

冰箱、洗衣机、自行车等工业消费品价格均呈上涨态势。尽管目前我国经济基本面整体稳定，社会总供需保持基本平稳，不存在全面通胀的基础，但部分企业应对生产成本抬升能力不足，难免向零售批发环节传导，我国输入性通胀风险仍然较大。

三是宏观调控难度增大。历史研究表明，国际大宗商品价格上涨的冲击在发达经济体与发展中经济体间具有不对称性，对发展中经济体经济的冲击相对更大。随着金属、原材料等部分大宗商品价格的持续大幅上涨，输入性通胀压力的上升将使我国财政和货币政策调整空间受到挤压，宏观调控难度加大。

四是不利于企业国际竞争力提高。目前全球铜、铝、铁矿石等金属矿产定价话语权被主要国际大型矿业集团所掌握，国际价格的大幅上涨也将加大我国国内金属价格方面的压力。同时，过高的价格将导致我国下游工业企业成本增加，利润受到挤压，出口竞争力受到削弱。

未来，从供需两端看，一方面随着欧美疫情逐渐趋缓，主要发达经济体工业、制造业均已达到甚至好于疫情前水平，全球经济的复苏将继续提振市场对铝、铜和铁矿石在内的工业金属需求。同时，由于铜、锂、镍、钴等金属在可再生能源发电和新能源汽车行业作为关键基础材料，在当前全球经济向绿色发展方式转型的大背景下，全球能源脱碳转型将进一步强化市场对金属的需求。另一方面，当前印度、秘鲁、马来西亚、越南等部分新兴和发展中经济体疫情再度反弹，由于这些经济体在国际产业链、供应链分工合作中作为基础原材料的生产和供应者，受疫情影响预计全球供给面的紧张状态难以快速得到缓解。此外，在主要发达经济体延续刺激政策下，全球流动性宽松格局短期内仍将持续，预计国际工业金属价格仍具备一定上行空间。世界银行 4 月预测，2021 年全球金属矿产平均价格指数将较上年上涨近 30%。在此情况下，我国应密切跟踪国际金属矿产价格走势，增强宏观调控的针对性、灵活性和有效性，兼顾稳增长与控物价的关系，加大跨境资金流动监测力度，加强相关资源的贸易和储备调节，以有效应对国际工业金属价格过快上涨对我国生产及其他领域的负面影响。

（执笔：郝悦；成文于 2021 年 5 月）

专栏

我国全球创新指数提升至世界第 12 位

2021 年 9 月,世界知识产权组织、美国康奈尔大学和欧洲工商管理学院共同发布了《2021 年全球创新指数》报告,该报告评估了 132 个经济体的创新情况,对创新指数①进行了排名。我国居世界第 12 位,创新优势显著提升,创新能力潜力巨大。

一、我国全球创新指数不断提升

报告显示,我国以 54.8 的得分居第 12 位,较上年提升 2 位,是前 30 名中唯一的发展中国家,超过日本、以色列、加拿大等发达经济体。创新指数居世界前 10 位的均为发达国家,瑞士位居榜首,瑞典、美国、英国、韩国、荷兰、芬兰、新加坡、丹麦和德国分别位居第 2 至第 10 位。

从创新投入分指数来看,我国位居第 25 位,较上年提升 1 位。新加坡位居榜首,居第 2 位至第 10 位的国家和地区分别是瑞典、美国、瑞士、丹麦、芬兰、英国、加拿大、韩国和中国香港。

从创新产出分指数来看,我国居世界第 7 位,较上年下降 1 位。瑞士位居榜首,居第 2 位至第 10 位的国家分别是瑞典、荷兰、美国、韩国、英国、中国、德国、芬兰和法国。

二、我国创新优势显著提升

从构成创新投入的大类指标看,我国的市场成熟度位居世界第 16 位,较上年提升 3 位;商业成熟度居世界第 13 位,较上年提升 2 位。从构成创新产出的大类指标看,我国的知识与技术产出居世界第 4 位,较上年提升 3 位。以上表明了我国的市场成熟度、商业成熟度和知识与技术产出居世界领先地位并不断提升。

从构成创新投入和创新产出的中类指标看,我国的贸易、竞争和市场规模,以及知识影响居世界前列并不断提升。我国的贸易、竞争和市场规模居世界第 1 位,较上年提升 2 位;知识影响居世界第 5 位,较上年提升 1 位;知识创造居世界第 4 位,与上年持平。

---

① 该指数由创新投入指数和创新产出指数两个分指数的平均值计算得出。创新投入指数反映的是创新活动的经济要素,包含五个大类指标:制度、人力资本与研究、基础设施、市场成熟度和企业成熟度;创新产出指数反映的是创新成果,包含两个大类指标:知识与技术产出和创意产出。每个大类指标包含三个中类指标,每个中类指标包含二至五个细分指标。

三、多措并举进一步提高我国创新能力

报告同时显示，我国在制度环境、商业成熟度，高等教育和生态可持续性等创新能力方面仍存在较大挑战，进一步提升潜力巨大。

一是继续深化科技领域“放管服”改革，减少政府对市场的干预，优化创新环境；

二是进一步放宽外资准入条件，强化外资资助研发成果的知识产权保护，引导外资加大对我国技术研发的投入力度；

三是不断提高我国高等教育质量，增强我国高等教育机构对留学生的吸引力，提高留学生占比；

四是持续加大节能减排和环境治理力度，为创新的可持续性提供有力保障。

表 1　2020 年全球创新指数前 10 位的国家和地区

排名	全球创新指数		创新投入分指数	创新产出分指数
	国家或地区	数值	国家或地区	国家或地区
1	瑞　士	65.5	新加坡	瑞　士
2	瑞　典	63.1	瑞　典	瑞　典
3	美　国	61.3	美　国	荷　兰
4	英　国	59.8	瑞　士	美　国
5	韩　国	59.3	丹　麦	韩　国
6	荷　兰	58.6	芬　兰	英　国
7	芬　兰	58.4	英　国	中　国
8	新加坡	57.8	加拿大	德　国
9	丹　麦	57.3	韩　国	芬　兰
10	德　国	57.3	中国香港	法　国
	中国(12)	54.8	中国(25)	

注：括号内为中国的排名。

表 2　2020 年我全球创新指数大类和中类指标排名和数值一览表

指标名称	排名	数值	指标名称	排名	数值
制度环境	**61**	**64.4**	投资	44	35.9
政治环境	47	65.3	贸易、竞争和市场规模	1	96.9
管治环境	106	49.9	**商业成熟度**	**13**	**54.3**
商业环境	**39**	**78.1**	知识型工人	2	77.7
人力资本与研究	**21**	**50.6**	**创新群**	**32**	**31.3**
教育	12	66.7	知识吸收	9	53.9
高等教育	83	25.2	**知识与技术产出**	**4**	**58.5**
研发	**14**	**59.8**	知识创造	4	70.5
基础设施	**24**	**54.6**	知识影响	5	52.2
信息通信技术	34	79.4	知识传播	9	52.9
一般基础设施	5	54.4	**创意产出**	**14**	**46.5**
生态可持续性	**59**	**29.9**	企业无形资本	2	70.9
市场成熟度	**16**	**61.5**	创意产品与服务	11	40.0
信贷	26	51.7	在线创意	125	4.3

（执笔：郭义民；成文于 2021 年 9 月）

近期国际食品价格迅速上涨 我应采取措施积极应对

联合国粮农组织（FAO）数据显示，全球食品价格正在迅速上涨。2021年5月，粮农组织食品价格指数①达到127.1，同比上涨39.7%，环比上涨4.8个点，连续12个月上涨，达到十年来的最高水平，其中，谷物价格指数为133.1，达到2013年7月以来的最高水平。为积极应对全球食品价格快速上涨的传导影响，防范对国内市场的冲击，我应从多维度多环节采取措施，加大对农产品生产尤其是粮食生产的支持力度，做好农产品保供稳价，确保民生"基本盘"。

一、全球粮食价格快速上涨

5月份，粮农组织食品价格指数急速攀升，达到2011年9月以来的最高水平，监测的五类农产品价格全面上涨（图1）。

分项环比看，谷物价格指数上升7.5个点至133.1；植物油价格指数上升12.7个点至174.7，连续第12个月上涨；乳制品价格指数小幅上涨，上升1.7个点至120.8；肉类价格指数上升2.3个点至105.0，连续第8个月上扬；食糖价格指数上升6.8个点至106.7，达到2017年3月以来的最高水平。

① 粮农组织食品价格指数根据谷物、植物油、乳制品、肉类和食糖五类农产品的价格指数以平均出口比重加权构成，基期为2014-2016年的平均值。

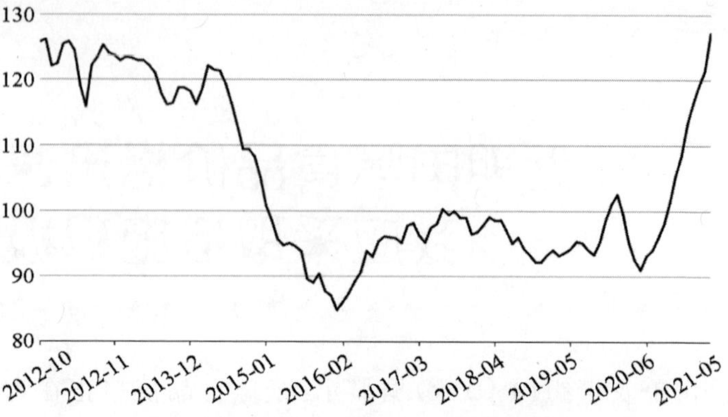

图 1　粮农组织食品价格指数变化情况

资料来源:联合国粮食及农业组织。

表 1　2021 年 5 月粮农组织食品价格分项指数

分　项	价格指数	较上月变动
谷　物	133.1	↑7.5
植物油	174.7	↑12.7
乳制品	120.8	↑1.7
肉　类	105.0	↑2.3
食　糖	106.7	↑6.7

资料来源:联合国粮食及农业组织。

二、食品价格上涨的主要原因

极端天气引发对农作物尤其是粮食产量下降的担忧。受干旱、暴雨等极端天气影响,大豆、小麦等生长受阻,加拿大、美国、法国、巴西等经济体部分品种农作物产量下降。加拿大将 2021-2022 年度小麦产量调低 170 万吨至 3110 万吨,美国目前约 23%的大豆种植区和 24%的玉米种植区正在经历干旱;巴西预计玉米总产量下调 200 万吨至 9500 万吨;法国预计冬季油菜籽产量将下降 9.2 个百分点至 295 万吨,20 年来首次低于 300 万吨。

供需不平衡推高国际农产品价格。受非洲猪瘟及新冠肺炎疫情影响，我国和菲律宾、越南等经济体肉类进口采购步伐加快推升了国际猪肉价格上涨，牛、羊出栏速度放缓和主要肉禽产区内部需求上升等因素叠加也为所有肉类价格走高提供了支持。我国今年1-5月份进口肉类(及杂碎)数量达433.6万吨，同比增长12.6%；越南2020年的猪肉进口总量同比增长44%，达近27万吨；菲律宾2021年一季度的生猪进口量达到4.5万吨，同比上涨近80%。随着部分国家疫情防控措施的放宽，世界经济复苏明显，各经济体粮食总需求快速攀升，进一步推高了粮食价格。FAO数据显示，预计2021-2022年度世界谷物消费量将增长1.7%，至创纪录的28.26亿吨。

部分国家出台限制出口政策加剧价格上涨。为确保本国农产品供应相对充足和物价相对稳定，部分国家已采取限制出口措施，在某种程度上加剧了国际农产品价格的上涨。世界主要小麦出口国俄罗斯将6月30日前的小麦出口税从25欧元/吨提升至50欧元/吨，且从6月5日起禁止对欧亚经济联盟以外的地区出口荞麦，并表示7月还将继续出台政策限制农产品出口；主要牛肉出口国阿根廷为抑制国内牛肉价格持续上涨，5月下旬决定暂停牛肉出口30天。

三、我国应采取措施积极应对食品价格上涨冲击

国际农产品价格上涨对我国国内市场造成了一定冲击。去年以来，我国粮食价格大幅上涨，尤其是对外依存度高的玉米、大豆等品种价格上涨迅速并不断创历史新高，带动其他粮食品种价格也随之上涨。国家和各地陆续出台了多项政策保证粮食生产，取得了一定成效，但仍需持续从多维度多环节发力，采取措施以缓解全球价格上涨对国内市场的冲击，稳住民生“基本盘”。

一是落实好农产品生产尤其是粮食生产的相关支持政策。6月初，财政部、农业农村部联合印发通知，对2021年中央财政支持粮食生产的一揽子政策进行全面部署，统筹加大对粮食生产的支持力度，进一步对稳定种粮补贴等方面进行明确说明。各地要抓好各项相关政策的落实落地工作，严守耕地红线，不断提升现代农业技术水平，实现“藏粮于地，藏粮于技”，确保粮食生产。

二是做好农产品市场价格调控管控。完善市场储备调节机制，加大

对农产品价格的调控和市场监管力度，保持价格水平总体稳定，严厉查处各类违法违规行为，切实维护粮食市场秩序。

三是减少农产品损耗，提高利用率。从多环节发力，促进采收、加工、储藏、流通、消费等环节减损增效，畅通农产品供应链体系，特别是面向乡村振兴重点帮扶地区强化产销对接长效机制。

四是制止"舌尖上的浪费"。加大《中华人民共和国反食品浪费法》的宣传力度，促进全民自觉形成勤俭节约意识、积极参与抵制餐饮浪费行为，同时出台相应的细则法规，对于食品浪费行为加大处罚力度，努力使厉行节约、反对浪费在全社会蔚然成风。

（执笔：张旭；成文于 2021 年 6 月）

我国上半年 GDP 占全球 19.5%

近期,世界银行公布了全球及各成员国 2021 年上半年经济数据。上半年全球 GDP 总量达到 44.8 万亿美元①,实际增速为 6.9%。我国 GDP 增速远高于全球其他主要经济体,占全球比重达 19.5%。

我国 GDP 增速保持全球较快水平。按照世界银行核算,我国 2021 年上半年 GDP 规模达到 8.7 万亿美元,实际增速为 12.9%,为全球主要经济体中增速最快的国家;2020 年全年为 14.7 万亿美元,增速为 2.0%。全球 2021 年上半年 GDP 总量达到 44.8 万亿美元,实际增速为 6.9%,2020 年全年为 80.5 万亿美元,增速为-3.8%。

全球其他主要经济体中,美国、欧元区、英国上半年 GDP 实际增速分别为 6.1%、5.8%和 6.5%;印度、南非、巴西上半年 GDP 实际增速约为 9.4%、7.4%和 7.1%;日本、印尼、韩国上半年 GDP 实际增速约为 3.0%、3.1%和 3.9%。

我国 GDP 占比提高。我国上半年 GDP 占全球 GDP 比重达到 19.5%,较 2020 年全年提高 1.3 个百分点。全球其他主要经济体,美国 GDP 占比为 25.0%,较上年下跌 1.0 个百分点;日本 GDP 占比为 5.6%,下跌 0.6 个百分点;印度、韩国、俄罗斯、巴西 GDP 占比分别为 3.3%、2.0%、1.8%和 1.8%,与上年基本持平;欧元区 GDP 占比较上年提高 0.3 个百分点至 16.4%。

① 全球经济总量为世界银行 189 个成员国的 GDP 累计值,经季节调整后以现价美元计算。

表 2021年上半年全球主要经济体经济规模、增速与占比

经济体	GDP （万亿美元）	GDP 实际增速 （%）	全球占比 （%）
世界（世行集团）	44.8	6.9	100.0
美　国	11.2	6.1	25.0
中　国	8.7	12.9	19.5
欧元区	7.1	5.8	16.4
德　国	2.1	2.8	4.6
法　国	1.5	9.5	3.3
意大利	1.0	7.7	2.3
日　本	2.5	3.0	5.6
英　国	1.5	6.5	3.4
印　度	1.5	9.4	3.3
加拿大	1.0	6.1	2.2
韩　国	0.9	3.9	2.0
俄罗斯	0.8	4.8	1.8
澳大利亚	0.8	5.3	1.8
巴　西	0.8	7.1	1.8
印　尼	0.6	3.1	1.3
南　非	0.2	7.4	0.5

注：所选经济体按世界银行 GEM 数据库中美元计价的 2021 年 GDP 总量排名。

数据来源：世界银行 GEM 数据库。

（执笔：李婧婧；成文于 2021 年 8 月）

美国通胀走势及对我国的影响

近期，经济复苏与宽松的财政货币政策促使美国通胀短期内快速升温，CPI 同比涨幅连续 5 个月位于 5%以上，远超美联储平均通胀率 2%的目标水平。未来，供需失衡和美元流动性泛滥仍将持续，叠加工资和通胀预期进入上升通道，美国通胀或将在较长时间内处于高位，并对我国经济发展产生不利影响。

一、近期美国通胀水平处于近 30 年以来高位

各项价格指标显示美国通胀水平快速上涨。 2020 年 5 月，美国 CPI 同比涨幅回落至 0.1%，之后迅速反弹，2021 年 3 月已超过 2%的通胀目标，9 月份达 5.4%，为 1991 年 2 月以来次高（图 1）。其中，能源价格涨幅连续 6 个月超过 20%，交通运输连续 5 个月超过 15%，是 CPI 上涨的主要推动力。

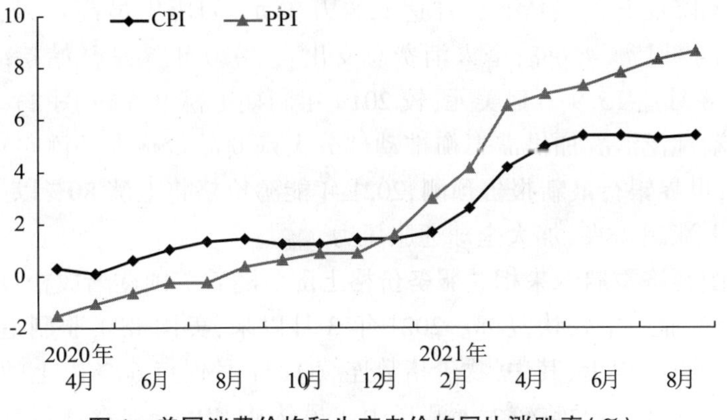

图 1　美国消费价格和生产者价格同比涨跌率（%）

数据来源：美国劳工统计局。

PPI 整体变化趋势与 CPI 基本一致。2020 年 4 月，PPI 同比降至 -1.5%，此后持续上涨，2021 年 1 月反超 CPI，9 月涨至 8.6%，再创 2010 年以来新高，较 CPI 高 3.2 个百分点。PPI 持续上涨预示 CPI 可能继续走高，随着 PPI 与 CPI 剪刀差继续扩大，CPI 上涨压力不断累积。

二、美国通胀水平或将在较长时期内处于高位

（一）近期推动美国通胀上升的主要因素

美国供应链瓶颈制约生产复苏进程，供给偏紧格局加剧通胀压力。据美国供应管理协会（ISM）数据，9 月份美国制造业 PMI 为 61.1%。分项指标中，产出指数为 59.4%，近 5 个月均处于 2020 年 7 月以来较低水平，但供应商交付指数为 73.4%，物价指数为 81.2%，均为历史较高水平。因此，美国生产价格压力仍处高位，供应商交货时间延长，供应瓶颈阻碍生产恢复进程。此外，疫情导致全球航运价格大幅上涨，10 月 22 日，波罗的海干散货价格指数（BDI）为 4410，较 2020 年 11 月低点上涨约 3 倍，大幅增加生产端成本压力。

极度宽松的财政货币政策在刺激美国需求增长的同时，也推高了全球大宗商品价格，共同支撑通胀上涨。2020 年 3 月–2021 年 9 月，美国财政月均支出规模达 5988.8 亿美元，较 2019 年上涨 59.0%。在财政补贴支持下，美国消费市场具有较强韧性。美国居民人均可支配收入在疫情冲击下不降反升，2021 年 3 月达 5.8 万美元，创历史最高纪录，8 月较 2019 年同期上涨 4.6%；个人消费总支出自 2020 年 5 月开始持续增加，2021 年 8 月达 15.9 万亿美元，较 2019 年同期上涨 9.5%（图 2）。此外，美元流动性泛滥叠加供需失衡推动部分大宗商品价格大幅涨至近 10 年来高位，世界银行最新报告预测，2021 年能源价格将上涨 80%以上，金属价格将上涨超 48%，加大全球通胀压力。

美国经济重启带来相关服务价格上涨。随着美国逐渐放松疫情防控限制，服务业迎来较快复苏。2021 年 3 月以来，美国 ISM 非制造业 PMI 均保持在 60%以上，其中，物价指数连续 12 个月保持 60%以上的高速扩张态势，服务价格面临较大上涨压力。虽然从 CPI 分项看，医疗保健、娱乐、教育与通信等服务价格涨幅显著低于制造业，价格传导相对滞后，但随着服务业的复苏，服务价格或将成为推高美国通胀水平的潜在动力。

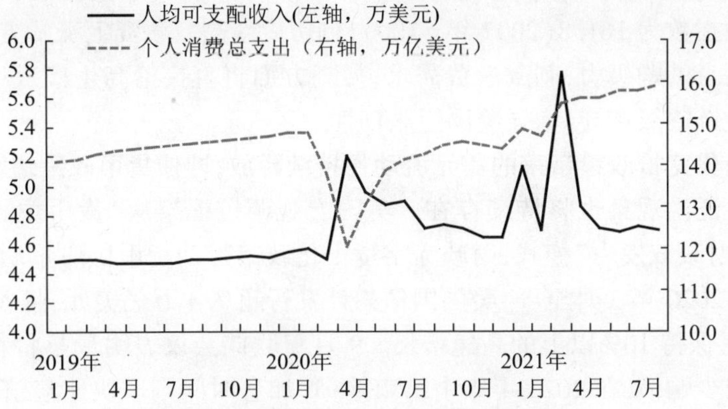

图 2 美国居民可支配收入和总支出

数据来源:美国经济分析局。

(二)支撑美国通胀保持高位的部分长期因素

以基建为重点的刺激性财政政策将成为长期通胀的助推器。2021年8月,美国参议院和众议院分别通过了1.2万亿美元和3.5万亿美元的财政扩张计划。一方面将加大交通、能源、电信等传统基建领域投资,提振投资需求;另一方面将加大对低收入人群的支持,完善教育、医疗等社会基础设施建设,提高社会福利水平,刺激内需增长。随着计划逐步实施,投资和消费需求的持续增长将进一步加剧通胀水平。

全球供应链调整提高供给成本。近年来,全球化进程受到挑战,疫情冲击使更多国家加大了吸引制造业回流的政策力度,以美国为代表的发达国家加速"再工业化"进程。2021年1月拜登签署《关于确保未来由美国工人在美国制造的行政令》,旨在通过制造业回流解决美国工人就业问题;2月签署审查药品、重要矿产、半导体和高容量电池等四个关键项目供应链的行政令,旨在增强产业安全性。全球供应链调整将削弱全球化带来的成本降低效应,提高美国长期通胀中枢。

工资增速走高增强美国通胀韧性。疫情冲击及大规模的补贴导致美国工人劳动意愿降低,劳动参与率连续18个月低于62%,创1977年以来新低;长期来看,近20年来劳动参与率呈现持续下滑态势,劳动力短缺现象难以在短期内出现明显改善。劳动力短缺不仅造成近期供应链瓶颈,而且加剧工资上涨压力。美国劳工统计局数据显示,疫情以来美国工资指数短暂下降后大幅回升,2021 年超过疫情前水平,9 月份,非农每周工资总额指数为 161.8(2007 年=100),创历史新高。薪资上涨一方面将提升劳动者的购买力,刺激消费需求;另一方面将直接抬高生产成本,并通过产业链逐级传导,增强美国通胀韧性。

量化宽松政策带来的美元流动性持续释放,即使货币政策边际收紧,流动性泛滥现象也将持续存在。美国宏观调控框架从“货币主导”转向“货币财政双发力”模式,财政赤字货币化政策带动货币供应量增速快速提高。2020 年 3 月至今,美国国债累计发行超 7.4 万亿美元,且 M2 连续 18 个月保持 10%以上的高速增长。9 月美联储会议表明最早将在 11 月开始减少购债,在 2022 年年中结束购债,加息时间则取决于经济恢复情况。这表明在较长时期内,美国仍将保持一定程度的购债规模和低利率环境,对缓解通胀压力的作用较弱。

通胀预期上升将进一步强化通胀的持续性。通胀预期会刺激社会总需求增加,并推高包括工资和利润在内的经济成本,抬升物价水平。美国短期通胀预期上涨势头强劲。密歇根大学 1 年通胀预期连续 4 个月超过 4%,且均高于个人消费支出物价指数(PCE)。中期通胀预期再次上调。9 月份美联储预计 2021-2023 年 PCE 增速分别为 4.2%、2.2%和 2.2%,较 6 月份预测值分别上调 0.8、0.1 个百分点和维持不变。长期通胀预期中,2021 年 10 年期 TIPS 通胀预期均处于 2.0%以上高位,表明通胀在较长时期内仍将持续。

三、美国高通胀水平或增加我国输入性通胀风险和金融系统波动性

(一)短期来看,我国输入性通胀风险依然较大

美元流动性泛滥和通胀预期推高国际大宗商品价格,加大我国输入性通胀压力。伴随着国际大宗商品价格持续上涨,我国生产领域价格屡创新高。9 月份,PPI 同比上涨 10.7%,创 1995 年以来新高,其中,石油、煤炭及其他燃料加工业 PPI 涨幅连续 5 个月超过 30%,处于近 20 年来高位。消费领域中,交通通信类 CPI 涨幅为 5.8%,连续 6 个月处于 1994 年以来相对高位。大宗商品价格居高不下带来的输入性通胀风险犹存。

美国通胀上行背景下,我国出口产品的比较优势更为凸显,刺激外需增长的同时也会对国内价格产生向上的推动力。2021 年,我国对美国出

口额迅速攀升,9 月份达 574.0 亿美元,创历史新高,占当月我国出口总额的 18.8%。当前,美国消费和投资需求旺盛,但产出缺口较大,或将进一步增加对我国的进口需求。同时,当前大宗商品价格居高不下,国内中下游企业利润空间受到挤压,扩大生产的能力和意愿不足,供需失衡将成为推高我国通胀水平的潜在风险。

(二)长期来看,美国政策转向或加大我国金融系统波动性

外资流出压力倒逼我国提高利率水平。当前,我国境内外资存量巨大,截至 2021 年 8 月末,境外机构持有我国银行间市场债券 3.78 万亿元。随着货币政策周期转换,美元走强,中美利差收窄,外资可能以较快速度流出。2021 年 10 月 22 日,中美 10 年期国债收益率利差较 2020 年 11 月高点收窄 118 个基点。在美国国债收益率快速上行的背景下,我国债券市场对外资吸引力下降,或将被迫提高收益率,国内利率上行风险加大。

高通胀或加速美国退出量化宽松的步伐,扰乱我国金融市场的内外部发展环境。若高通胀持续时间超预期,美联储或将提前退出量化宽松政策,引起全球资产价格回调,资金快速回流美国。一方面,短期我国可能出现较为严峻的资本流出压力,被迫收紧流动性,债务违约风险加大,加剧我国资本市场波动;另一方面,新兴市场面临美元"缩减恐慌",可能引发金融市场动荡,导致我国金融市场外部环境恶化。

美国货币政策转向将对我国中资美元债市场产生冲击。截至 2021 年 6 月末,我国外币外债余额为 1.51 万亿美元,其中,美元债务占 85%。在中美利率、汇率以及监管等因素影响下,近年来中资美元债市场快速扩张,并呈现期限短期化、房地产行业为主体、评级两极分化等特征。若美国货币政策转向,在国内融资环境收紧、境外融资面临兑付高峰、融资成本上升等背景下,部分实力较弱的企业资金链将面临较大压力。

四、加强风险管理,稳定市场预期

调节大宗商品供需,防范输入性通胀风险。供给端有序推进"碳达峰""碳中和"工作,加强大宗商品进出口和储备调节,合理控制工业品产能;需求端警惕外需依赖和内需走弱的风险,应该将重点放在国内,通过灵活的市场化手段调整价格,拓展进口渠道,缓解大宗商品价格上涨带来的生产成本压力。

增加人民币汇率弹性,降低美元波动对我国政策的影响。一是优化外汇储备结构,建立国家战略物资储备资金池,适度减少货币资产比例,考虑在全球买入优质资产,提高储备资金保障能力;二是以“一带一路”为依托,继续扩大对外开放,拓展其他多边贸易机制,加快推动人民币国际化步伐;三是增加人民币汇率弹性,引导外汇市场建立“风险中性”的自律机制,让汇率充分发挥稳定器的作用,有效应对外资流出风险。

密切关注海外政策变化,做好市场沟通,稳定预期。目前,市场和美联储之间就通胀和加息预期存在分歧,美联储政策存在较大不确定性,市场对政策变化高度敏感。因此,我国应提前做好预案,适度做好货币与财政政策的动态调整。同时,加强信息披露和市场交流,引导市场形成正确预期,以增强政策有效性和拓宽政策空间,处理好恢复经济和防范风险的关系。

(执笔:朱祎,李婧婧;成文于 2021 年 10 月)

专栏

美国地区价格水平测算方法及应用

地区价格水平是反映一国内部各地区价格差异的重要统计指标。美国商务部经济分析局从2003年开始利用消费者价格指数(CPI)调查数据开展地区价格平价(Regional Price Parities,以下简称RPP)测算工作,以反映其国内各地区的价格差异。目前,经济分析局于每年12月公布上一年份的测算结果,包括51个州(含华盛顿特区)、51个州的都市区和非都市区、384个大都市统计区的总RPP、货物RPP、住房服务RPP、公用事业服务RPP和除住房和公用事业之外的服务RPP①。

一、美国RPP测算的思路与方法

美国RPP测算的目的是获得州、县或都市区等行政地区的相对价格水平,主要数据来源为CPI调查的基础价格数据、美国社区调查的住房数据和国民账户个人消费支出数据。由于美国CPI调查的调查区划与其行政区划存在差别②,测算RPP的工作分为两个阶段(见图1)。

第一阶段,根据CPI调查区的价格和支出权重构建CPI地区的居民消费支出主要分项的RPP③。在构建过程中,需利用特征方程(Hedonic回归)将不可比的CPI规格品价格调整为可比价格水平,利用可比价格水平测算各基本分类RPP并汇总得到16个居民消费支出主要分项的RPP。

(一)测算可比组产品的价格水平。由于测算RPP的价格数据来自CPI调查,各调查地区调查的规格品并不一定可比。因此,首先需要将原始调查价格转化为可比价格水平。美国CPI调查每年约采集100多万笔规格品价格。这些规格品属于200多个基本分类,根据RPP测算需要又进一步被细分为初级规格品组(Entry Level Items)和簇规格品组(Clusters)。按分组规格品的重要性(支出权重),使用两种方法测算各地区初级规格品组的可比价格水平:

1. 75种基本分类的支出之和超过了总支出的85%,是CPI中较为重要的基本分类,其下属规格品的可比性在很大程度上决定了RPP测算的准确性。因此,使用特征方程将这些基本分类下的规格品价格调整为地区间初级规格品组或簇规格

① 历史数据区间为2008—2020年。

② 美国共有38个CPI调查地区,但在州一级需测算50个州和华盛顿特区的RPP,二者并不匹配。

③ 如费城和匹兹堡地区主要家用设备RPP、费城和匹兹堡地区小型家用设备RPP、中大西洋地区主要家用设备RPP、中大西洋地区主要家用设备RPP等。

品组（下同，调整层级取决于规格品分组的详细程度）的可比价格水平：

$$lnP_{ij}=\sum_{i=1}^{M}\alpha_i A_{ij}+\sum_{n=1}^{N}\sum_{j=1}^{J(n)}\beta_j^n Z_{ij}^n+e_{ij}$$

其中，P_{ij} 为第 i 个地区第 j 个规格品的价格，A 为地区虚拟变量，Z 为规格品及其特征（如类型、尺寸、包装和品牌等）虚拟变量。第 i 个地区的可比组产品的价格水平即为 $e^{\hat{\alpha}_i}$。

2. 除以上 75 种基本分类以外的基本分类，通过简易化的虚拟变量回归测算各地区初级规格品组的价格水平。设置的虚拟变量分别为地区虚拟变量和初级规格品组虚拟变量。

（二）测算基本分类的 RPP。利用各地区初级规格品组的价格水平和权重信息，通过加权国家产品虚拟法测算基本分类的价格水平。加权国际产品虚拟法可通过最小化下式得到：

$$min\sum_{j=1}^{M}\sum_{i=1}^{N}w_{ij}(lnp_{ij}-\pi_1 A_1-\cdots-\pi_N A_N-\beta_1 I_1-\cdots-\beta_M I_M)^2$$

其中，w 为权重信息，A 为地区虚拟变量，I 为产品虚拟变量。

（三）汇总测算居民消费各主要分类的价格水平。利用可加性多边价格指数 Geary 法系统汇总④：

$$P_{Geary}^{C}=\frac{\sum_{n=1}^{N}(pq)_n^C}{\sum_{n=1}^{N}\pi_n q_n^C};\pi_n=\sum_{C=1}^{M}\frac{(pq)_n^C}{P_{Geary}^{C}\sum_{d=1}^{M}q_n^d}$$

其中，p 为基本分类的 RPP，π 为基本分类国内平均价格，q 为隐含的数量，P_{Geary}^{C} 为对应的 RPP。至此，已构建了 38 个 CPI 地区的 16 个居民消费主要分类的 RPP，即食品（货物或服务）、衣着（货物）、交通（货物或服务）、住房（货物或服务）、教育（货物或服务）、娱乐（货物或服务）、医疗（货物或服务）、租金（服务）、其他用品和服务（货物或服务）的 RPP。

第二阶段，分解 CPI 地区的 RPP 到行政县，并将地理区域汇总成各行政区划的 RPP⑤。在这一阶段，需将各 CPI 地区的分项 RPP 分配给城市县，将城市县的 RPP 分配给农村县，并使用美国社区调查的住房数据和国民账户的个人消费支出数据调整各分项支出的权重。在此基础上，最终形成各州的 16 个居民消费支出主要分项的 RPP 及汇总 RPP。

（一）分配各 CPI 地区的 RPP 至各县。对属于城市地区的县，CPI 地区内部的所有县均使用该 CPI 地区的 RPP；农村县不在 38 个 CPI 地区之内，对农村县使用该地理区域中人口数量最少的城市地区的 RPP 作为该县的 RPP。

④ Geary 法具有可加性，但受“哥申克隆效应”的影响。

⑤ 如“阿拉巴马州 RPP”、“加利福尼亚州 RPP”等。

（二）在县一级分配支出权重并进行调整。首先是纳入农村地区的支出权重，这样就覆盖了美国所有的县；其次是通过美国社区调查中的住户货币收入比例将CPI地区支出权重和新纳入的农村地区支出权重分配至各县；最后是权重的调整。一是由于美国社区调查中含有直至县级且更详尽的住房数据，使用该调查中的租金数据和估算的自有住房租金之和代替CPI中的租金数据。二是利用国民账户的个人消费支出的分类数据调整CPI调查中居民消费各主要分类的权重⑥。

（三）从县级的分类RPP到州级的分类RPP。将各州所包含的县的分类RPP加权几何平均获得该州的16个居民消费各主要分类的RPP。

（四）从各州的分类RPP到各州的RPP。再次使用第一阶段的Geary法汇总各州16个分类RPP，形成各州的汇总RPP值。

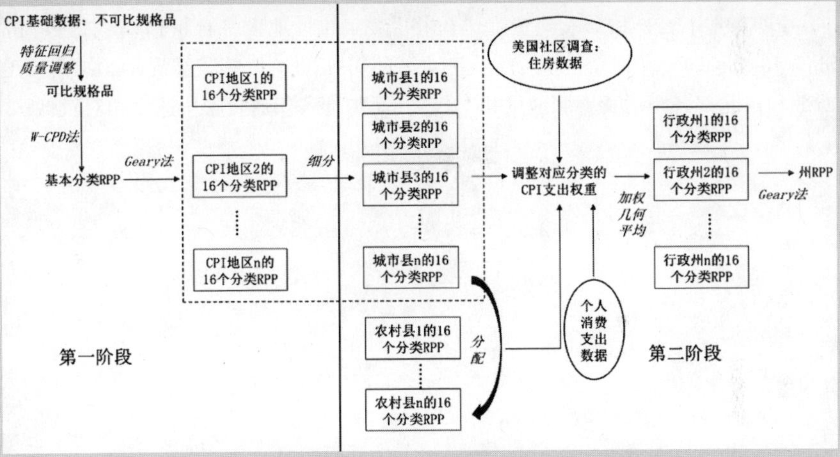

图1 美国RPP测算思路及过程示意图

图表来源：根据美国经济分析局及其专家RPP文件绘制。

二、RPP在美国实际中的应用

（一）经济分析局使用RPP监测州、州内都市区和非都市区、大都市统计区等在内的地区间相对价格水平。2020年RPP测算结果表明，美国国内州级地区的价格水平相差27.6%。夏威夷州价格水平最高，为全美平均价格水平的112.0%，密

⑥ 从涵盖的地理区域看，美国CPI指数调查范围仅包含城镇，美国国民账户的个人消费支出数据还包括农村。从分类上看，后者不仅包括CPI的分类价格数据，还包括政府和非营利机构承担的个人消费支出中的价格数据。

西西比州的价格水平最低，为全美平均价格水平的 87. 8%。居民消费支出中的重要分项“住房租金”的地区价格水平相差约 3 倍，最大值和最小值分别为加利福尼亚州的 160. 2%和密西西比州的 56. 1%；

（二）利用 RPP 将“个人收入”调整为“实际个人收入”，以反映各地区可比的个人收入情况。2020 年美国实际个人收入同比上涨 5. 3%（高于新冠疫情前的 2. 6%），各州增速从阿拉斯加州的 2. 6%到爱荷华州的 9. 8%不等；

（三）利用 RPP 将“个人消费支出”调整为“实际个人消费支出”，以反映各地区可比的个人消费支出情况。2020 年美国实际个人消费支出同比下降 3. 8%，有 47 个州的实际个人消费支出同比下降，降幅最大的州为夏威夷州、马里兰州和纽约州，同比下降均为 7. 0%。但仍有犹他州、爱荷华州和蒙大拿州等 3 个州的实际个人消费支出同比逆势上涨。犹他州涨幅最大，为 2. 2%；

（四）利用 RPP 和个人消费支出价格指数编制“地区综合价格缩减指数（Implicit Regional Price Deflator）”，以反映地区间可比的通货膨胀情况。2020 年美国西部和东北部各州通货膨胀速度相对较高，而中部各州通货膨胀速度相对较低。

（执笔：张伟；成文于 2022 年 1 月）

国际煤炭价格大幅上涨 我国应增强煤炭供给弹性

5月以来,供需失衡叠加替代效应持续推高国际煤炭价格,月平均涨幅超过10%。10月份,主要产煤国澳大利亚煤炭价格涨至236.9美元/吨,为上年同期的4.1倍,创1970年以来新高。我国部分地区动力煤价格一度突破2500元/吨,创历史新高。IMF和世界银行预测,此次煤价上涨将持续至2022年。煤炭价格持续居高不下,将加剧我国输入性通胀压力,进一步挤压制造业和电力行业利润,并加剧行业利润分化。因此,我国应做好国内煤炭保供稳价,逐步推进能源消费转型升级。

一、国际煤炭价格屡创新高

国际煤炭价格连续6个月快速上涨。2021年5月起,澳大利亚和南非煤炭价格环比平均涨幅均超过10%。10月份,澳大利亚煤炭价格为

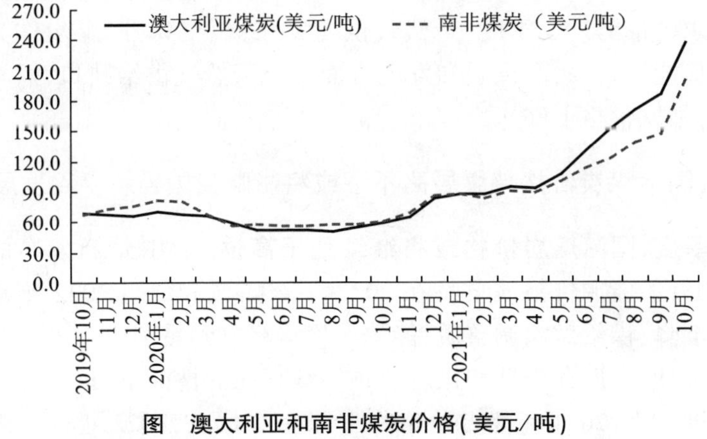

图 澳大利亚和南非煤炭价格(美元/吨)

数据来源:世界银行。

236.9 美元/吨，环比上涨 27.6%，为上年同期价格的 4.1 倍，创 1970 年有记录以来新高；南非煤炭价格为 199.7 美元/吨，环比上涨 36.7%，为上年同期价格的 3.3 倍，创 1984 年有记录以来新高（图）。**高频数据同样显示 5 月以来国际煤炭价格涨势强劲。**据环球煤炭公司数据，10 月以来，欧洲（ARA 港）、澳大利亚（纽卡斯尔港）和南非（理查德港）动力煤现货价先后涨至 280.0、253.6 和 242.2 美元/吨，较 4 月初分别上涨 306.7%、155.1%和 146.1%，均创 2008 年以来新高。

二、供需失衡叠加替代效应推高国际煤炭价格

经济复苏拉动煤炭需求大幅增长。随着疫情逐渐好转，制造业加速恢复，全球制造业 PMI 指数连续 16 个月处于 50%以上的扩张区间，持续推升能源需求。据澳大利亚联邦政府最新预测，2021 年全球煤炭贸易总量为 13.8 亿吨，较上年增长 6.5%。彭博社数据显示，1-6 月美国煤炭消费量同比增长 28.1%，截至 8 月末，库存降至 8430 万吨，创 24 年以来最低。**产能恢复不均导致煤炭供应偏紧。**由于劳动力短缺、维修项目积压、新项目交付周期延长，以及绿色能源转型背景下投资者对化石燃料企业的投资意愿降低，煤炭产能尚未完全恢复。世界主要煤炭生产国中，1-6 月澳大利亚煤炭产量和出口量同比分别下降 2.0%和 3.6%，1-7 月南非煤炭产量和出口量分别下降 6.0%和 12.2%，1-9 月蒙古国煤炭产量和出口量分别下降 2.3%和 37.5%。**替代效应加剧供不应求的形势。**三季度，天然气供应紧张，价格飙升，煤炭作为最接近的替代能源之一，在供暖和发电方面补充天然气供给缺口，需求量超额增长，加剧价格上涨压力。

三、国际煤炭价格持续居高不下或将影响我国经济平稳发展

四季度，国际煤炭价格或将继续处于高位。IMF 最新发布的报告显示，飙升的能源价格最早将在 2022 年开始缓和。当 2022 年年初供暖需求下降、供给做出调整后，能源价格将恢复到更为正常的水平。世界银行预计，在库存较低和供应瓶颈持续存在的情况下，近期能源价格可能再度上涨，2021 年能源价格将上涨 80%以上，2022 年或将继续居于高位。

煤炭价格或将带动其他大宗商品价格上涨，加剧我国输入性通胀压力。世行报告显示，由于能源价格上涨，化肥、铝和锌等大宗商品出现不同程度减产，价格面临较大上行压力。10月份，化肥价格指数环比上涨23.4%，创2012年以来新高，铝和锌价格分别上涨3.5%和10.7%，创2008年和2018年以来新高。我国作为大宗商品进口国，将持续面临能源和原材料价格上涨带来的输入性通胀风险。

制造业企业利润空间受到挤压。当前国内一方面上游原材料、能源价格等不断上涨，另一方面由于消费偏弱，价格向下游传导并不顺畅，制造业利润下滑。6月以来，规模以上制造业企业累计营业收入利润率持续回落，1-9月利润率较1-5月下降0.21个百分点。

工业企业利润或将分化加剧。由于电价相对固定，煤价上涨导致国内出现煤电价格倒挂现象，电力行业利润下降，产能扩张意愿降低。1-9月电力、热力、燃气及水生产和供应业利润总额同比下降15.2%，较1-8月降幅扩大8.7个百分点，连续2个月负增长。为缓解发电厂面临的成本压力，我国开始推动电力市场化改革，扩大市场交易电价上下浮动范围，随着电价上涨，高耗能企业利润下降，能源企业利润走高，行业分化将更为凸显。

四、增强国内供给保障能力，推进能源消费转型升级

短期而言，我国应增加煤炭供给，稳定市场价格。推动具备增产潜力的煤矿尽快释放产能，已核准且建成的露天煤矿加快投产达产，严厉查处资本恶意炒作，引导煤炭价格回归合理水平。近期，我国一揽子煤炭保供稳价政策效果显著，国内煤炭产量明显增加，价格快速下降。10月中下旬以来，全国煤炭日均产量连续数日保持在1150万吨以上，较9月底增加近110万吨；动力煤主力合约连续8日下跌，累计跌幅达50.9%，11月2日，国内主要港口动力煤平均现货价跌至1200元/吨以下，较10月20日高点下跌超1000元。

中长期而言，一方面，加强能源储备，提高应对风险的能力。健全能源储备体系，科学调整储备的品类、规模、结构，提升储备效能，强化国家能源储备"稳定器"和"压舱石"作用。**另一方面，逐步改善能源供给结构，推进绿色低碳发展。**煤炭价格飙升提高了太阳能和风能作为替代能

源的竞争力，以此为契机，我国可以加快扩大可再生能源装机规模，有序减量替代煤炭，推进能源消费转型升级。

（执笔：朱祎；成文于 2021 年 11 月）

全球金融脆弱性持续积累 我国债务风险亟待妥善化解

10 月 13 日，国际货币基金组织（IMF）发布最新《全球金融稳定报告》表示，疫情以来，全球金融环境极度宽松，导致实际利率下降、股市价格虚高和房价持续攀升，全球金融脆弱性和风险持续积累。我国货币政策保持松紧适度，金融状况相对良好，但债务问题依旧严峻。在未来国内外金融条件逐步收紧、世界经济复苏面临多重因素扰动的背景下，我国应关注外部环境变化带来的溢出效应，妥善化解债务风险。

一、全球主风险要经济体维持宽松的融资环境

疫情反复导致经济复苏的不确定性增加，全球主要经济体被迫维持

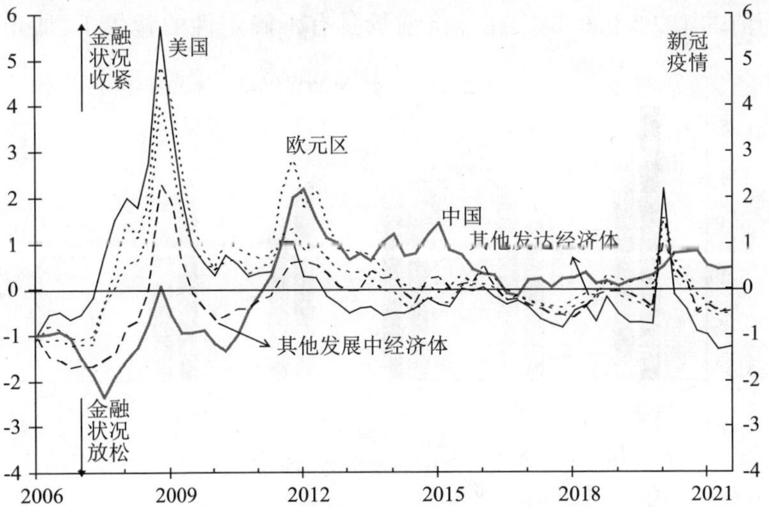

图 1　全球主要经济体金融状况指数

数据来源：IMF《全球金融稳定报告》（10 月）。

过于宽松的融资环境。据 IMF 数据，2021 年三季度，美国金融状况指数为-1.26（负值表明融资环境宽松），略高于二季度创下的 2006 年有记录以来最低水平（-1.33），远低于 2020 年的 0.18，融资环境极度宽松；欧元区为-0.52，其他发达国家为-0.46，分别低于 2020 年的 0.31 和 0.55，总体处于 2006 年以来最宽松的融资环境；除中国以外的发展中国家为-0.51，低于 2020 年的 0.26，金融状况仍然相对宽松。中国金融状况指数为 0.45，较 2020 年的 0.72 适度宽松，但相对于其他国家则整体维持从紧的融资环境（图 1）。

二、全球金融风险持续积累

股票市场价格失调，全球股市偏离经济基本面。据 IMF 数据，2021 年 9 月，美国股市每月投资收益率对企业实际盈利水平的偏离度达到 4.6%，虽较 4 月份下降 0.9 个百分点，但仍远高于疫情前（2020 年 1 月）1.2%的偏离水平，股市泡沫依旧严重；日本、印度偏离度分别为 3.9%和 3.6%，高于疫情前的 2.7%和 0.8%，股票投资收益对经济基本面的偏离进一步加剧，股市泡沫风险上升；欧元区、中国偏离度分别为 2.8%和 2.0%，较 4 月份下降 1.1 和 1.9 个百分点，股票价值虽有回归，但仍高于疫情前的 1.2%和 0.5%，在经济前景具有不确定性的背景下，股市风险

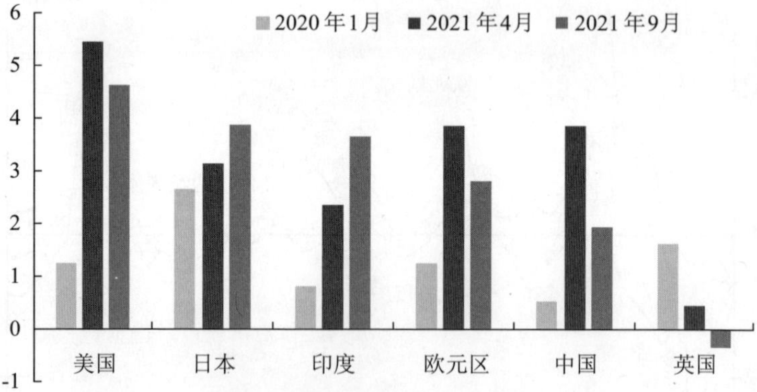

图 2 全球股票市场泡沫情况

数据来源：IMF《全球金融稳定报告》（10 月）。

注：本图为 IMF 估计的股市投资收益率相较于企业基本面的偏离程度。其中，基本面因素包括分析师对未来盈利预测的平均值、离散度，以及利率指标。

或将进一步释放(图2)。

金融杠杆不断上升。疫情以来,低利率刺激企业频繁使用高杠杆交易以提高收益率,加剧金融市场脆弱性。据IMF数据,2021年,全球杠杆并购交易总额为2191.3亿美元,为金融危机以来次高;全球杠杆收购规模为2305.4亿美元,创2007年以来最高;以6倍以上杠杆进行收购的交易量占杠杆收购交易总量的58.8%,接近2007年60.2%的水平(图3)。

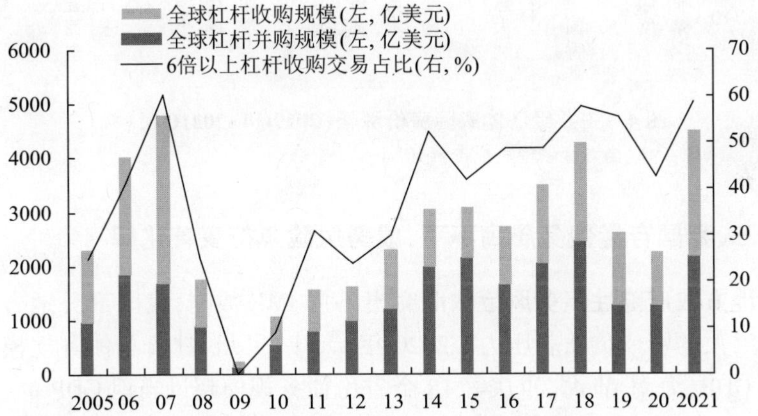

图3 全球杠杆并购和杠杆收购交易量

数据来源:IMF《全球金融稳定报告》(10月)。

持续宽松的货币政策和房地产供给受限推高房价,房地产泡沫风险增加。据IMF数据,2019年四季度至2021年一季度,新西兰房价上涨19.7%,是全球房价泡沫最严重的国家;土耳其、美国实际房价分别上涨16.3%和10.0%;德国、俄罗斯、英国、日本实际房价涨幅也达到8.7%、8.2%、7.6%和5.7%(图4)。彭博社预测,在普遍的低利率和无节制的财政刺激下,2021年全球房地产市值有望突破2005年全球房地产大繁荣时310万亿美元的高点。IMF警告,随着未来全球货币政策收紧,全球股市和楼市面临大规模抛售风险。

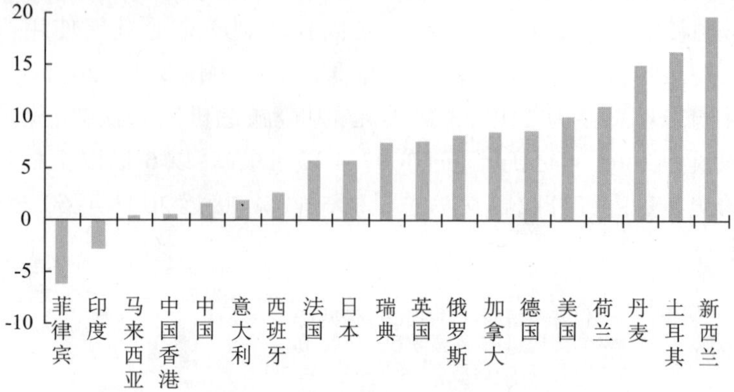

图 4　主要经济体实际房价涨幅(2019Q4-2021Q1)(%)

数据来源:IMF《全球金融稳定报告》(10 月)。

三、我国存量债务居高不下,债务风险亟待妥善化解

地方政府隐性债务风险依旧突出。 据 IMF 数据,我国部分地方政府面临巨大的资产负债表压力。2020 年,天津、贵州、甘肃总债务规模超过当地 GDP,海南、青海、重庆等 18 个省份债务规模超过当地 GDP 的 50%。其中,青海的一般债和专项债规模最大,占 GDP 比重为 81.6%;天津地方融资平台债务问题最为严重,债务规模占 GDP 比重为 74.2%;山西地方国有企业债务负担较重,债务规模占 GDP 比重为 25.6%(图 5)。又据国际清算银行(BIS)数据,我国企业部门杠杆率依旧大幅高于主要经济体。2021 年一季度,中国非金融企业部门杠杆率为 159.2%,较 2020 年二季度的历史高点 163.3%有所下降,但仍处于 2006 年有统计数据以来的相对高点,同时也高于新兴市场国家 117.3%的平均水平,大幅高于美国(85.4%)、欧元区(115.6%)、日本(115.7%)和韩国(111.2%)。

在金融市场进一步开放的背景下,外部金融风险或将导致国内债务问题恶化,对我国金融稳定性造成一定冲击。IMF 预计,2021 年需由地方政府提供融资支持的地方企业经营性现金流赤字约 2.3 万亿人民币,约占地方财政收入的 23%。在国内外金融条件逐步收紧、经济复苏不确定性加大的背景下,全球金融风险持续积累,或将传导至国内高负债领域,原本财政能力薄弱、资产负债表压力巨大的地方政府或将被迫缩减投

资，损害当地经济增长，并进一步导致企业现金流恶化，形成负反馈循环，对我国金融稳定性造成冲击。

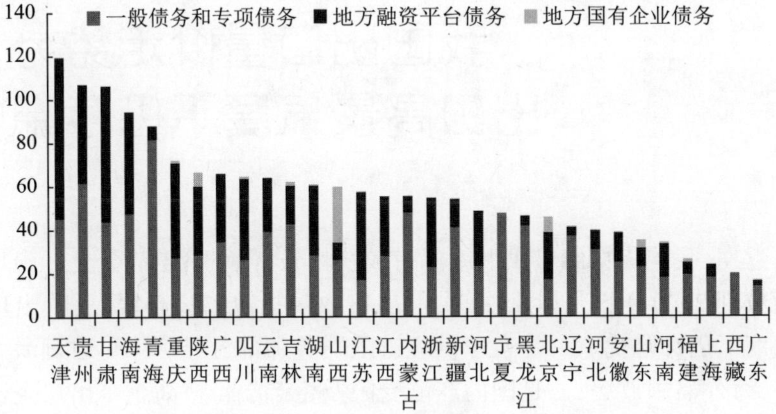

图 5 2020 年我国各省债务情况（%）

数据来源：IMF《全球金融稳定报告》（10 月）。

注：数据为债务占当地 GDP 百分比。

IMF 建议，我国应对国内的债务问题制定配套的特别措施和绿色通道，有序清理企业债务，如逐步取消政府对企业的隐性担保，加快财务状况不良企业的破产重组，引导失去经营能力的企业有序退出，快捷、有序地完成债务重组，逐步消化债务风险；改善地方政府公共财政治理，并进一步通过中央政府转移支付的方式来适当弥补地区间财政能力的巨大差异，协助地方政府安全度过债务风险。

（执笔：李婧婧；成文于 2021 年 11 月）

我国出口量价走势分化 出口高景气度下仍存隐忧

近期,我国货物出口额继续保持较快增长,但量价走势分化。出口价格指数创2020年5月以来次高,但出口数量指数增长趋缓,反映出口高景气度下仍存隐忧。一是全球供应链阻滞叠加部分经济体财政刺激力度减弱,海外需求放缓;二是国内产能受限及生产端价格高企令出口企业成本上升;三是航运运力紧张及运费高企导致我国出口商品被迫积压。在此情况下,我国应从市场供需和外贸主体等多方面发力,加大上游原材料保供稳价力度,积极推行出口企业纾困减负政策,促进外贸通关便利化,持续推进更高水平对外开放。

一、近期我国出口量价走势出现分化

1-11月,我国货物出口额累计3.0万亿美元,同比增长31.1%,两年平均增长15.7%,其中,11月份货物出口额同比增长22.0%,连续14个月保持两位数增长,维持较高景气度。

价格因素对出口额贡献明显增加。10月份,出口价值指数[①]同比增长20.3%,其中,价格指数同比上涨8.1%,创2020年5月以来次高;数量指数同比增长11.3%,较二季度有所放缓。从贡献率[②]看,1-6月价格因素对出口价值的贡献率普遍低于7%,数量因素的贡献率达90%以上。7

① 海关总署自1993年开始发布全国出口商品贸易指数,该指数包含:价值指数、价格指数和数量指数。价值指数反映我国出口金额变动,与我国货物出口额变动趋势较为一致;价格指数反映单位出口商品的价格变动;数量指数反映出口商品的数量变动。价值指数等于价格指数乘以数量指数。

② 数量贡献率反映了出口数量变动对出口价值变动的影响程度,价格贡献率反映了出口价格变动对出口价值变动的影响程度。

月份以来价格因素对出口贡献率显著上升，并一度超过数量因素对出口的贡献，7－10月价格变动对出口价值变动的贡献率依次为32.1%、41.4%、53.3%和39.9%，其中9月份价格因素对出口的贡献年内超过数量贡献，数量因素的贡献率由上半年的90%以上降至50%－60%。

主要商品单位出口价格对出口额影响加大。在我国主要商品出口额普遍保持较快增长下，11月份，商品单位出口均价继续大幅上涨，其中成品油、钢材单位出口均价同比涨幅连续两个月超70%，肥料、家用电器涨幅自5月以来持续保持在25%以上，集成电路、汽车连续4个月上涨达10%以上。但主要商品出口量同比增速较前期回落，甚至出现负增长，其中成品油（－15.3%）、肥料（－32.7%）连续两个月负增长，钢材（－0.9%）为2020年11月以来首次由正转负，家用电器、集成电路、汽车均降至年内低位。从量价指数看，10月份，化学工业、机电、矿产品、贱金属等主要商品出口价格指数同比涨幅较前期扩大，数量增长转弱，表明主要商品出口额受单位出口价格影响加大。

出口数量对出口额增长拉动作用减弱。从量的先行指标看，11月份我国制造业采购经理人指数（PMI）新出口订单分项为48.5%，处于2020年7月以来低位，连续7个月低于50%荣枯线，显示制造业出口订单量持续收缩，与货物出口额连续13个月保持15%以上的高增长背离加大。此外，贸易实物量指标显示，10月份全国外贸货物吞吐量同比增长0.5%，沿海主要港口货物吞吐量同比增长0.6%，均自2月以来持续放缓，并降至疫情暴发以来相对低位，反映出当前我国出口数量对贸易额增长的拉动作用减弱。

二、量价走势分化反映我国出口高景气度下仍存隐忧

一是全球供应链阻滞制约了海外需求增长，全球出口订单整体下滑。德迅全球海运监测数据显示，当前全球主要港口拥堵问题严峻，截至11月16日，全球各港口等待泊位集装箱船约565艘，较6月中旬增长85.9%。国际航运研究机构德鲁里（Drewry）数据显示，12月3日当周，全球主要航线预定的552趟航班已有47趟取消，取消率达8.5%。11月15日，世界贸易组织（WTO）发布《货物贸易晴雨表》指出，关键行业的生产和供应中断抑制了全球贸易需求，导致出口复苏力度减弱，全球出口订单

指数较三季度下降 11.5 个点至 97.8，为 5 个季度以来首次降至基准值 100 以下。此外 IHS Markit 数据显示，在全球供应链传导不畅影响下，10 月份全球制造业新出口订单指数下降 0.4 个百分点至 50.6%，连续 5 个月回落，并为 8 个月新低。

二是部分经济体财政刺激力度减弱、通胀高企，海外消费能力减弱。9 月 6 日，美国政府正式停发疫情失业补助；9 月 22 日，德国政府表示将考虑暂停向部分群体发放失业补贴；11 月 5 日，法国政府宣布停止对行业的疫情补贴。美国数据显示，随着美国居民收入重要支撑的疫情补贴停发，10 月份，美国居民可支配收入同比下降 0.9%，连续两个月负增长；消费价格同比上涨 6.2%，达 31 年新高。在财政补贴减少叠加通胀高企下，10 月份美国个人消费支出同比增长 6.6%，回落至 2 月以来低位。欧元区数据显示，2021 年欧元区家庭可支配收入预计仅增长 0.2%；11 月份消费价格同比上涨 4.9%，再创有记录以来新高；但 10 月份零售量同比增长 1.4%，维持在年内低位。未来若主要经济体相继停止疫情补贴支出，同时通胀继续保持高位，海外消费能力可能进一步减弱。

三是国内生产端价格上涨叠加产能受限加大出口企业成本压力，推高我国出口商品价格。三季度部分行业限电停产，产能利用率有所下降，其中化学原料及制品制造业、汽车制造业、黑色金属冶炼加工业较二季度分别下降 2.2、3.7 和 7.1 个百分点，产能下滑直接导致相关产品供给减少。同时，国内上游原材料价格的上涨令出口企业成本压力增大，部分出口商品被动提价。从历史数据看，我国生产者价格与出口价格指数走势具有一定正相关性（图 1），10 月份我国生产者价格同比上涨 13.5%，创有记录以来新高，其中化学原料及制品制造业、黑色金属冶炼加工业涨幅超 30%。国际航运研究机构德鲁里表示，限产政策令中国醋酸、甲醇、烧碱等化学产品出口成本增加，预计中国或将继续削减相关商品生产和出口。

四是航运运力紧张及运费高企，令我国出口商品被迫积压。今年以来，因全球供应链阻滞，我国航运运力紧张加剧，6 月末我国沿海集装箱船运力为 77.5 万标准箱，同比下降 2.1%，为 2015 年以来首次负增长。同时，港口集装箱“一箱难求”问题突出，集装箱紧缺及运力紧张推升我国出口运费大幅上升，10 月 22 日中国出口集装箱运价指数一度升至

3315.3,较上年末上涨近1倍。在此情况下,货物运输周期拉长,部分出口商品特别是低附加值产品,因买方延期收货或等待集装箱空箱而造成大量积压,出口企业面临“有单发不出”的困境。

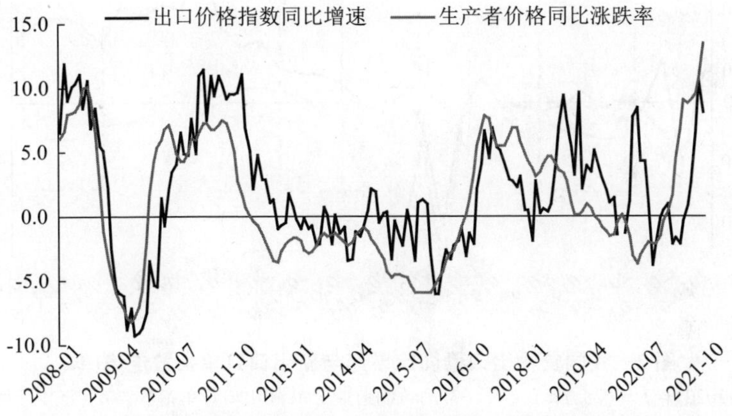

图1 我国出口价格指数同比增速与生产者价格同比涨跌率(%)

三、对下阶段我国出口走势的预判

一是短期内我国出口量价走势将继续分化。一方面,随着美国等主要发达经济体财政刺激力度减弱,叠加新型变异病毒奥密克戎令全球疫情更添不确定性,全球供应链阻滞状态难有明显改善,海外需求或将继续走弱,拖累我国商品出口量增长。另一方面,在航运运力紧张,国际国内运价保持高位,同时国内上游原材料价格逐渐向下游传导下,运费和生产成本的上升将继续抬高出口价格,预计短期内我国出口量价走势将持续分化。

二是预计2022年上半年我国出口增速或将放缓。历史数据显示,我国出口价值指数与数量指数呈显著正相关关系,两者走势较为一致,与价格指数相关性较弱,可以出口量判断我国出口增速拐点。因此我们以量的领先指标制造业PMI新出口订单指数与我国货物出口额同比增速进行比较,发现新出口订单指数领先于出口增速,当两者呈现背离后3-5个月,出口增速将逐渐与订单趋向一致(图2)。据此,我们预计2022年上半年我国出口额同比增速或将与新出口订单指数走势趋向一致。

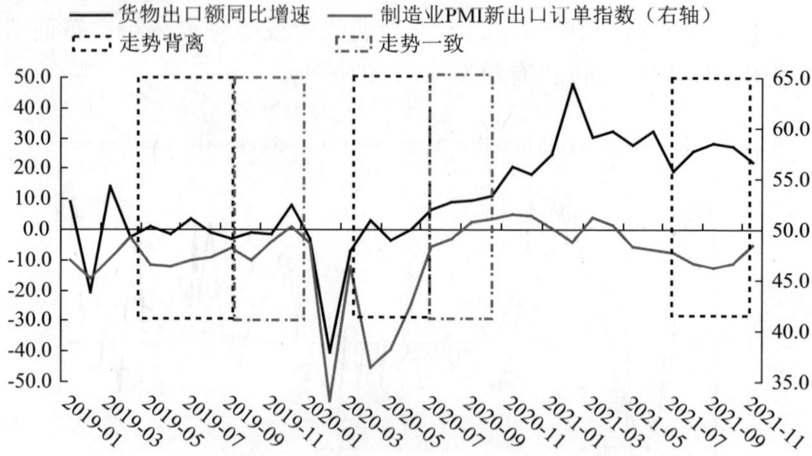

图 2　我国货物出口额同比增速与新出口订单指数走势(%)

注:2020 年 2 月(28.7%)、4 月(33.5%)制造业 PMI 新出口订单指数,2021 年 2 月我国货物出口额同比增速(154.7%)未在图中显示。

四、政策建议

面对当前我国出口高景气下的量缓价增,应从市场供需和外贸主体等多方面共同发力,对未来挑战做好充分准备。

一是加大上游原材料保供稳价力度。供给上,应尽快提高上游行业及相关产品的供给弹性,纠正部分地方“一刀切”限电限产及减碳治理方式,减少对部分商品供给的非必要行政干预,适度增产增供、投放储备,加强进出口调节。

二是持续推进更高水平对外开放。外需上,在疫情带来的国际合作壁垒持续增加下,我国应加大外循环力度,以更高水平开放打造国际合作和竞争新优势。优化出口商品结构,巩固优势产品出口规模,提升高技术含量、高附加值产品占比。同时持续推进“一带一路”建设,充分利用 RCEP 等自贸协议,深挖外贸市场需求。

三是多措并举加大对外贸企业纾困减负力度。加快推进外贸企业税收缓缴、减免等优惠政策落地,简化企业办税程序;通过再贷款等结构性金融工具加大对出口企业的定向融资支持,减轻企业资金负担;拓展出口产品转内销渠道，积极为企业搭建内销平台；对企业产生的国际物流费用给予相应补贴，降低企业通关成本。

四是畅通物流通道，促进外贸通关便利化。针对港口物流不畅、集装箱紧缺等情况，应加强各部门联动配合，加快集装箱回运，提高运转效率；提供全天候预约通关服务，优化港口审批通关手续，积极协调改港商品迅速通关，促进港口物流便利化流转。

（执笔：郝悦；成文于 2021 年 12 月）

五 统计数据

1.01 国际货币基金组织对世界及主要国家经济预测

单位:%

	2018年	2019年	2020年	2021年	2022年	2023年
世　界	**3.6**	**2.9**	**-3.1**	**6.1**	**3.6**	**3.6**
发达国家	2.3	1.7	-4.5	5.2	3.3	2.4
美　国	2.9	2.3	-3.4	5.7	3.7	2.3
欧元区	1.8	1.6	-6.4	5.3	2.8	2.3
日　本	0.6	-0.2	-4.5	1.6	2.4	2.3
发展中国家	4.6	3.7	-2.0	6.8	3.8	4.4
印　度	6.5	3.7	-6.6	8.9	8.2	6.9
俄罗斯	2.8	2.2	-2.7	4.7	-8.5	-2.3
巴　西	1.8	1.2	-3.9	4.6	0.8	1.4

注:本表数据按照购买力平价方法进行汇总。2022和2023年数据为2022年4月份预测值。印度数据指财政年度。

1.02 世界银行对世界经济预测

单位:%

	2018年	2019年	2020年	2021年	2022年	2023年
世　界	**3.0**	**2.6**	**-3.4**	**5.5**	**4.1**	**3.2**
发达国家	2.2	1.7	-4.6	5.0	3.8	2.3
发展中国家	4.3	3.8	-1.7	6.3	4.6	4.4

注:本表数据按照汇率法进行汇总。2022和2023年数据为2022年1月份预测值。

1.03 英国共识公司对世界及主要国家经济预测

单位:%

	2018年	2019年	2020年	2021年	2022年	2023年
世　界	**3.1**	**2.5**	**-3.7**	**5.8**	**3.8**	**3.1**
美　国	2.9	2.2	-3.5	5.7	3.3	2.4
欧元区	1.9	1.3	-6.8	5.3	3.2	2.3
日　本	0.3	0.7	-4.9	1.7	2.3	1.8
印　度	6.1	4.2	-7.4	8.8	7.6	6.2

注:本表数据按照汇率法进行汇总。2022和2023年数据为2022年3月份预测值。印度数据指财政年度。

1.04 国际货币基金组织对世界贸易量预测

单位:%

	2018年	2019年	2020年	2021年	2022年	2023年
世　界	**3.7**	**1.0**	**-8.2**	**9.3**	**6.0**	**4.9**
发达国家	3.2	1.4	-9.0	8.3	6.2	4.6
发展中国家	4.6	0.3	-6.7	11.1	5.7	5.4

注:包括货物和服务。2022和2023年年度数据为2022年1月份预测值。

1.05 国际货币基金组织对世界CPI预测

单位:%

	2018年	2019年	2020年	2021年	2022年	2023年
发达国家	2.0	1.4	0.7	3.1	5.7	2.5
发展中国家	4.9	5.1	5.2	5.9	8.7	6.5

注:2022和2023年数据为2022年4月份预测值。

1.06 英国共识公司对世界及主要国家CPI预测

单位:%

	2018年	2019年	2020年	2021年	2022年	2023年
世　界	**2.9**	**2.7**	**2.1**	**3.6**	**5.2**	**3.0**
美　国	2.4	1.8	1.3	4.7	6.6	3.0
欧元区	1.8	1.2	0.3	2.6	5.7	2.1
日　本	1.0	0.5	0.0	-0.2	1.4	0.9
印　度	3.4	4.8	6.2	5.5	5.6	4.9

注:2022和2023年数据为2022年3月份预测值。印度数据指财政年度。

1.07 全球消费者价格涨跌率

单位:%

年份	月份	世界	发达国家	发展中国家
2015 年		**1.4**	**0.1**	**3.1**
2016 年		**1.4**	**0.3**	**2.7**
2017 年		**2.2**	**1.4**	**3.3**
2018 年		**2.4**	**1.7**	**3.2**
2019 年		**2.1**	**1.5**	**2.7**
2020 年		**1.6**	**0.4**	**2.8**
	1 月	2.0	1.4	3.1
	2 月	2.1	1.2	3.0
	3 月	1.9	0.7	2.9
	4 月	1.7	0.1	2.5
	5 月	1.2	0.0	2.3
	6 月	1.6	0.3	2.4
	7 月	1.4	0.5	2.6
	8 月	1.4	0.2	2.5
	9 月	1.5	0.1	2.6
	10 月	1.5	0.1	2.5
	11 月	1.4	0.2	2.5
	12 月	1.2	0.1	2.5
2021 年		**3.3**	**2.4**	**4.3**
	1 月	1.5	0.5	2.7
	2 月	1.4	0.5	2.6
	3 月	1.9	1.2	3.0
	4 月	2.5	1.9	3.8
	5 月	2.8	2.2	4.0
	6 月	2.9	2.2	4.0
	7 月	3.4	2.3	4.3
	8 月	3.8	2.5	4.8
	9 月	4.1	2.7	5.1
	10 月	4.5	3.5	5.7
	11 月	5.1	4.5	5.8
	12 月	5.6	4.8	6.4

资料来源：世界银行数据库。

1.08 世界工业生产同比增速

单位：%

年份	月份	世界	发达国家	发展中国家
2015年		**1.6**	**0.2**	**3.6**
2016年		**2.2**	**0.0**	**4.2**
2017年		**3.7**	**2.4**	**5.2**
2018年		**3.6**	**2.1**	**5.3**
2019年		**1.5**	**-0.9**	**3.8**
2020年		**-4.4**	**-7.3**	**-1.9**
	1月	-4.1	-1.8	-6.9
	2月	-4.1	-1.7	-6.1
	3月	-5.2	-7.0	-3.4
	4月	-15.1	-19.9	-10.7
	5月	-13.3	-18.2	-8.0
	6月	-6.4	-11.4	-2.4
	7月	-4.1	-7.9	-0.4
	8月	-2.3	-6.2	0.4
	9月	-1.7	-5.8	2.6
	10月	0.0	-3.8	3.3
	11月	0.6	-2.5	3.8
	12月	1.7	-1.4	4.7
2021年		**8.6**	**6.1**	**10.4**
	1月	8.5	-0.9	18.3
	2月	7.9	-2.1	17.6
	3月	9.1	5.2	11.9
	4月	22.6	23.0	21.9
	5月	17.3	18.4	15.7
	6月	11.9	12.0	11.8
	7月	7.9	8.1	8.1
	8月	6.0	5.2	7.3
	9月	4.1	2.7	4.5
	10月	3.5	1.9	4.5
	11月	4.0	3.0	4.9
	12月	4.0	2.9	4.7

注：为经季节调整数据。

资料来源：世界银行数据库。

1.09 国际市场初级产品价格指数

（2010 年=100）

年份	月份	能源	非能源	农产品	肥料	金属矿
2015 年		**64.8**	**81.6**	**87.9**	**98.4**	**66.9**
2016 年		**55.1**	**79.4**	**87.4**	**77.7**	**63.0**
2017 年		**68.1**	**83.7**	**86.9**	**74.3**	**78.2**
2018 年		**87.0**	**85.2**	**86.7**	**82.5**	**82.5**
2019 年		**76.0**	**81.7**	**83.3**	**81.4**	**78.4**
2020 年		**51.9**	**84.1**	**87.1**	**73.2**	**79.1**
	1 月	74.5	84.3	88.3	70.8	77.7
	2 月	65.0	81.3	85.8	71.0	73.0
	3 月	42.1	78.2	83.1	73.3	68.7
	4 月	29.4	76.1	81.3	73.7	65.6
	5 月	38.8	76.6	81.4	67.4	68.0
	6 月	48.3	79.7	83.4	66.8	73.7
	7 月	51.2	81.8	83.8	69.8	79.1
	8 月	53.8	85.4	86.8	76.0	83.5
	9 月	51.0	87.3	89.0	76.9	85.1
	10 月	51.3	88.7	90.9	76.6	85.5
	11 月	54.7	92.6	94.6	77.1	90.3
	12 月	62.9	97.3	97.1	78.8	99.7
2021 年		**94.5**	**111.3**	**107.6**	**132.2**	**116.4**
	1 月	69.3	101.6	102.1	83.0	102.8
	2 月	79.3	104.4	103.7	100.1	106.4
	3 月	79.8	105.4	103.2	104.2	110.2
	4 月	79.4	108.6	105.7	101.6	115.3
	5 月	85.1	115.6	111.1	106.1	125.8
	6 月	93.1	114.0	108.7	119.8	124.3
	7 月	97.7	113.7	107.6	127.0	124.5
	8 月	95.6	112.4	108.2	130.7	119.0
	9 月	105.8	111.4	107.7	129.5	116.8
	10 月	122.3	115.6	109.7	171.5	121.4
	11 月	114.7	115.4	111.1	204.5	114.0
	12 月	111.4	116.9	112.0	208.0	116.7

资料来源：世界银行数据库。

1. 10　国际市场初级产品年平均价格预测(现价,美元)

	单　位	2018 年	2019 年	2020 年	2021 年	2022 年	2023 年	2024 年	2025 年	2030 年	2035 年
能源											
煤炭(澳大利亚)	美元/吨	107.0	77.9	60.8	140.0	120.0	90.0	86.38	82.91	67.53	55.00
原油(平均现货价)	美元/桶	68.3	61.4	41.3	70.0	74.0	65.0	65.40	65.81	67.87	70.00
天然气(欧洲)	美元/百万英国热值单位	7.7	4.8	3.2	14.6	12.6	9.2	8.94	8.68	7.51	6.50
天然气(美国)	美元/百万英国热值单位	3.2	2.5	2.0	4.1	4.0	3.9	3.91	3.92	3.96	4.00
天然气(日本)	美元/百万英国热值单位	10.7	10.6	8.3	11.9	11.4	10.0	9.76	9.53	8.46	7.50
非能源初级品											
农产品											
饮品											
可可	美元/千克	2.3	2.3	2.4	2.4	2.5	2.5	2.5	2.6	2.7	2.9
咖啡(阿拉比卡)	美元/千克	2.9	2.9	3.3	4.3	4.2	4.2	4.2	4.3	4.6	5.0
咖啡(罗巴斯塔)	美元/千克	1.9	1.6	1.5	2.0	2.0	1.9	1.9	1.9	2.1	2.2
茶(平均)	美元/千克	2.8	2.6	2.7	2.7	2.6	2.6	2.6	2.6	2.8	3.0
食品											
植物油及油品											
椰子油	美元/吨	996.8	735.7	1010.4	1525.0	1560.0	1570.0	1580.4	1591.0	1644.6	1700.0
花生油	美元/吨	1446.0	1407.4	1697.8	2050.0	1950.0	2000.0	2015.9	2032.0	2114.3	2200.0
棕榈油	美元/吨	638.7	601.4	751.8	1100.0	1075.0	1050.0	1054.1	1058.2	1078.9	1100.0
豆粕	美元/吨	405.2	347.0	394.2	485.0	490.0	475.0	480.8	486.7	517.4	550.0
豆油	美元/吨	789.1	765.4	837.8	1375.0	1425.0	1350.0	1363.4	1377.0	1446.7	1520.0

1.10 续表1

	单 位	2018年	2019年	2020年	2021年	2022年	2023年	2024年	2025年	2030年	2035年
大豆	美元/吨	394.4	368.9	406.6	580.0	585.0	550.0	554.8	559.6	584.2	610.0
谷物											
高粱	美元/吨	125.9	128.1	92.5	120.0	118.0	115.0	116.9	118.8	129.0	140.0
玉米	美元/吨	164.4	170.1	165.5	250.0	225.0	235.0	237.0	239.0	249.3	260.0
稻米(泰国,5%碎粒)	美元/吨	420.7	418.0	496.8	455.0	400.0	410.0	418.2	426.6	471.0	520.0
小麦(美国硬红冬小麦)	美元/吨	209.9	201.7	211.3	255.0	250.0	245.0	247.0	249.0	259.3	270.0
其他食品											
香蕉(欧盟)	美元/千克	1.1	1.1	1.2	1.2	1.2	1.3	1.3	1.3	1.3	1.3
牛肉	美元/千克	4.2	4.8	4.7	5.3	5.5	5.4	5.4	5.4	5.5	5.6
鸡肉	美元/千克	2.2	2.0	1.6	2.2	2.3	2.2	2.2	2.2	2.3	2.4
柑橘	美元/千克	0.8	0.6	0.6	0.7	0.7	0.7	0.7	0.7	0.8	0.8
虾(墨西哥)	美元/千克	12.2	12.6	12.7	14.0	15.0	14.5	14.6	14.7	15.4	16.0
糖(ISA 世界平均)	美元/千克	0.3	0.3	0.3	0.4	0.4	0.4	0.4	0.4	0.4	0.4
原材料											
木材											
原木(喀麦隆)	美元/立方米	413.5	391.9	399.5	415.0	420.0	420.0	422.4	424.9	437.2	450.0
原木(马来西亚)	美元/立方米	269.7	273.1	278.9	275.0	280.0	285.0	288.5	292.0	310.4	330.0
锯材(马来西亚)	美元/立方米	727.9	695.9	699.7	755.0	760.0	765.0	773.6	782.3	827.4	875.0
其他原材料											
棉花	美元/千克	2.0	1.7	1.6	2.1	2.2	2.2	2.2	2.2	2.2	2.3

1.10　续表2

	单　位	2018年	2019年	2020年	2021年	2022年	2023年	2024年	2025年	2030年	2035年
橡胶(马来西亚)	美元/千克	1.6	1.6	1.7	2.1	1.9	1.9	1.9	2.0	2.2	2.4
烟草	美元/吨	4866.0	4579.4	4336.3	4200.0	4225.0	4275.0	4293.3	4311.7	4404.8	4500.0
肥料											
磷酸二铵	美元/吨	393.4	306.4	312.4	590.0	600.0	450.0	400.0	350.0	396.9	450.0
磷酸盐矿石	美元/吨	87.9	88.0	76.1	120.0	130.0	110.0	100.0	102.4	115.4	130.0
氯化钾	美元/吨	215.5	255.5	217.8	210.0	325.0	275.0	277.0	279.0	289.3	300.0
磷酸三钠	美元/吨	346.7	294.5	265.0	525.0	520.0	400.0	360.0	320.0	357.8	400.0
尿素(东欧,袋装)	美元/吨	249.4	245.3	229.1	380.0	375.0	300.0	275.0	279.6	303.8	330.0
金属和金属矿											
铝	美元/吨	2108.5	1794.5	1704.0	2550.0	2700.0	2500.0	2400.0	2408.9	2454.0	2500.0
铜	美元/吨	6529.8	6010.1	6173.8	9300.0	8800.0	8200.0	7500.0	7544.1	7768.7	8000.0
铁矿石	美元/千吨	69.8	93.8	108.9	165.0	130.0	120.0	100.0	98.0	88.5	80.0
铅	美元/吨	2240.4	1996.5	1824.9	2200.0	2100.0	2000.0	2008.1	2016.3	2057.7	2100.0
镍	美元/吨	13114.1	13913.9	13787.3	18500.0	17750.0	17000.0	17081.2	17162.7	17576.4	18000.0
锡	美元/吨	20145.2	18661.2	17124.6	31250.0	31000.0	29500.0	28000.0	27713.0	26321.6	25000.0
锌	美元/吨	2922.4	2550.4	2266.4	2950.0	2822.0	2400.0	2408.2	2416.4	2457.8	2500.0
贵金属											
金	美元/盎司	1269.2	1392.5	1770.3	1795.0	1750.0	1730.0	1718.8	1707.6	1652.9	1600.0
银	美元/盎司	15.7	16.2	20.5	25.5	24.8	24.4	24.0	23.6	21.7	20.0
铂金	美元/盎司	879.5	864.0	883.4	1100.0	1000.0	1015.0	1032.8	1050.8	1146.1	1250.0

资料来源:世界银行。

1.11 国际市场初级产品价格指数预测

（2010 年 = 100）

	2018 年	2019 年	2020 年	2021 年	2022 年	2023 年	2024 年	2025 年	2030 年	2035 年
按现价美元计算										
能源	87.0	75.9	51.9	94.5	97.3	84.3	84.4	84.6	85.4	86.6
非能源商品	85.2	81.7	84.1	112.0	107.6	103.8	101.8	102.4	106.2	110.4
农产品	86.7	83.3	87.1	108.7	104.8	104.1	105.1	106.1	111.2	116.7
饮料	79.1	76.1	80.4	93.5	90.7	90.0	91.3	92.6	99.2	106.2
食品	90.4	87.0	92.5	121.8	116.3	115.0	115.9	116.9	122.0	127.3
植物油及油品	85.0	77.5	89.8	127.1	126.1	121.5	122.5	123.5	128.8	134.3
谷物	88.8	89.0	93.1	123.8	105.1	107.3	108.5	109.8	116.2	123.0
其他食品	99.1	97.7	95.5	113.1	113.5	113.4	114.1	114.7	118.2	121.9
原材料	81.4	78.0	77.6	84.5	84.1	84.7	85.6	86.5	91.3	96.4
木材	88.3	85.6	86.4	90.4	92.0	92.9	94.0	95.0	100.6	106.6
其他	73.9	69.8	67.9	78.0	75.3	75.8	76.5	77.2	81.1	85.3
肥料	82.5	81.4	73.2	132.2	123.7	99.9	92.6	91.5	99.8	108.9
金属和金属矿	82.5	78.4	79.1	116.4	111.7	103.5	96.1	96.2	96.8	97.5
贱金属	90.6	81.6	80.2	117.7	116.9	108.5	102.5	102.9	105.1	107.5
贵金属	97.2	105.4	133.5	140.2	136.5	134.9	133.8	132.8	127.7	123.0

资料来源：世界银行。

1.12 国际市场石油平均价格

单位:美元/桶

年份 月份	石油现货价格		石油期货价格
	OPEC 一揽子原油	北海布伦特	纽约期货市场轻质原油
2013 年	**105.87**	**108.56**	**98.05**
2014 年	**96.29**	**98.97**	**92.91**
2015 年	**49.49**	**52.32**	**48.79**
2016 年	**40.76**	**43.64**	**43.40**
2017 年	**52.43**	**54.13**	**50.80**
2018 年	**69.78**	**71.34**	**64.81**
2019 年	**64.04**	**64.30**	**57.07**
2020 年	**41.47**	**41.96**	**39.32**
1 月	65.10	63.65	57.53
2 月	55.53	55.66	50.54
3 月	33.92	32.01	30.45
4 月	17.66	18.38	16.70
5 月	25.17	29.38	28.53
6 月	37.05	40.27	38.31
7 月	43.42	43.24	40.77
8 月	45.19	44.74	42.39
9 月	41.54	40.91	39.63
10 月	40.08	40.19	39.56
11 月	42.61	42.69	41.13
12 月	49.17	49.99	47.07
2021 年	**69.89**	**70.86**	**68.11**
1 月	54.38	54.77	52.10
2 月	61.05	62.28	59.06
3 月	64.56	65.41	62.36
4 月	63.24	64.81	61.70
5 月	66.91	68.53	65.16
6 月	71.89	73.16	71.35
7 月	73.53	75.17	72.43
8 月	70.33	70.75	67.71
9 月	73.88	74.49	71.55
10 月	82.11	83.54	81.22
11 月	80.37	81.05	79.18
12 月	74.38	74.17	71.69

资料来源:OPEC 和美国能源部数据库。

1.13 国际市场石油供应和需求

单位:万桶/天

	年度				季度							
					2021 年				2022 年			
	2019 年	2020 年	2021 年	2022 年	Q1	Q2	Q3	Q4	Q1	Q2	Q3	Q4
国际市场石油需求[1]												
世界	**99.5**	**90.8**	**96.2**	**99.5**	**93.3**	**95.2**	**97.6**	**98.6**	**97.9**	**99.1**	**100.8**	**100.3**
经合组织成员国	**47.7**	**42.0**	**44.5**	**46.1**	**42.3**	**44.0**	**45.7**	**46.0**	**45.2**	**45.8**	**46.9**	**46.5**
美洲	25.5	22.4	24.2	25.0	22.7	24.3	24.7	24.9	24.3	25.1	25.6	25.1
欧洲	14.3	12.4	12.9	13.5	11.9	12.6	13.8	13.4	13.0	13.5	13.9	13.5
亚洲、大洋洲	7.9	7.1	7.4	7.6	7.7	7.0	7.1	7.8	7.9	7.2	7.4	7.9
非经合组织成员国	**51.8**	**48.8**	**51.7**	**53.4**	**51.0**	**51.2**	**52.0**	**51.7**	**52.7**	**53.3**	**53.9**	**53.8**
原苏联	4.7	4.5	4.8	4.9	4.6	4.7	4.9	4.9	4.7	4.8	5.1	5.0
欧洲	0.8	0.7	0.8	0.8	0.7	0.7	0.8	0.8	0.7	0.8	0.8	0.8
中国	13.5	13.9	15.0	15.6	14.6	15.2	15.2	15.1	15.2	15.8	15.8	15.5
亚洲其他国家	14.0	12.6	13.2	14.0	13.5	12.8	12.5	13.8	14.2	14.0	13.5	14.2
美洲	6.3	5.6	6.0	6.1	5.8	5.8	6.2	6.1	5.9	6.0	6.2	6.2
中东	8.2	7.7	7.9	8.0	7.7	7.8	8.3	7.9	7.8	7.9	8.4	7.9
非洲	4.3	3.8	4.0	4.1	4.1	4.0	3.9	4.0	4.1	4.0	4.0	4.1

1.13 续表

	年度				季度							
					2021 年				2022 年			
	2019 年	2020 年	2021 年	2022 年	Q1	Q2	Q3	Q4	Q1	Q2	Q3	Q4
国际市场石油供应[2]												
世界	**100.5**	**93.8**	–	–	**92.3**	**94.1**	**96.4**	–	–	–	–	–
欧佩克成员国	**35.0**	**30.8**	–	–	**30.4**	**30.7**	**32.1**	–	–	–	–	–
非欧佩克成员国	**65.6**	**63.0**	**63.7**	**66.7**	**61.9**	**63.4**	**64.3**	**65.2**	**65.6**	**66.4**	**67.2**	**67.4**
经合组织成员国	**28.6**	**27.9**	**28.2**	**29.6**	**27.4**	**27.8**	**28.3**	**29.3**	**29.3**	**29.3**	**29.7**	**30.1**
美洲	24.8	23.8	24.3	25.6	23.3	24.2	24.3	25.2	25.2	25.4	25.7	26.0
欧洲	3.4	3.6	3.4	3.5	3.6	3.1	3.4	3.5	3.6	3.4	3.5	3.5
亚洲、大洋洲	0.5	0.5	0.5	0.5	0.5	0.5	0.5	0.5	0.5	0.5	0.5	0.5
非经合组织成员国	**31.8**	**30.3**	**30.5**	**31.7**	**30.2**	**30.5**	**30.5**	**31.0**	**31.4**	**31.6**	**31.7**	**32.0**
加工损益[3]	2.4	2.1	2.3	2.4	2.1	2.2	2.3	2.3	2.4	2.4	2.4	2.4
生物燃料	2.8	2.6	2.7	3.0	2.2	2.9	3.2	2.7	2.5	3.1	3.4	3.0

注:1. 石油需求量指炼油厂和初级库存的交付量。包括国内运输燃料、国际运输燃料、炼油厂燃料、直接用于燃烧的原油,非常规来源的石油和其他供应来源。包括生物燃料。

2. 石油供应量包括原油、凝析油、天然气凝析液(NGL)和非常规来源的石油等。

3. 指炼油过程和海上运输时的损益。

资料来源:国际能源署。

1.14 OECD 国家能源库存情况

单位:万桶/天

	年度			月度				
	2018 年	2019 年	2020 年	2021 年 6 月	2021 年 7 月	2021 年 8 月	2021 年 9 月	2021 年 10 月
OECD 国家合计	**2859.6**	**2899.9**	**3129.4**	**2878.9**	**2845.2**	**2815.7**	**2758.4**	**2737.2**
原油	1093.1	1088.7	1196.5	1089.3	1067.4	1026.9	1010.6	1028.4
车用汽油	374.3	364.6	378.2	380.8	364.9	360.1	356.8	349.7
照明灯油	516.7	525.5	625.0	581.4	573.1	576.8	541.6	515.8
残余燃油	108.0	121.2	119.1	120.0	117.3	119.7	117.9	112.7
其他产品	1454.9	1489.3	1611.8	1483.9	1471.8	1489.1	1450.2	1407.9
OECD 美洲	**1532.7**	**1528.2**	**1651.4**	**1547.9**	**1550.8**	**1521.3**	**1514.4**	**1514.0**
原油	595.8	584.2	655.1	622.6	616.5	597.8	594.8	608.4
车用汽油	261.2	251.0	256.0	264.8	258.5	251.5	253.2	241.7
照明灯油	196.2	184.7	217.5	210.0	211.9	207.1	198.7	193.0
残余燃油	34.9	34.7	38.1	38.7	36.1	36.4	34.9	36.0
其他产品	769.7	772.8	821.1	759.0	765.3	761.5	765.3	738.4
OECD 欧洲	**919.9**	**974.9**	**1064.1**	**973.5**	**949.0**	**930.5**	**888.8**	**877.5**
原油	340.2	358.4	371.5	341.8	336.5	315.1	306.4	320.5
车用汽油	85.6	87.3	96.1	86.5	80.3	80.4	77.2	79.4
照明灯油	246.1	267.0	334.2	306.1	295.1	294.7	270.9	251.2
残余燃油	55.2	66.4	64.9	64.6	63.5	65.1	64.3	60.1
其他产品	500.5	532.2	609.6	554.5	537.0	540.7	509.9	484.4
OECD 亚洲、大洋洲	**407.0**	**396.9**	**413.9**	**357.5**	**345.4**	**363.9**	**355.1**	**345.8**
原油	157.2	146.1	170.0	125.0	114.5	114.0	109.4	99.6
车用汽油	27.5	26.2	26.1	29.4	26.1	28.3	26.5	28.6
照明灯油	74.5	73.9	73.3	65.3	66.2	75.0	72.0	71.6
残余燃油	18.0	20.1	16.2	16.8	17.7	18.2	18.7	16.7
其他产品	184.7	184.2	181.1	170.4	169.5	186.9	184.0	185.1

注:均指期末库存。

资料来源:国际能源署。

1.15 全球主要股票指数

年份 月份	美国		欧元区	日本
	道琼斯 30 种股票平均价格（美元）	纳斯达克指数	德国 DAX 股票指数	日经 225 种股票平均价格（日元）
2011 年	**12217.56**	**2605.15**	**5898.35**	**8455.35**
2012 年	**13104.14**	**3019.51**	**7612.39**	**10395.18**
2013 年	**16576.66**	**4176.59**	**9552.16**	**16291.31**
2014 年	**17823.07**	**4736.05**	**9843.50**	**17450.77**
2015 年	**17425.03**	**5007.41**	**10772.50**	**19033.71**
2016 年	**19762.60**	**5383.12**	**11481.06**	**19114.37**
2017 年	**24719.22**	**6903.39**	**12917.64**	**22764.94**
2018 年	**23327.46**	**6626.97**	**10558.96**	**20014.77**
2019 年	**28538.44**	**8972.60**	**13249.01**	**23656.62**
2020 年	**30606.48**	**12888.28**	**13718.78**	**27444.17**
1 月	28256.03	9150.94	12981.97	23205.18
2 月	25409.36	8567.37	11890.35	21142.96
3 月	21917.16	7700.10	9935.84	18917.01
4 月	24345.72	8889.55	10861.64	20193.69
5 月	25383.11	9489.87	11586.85	21877.89
6 月	25812.88	10058.77	11951.80	22288.14
7 月	26428.32	10745.27	12313.36	21710.00
8 月	28430.05	11775.46	12945.38	23139.76
9 月	27781.70	11167.50	12760.70	23185.10
10 月	26501.60	10911.59	11560.51	22977.13
11 月	29638.60	12198.70	13291.16	26433.60
12 月	30606.48	12888.28	13718.78	27444.17
2021 年	**36338.30**	**15644.97**	**15884.86**	**28791.71**
1 月	29982.62	13070.69	13432.87	27663.39
2 月	30932.37	13192.35	13786.29	28966.01
3 月	32981.55	13246.87	15008.34	29178.80
4 月	33874.85	13962.68	15135.91	28812.63
5 月	34529.45	13748.74	15421.13	28860.08
6 月	34502.51	14503.95	15531.04	28791.53
7 月	34935.47	14672.68	15544.39	27283.59
8 月	35360.73	15259.24	15835.09	28089.54
9 月	33843.92	14448.58	15260.69	29452.66
10 月	35819.56	15498.39	15688.77	28892.69
11 月	34483.72	15537.69	15100.13	27821.76
12 月	36338.30	15644.97	15884.86	28791.71
2022 年				
1 月	35131.86	14239.88	15471.20	27001.98
2 月	33892.60	13751.40	14461.02	26526.82

资料来源：Wind。

1.16 全球主要货币汇率

年份	月份	期末汇率			实际有效汇率指数		
		欧元兑美元	美元兑日元	欧元兑日元	美元	欧元	日元
2011 年		**1.393**	**79.7**	**102.3**	**86.30**	**99.35**	**101.30**
2012 年		**1.286**	**79.8**	**102.7**	**88.51**	**94.48**	**100.00**
2013 年		**1.328**	**97.6**	**129.6**	**88.82**	**97.74**	**79.69**
2014 年		**1.324**	**106.4**	**140.5**	**90.85**	**98.27**	**75.10**
2015 年		**1.105**	**121.1**	**133.6**	**101.33**	**89.65**	**70.03**
2016 年		**1.103**	**109.1**	**120.5**	**105.56**	**91.59**	**79.39**
2017 年		**1.139**	**112.0**	**127.5**	**105.01**	**92.88**	**75.55**
2018 年		**1.178**	**110.3**	**129.9**	**104.14**	**95.99**	**74.80**
2019 年		**1.118**	**109.0**	**121.9**	**107.19**	**93.49**	**77.01**
2020 年		**1.147**	**106.4**	**122.0**	**108.92**	**94.99**	**77.76**
	1 月	1.109	108.4	120.2	106.50	90.66	75.70
	2 月	1.103	108.1	118.9	107.81	89.95	75.59
	3 月	1.104	107.6	118.7	111.92	94.09	78.82
	4 月	1.095	107.2	117.4	113.68	94.53	79.97
	5 月	1.109	107.8	119.8	113.01	94.61	80.32
	6 月	1.123	107.9	121.2	110.35	95.80	78.49
	7 月	1.178	105.8	124.7	109.65	96.00	78.42
	8 月	1.194	105.9	126.4	108.40	97.15	78.02
	9 月	1.172	105.5	123.6	108.05	97.05	77.79
	10 月	1.165	104.6	121.9	107.52	97.00	77.41
	11 月	1.193	104.3	124.4	106.14	96.01	76.75
	12 月	1.222	103.3	126.2	104.04	97.07	75.79
2021 年		**1.181**	**110.4**	**130.2**	**110.06**	**95.28**	**71.02**
	1 月	1.214	104.7	127.1	103.20	96.30	75.50
	2 月	1.207	106.6	128.6	103.90	95.30	73.90
	3 月	1.173	110.7	129.8	105.40	95.90	72.50
	4 月	1.212	108.9	131.4	105.20	96.50	71.80
	5 月	1.223	109.6	133.9	104.20	96.80	70.80
	6 月	1.186	111.1	131.8	150.20	96.10	70.20
	7 月	1.187	109.7	130.1	106.70	95.10	70.80
	8 月	1.181	110.0	129.9	107.00	94.80	71.10
	9 月	1.158	111.3	128.8	107.20	94.90	70.90
	10 月	1.156	114.0	131.8	108.20	94.30	68.60
	11 月	1.134	113.1	128.3	109.30	93.70	68.10
	12 月	1.137	115.1	131.0	110.30	93.70	68.20

注：期末数据。实际有效汇率指数，美元以 2006 年为 100，欧元和日元 2010 年为 100。

年度数据为平均数。

2.1.01 美国国内生产总值及其构成增长率(环比折年率)

单位:%

指标	2020年	2021年	2020年				2021年			
			一季度	二季度	三季度	四季度	一季度	二季度	三季度	四季度
国内生产总值	**-3.4**	**5.7**	**-5.1**	**-31.2**	**33.8**	**4.5**	**6.3**	**6.7**	**2.3**	**6.9**
个人消费支出	-3.8	7.9	-6.9	-33.4	41.4	3.4	11.4	12.0	2.0	2.5
消费品	4.6	12.2	0.3	-10.0	49.5	-0.3	27.4	13.0	-8.8	1.1
耐用消费品	7.7	18.1	-12.0	-1.5	89.0	1.1	50.0	11.6	-24.6	2.5
非耐用消费品	3.1	9.1	7.1	-13.9	31.8	-1.1	15.9	13.9	2.0	0.4
服务	-7.5	5.8	-10.0	-42.4	37.5	5.3	3.9	11.5	8.2	3.3
私人投资总额	-5.5	9.8	-5.3	-48.8	82.1	24.7	-2.3	-3.9	12.4	36.7
固定资产投资	-2.7	7.8	-2.3	-30.4	27.5	17.7	13.0	3.3	-0.9	2.7
非住宅投资	-5.3	7.4	-8.1	-30.3	18.7	12.5	12.9	9.2	1.7	2.9
建筑	-12.5	-8.0	-0.9	-46.8	-15.3	-8.2	5.4	-3.0	-4.1	-8.3
设备	-8.3	13.1	-21.3	-36.2	55.9	26.4	14.1	12.1	-2.3	2.8
知识产权产品	2.8	10.0	3.8	-10.6	8.1	10.2	15.6	12.5	9.1	8.9
住宅投资	6.8	9.2	20.4	-30.7	59.9	34.4	13.3	-11.7	-7.7	2.2
库存变动	…	…	…	…	…	…	…	…	…	…
净出口	…	…	…	…	…	…	…	…	…	…
出口	-13.6	4.5	-16.3	-59.9	54.5	22.5	-2.9	7.6	-5.3	22.4
货物	-10.2	7.6	-4.8	-65.0	99.0	25.6	-1.4	6.4	-5.0	23.4
服务	-19.8	-1.5	-34.8	-48.6	-4.9	16.0	-6.0	10.4	-5.9	19.9
进口	-8.9	14.0	-13.1	-53.1	89.2	31.3	9.3	7.1	4.7	17.9
货物	-5.6	14.6	-7.5	-49.2	103.7	30.1	10.6	4.3	-0.3	18.9
服务	-22.6	11.5	-33.4	-67.6	29.7	37.5	2.2	23.6	35.0	13.1
政府消费支出和投资	2.5	0.5	3.7	3.9	-2.1	-0.5	4.2	-2.0	0.9	-2.6
联邦政府	5.0	0.6	2.4	20.6	-5.4	-3.1	11.3	-5.3	-5.1	-4.3
国防	2.9	-0.9	-0.7	3.2	1.7	5.3	-5.8	-1.1	-1.7	-6.0
其他	8.1	2.8	7.4	50.1	-14.3	-14.1	40.8	-10.7	-9.5	-2.0
州及地方政府	0.9	0.4	4.4	-5.5	0.1	1.2	-0.1	0.2	4.9	-1.6
备注										
国内总收入	-2.9	7.2	-0.8	-32.7	24.4	19.6	6.3	4.3	6.4	5.1

注:季度数据为经季节调整后折合年率的环比增长速度。

资料来源:美国商务部经济分析局。

2.1.02 美国国内生产总值及其构成增长率（同比）

单位：%

指标	2020 年	2021 年	2020 年				2021 年			
			一季度	二季度	三季度	四季度	一季度	二季度	三季度	四季度
国内生产总值	**-3.4**	**5.7**	**0.6**	**-9.1**	**-2.9**	**-2.3**	**0.5**	**12.2**	**4.9**	**5.5**
个人消费支出	-3.8	7.9	0.3	-10.2	-2.8	-2.4	2.1	16.2	7.1	6.9
消费品	4.6	12.2	3.4	-0.9	8.3	7.7	14.3	21.0	7.0	7.4
耐用消费品	7.7	18.1	2.6	-0.3	14.5	13.5	29.6	33.8	6.3	6.7
非耐用消费品	3.1	9.1	3.8	-1.2	5.0	4.7	6.8	14.5	7.4	7.8
服务	-7.5	5.8	-1.1	-14.3	-7.7	-6.9	-3.5	13.8	7.2	6.7
私人投资总额	-5.5	9.8	-2.1	-17.7	-4.7	2.4	3.2	20.8	7.1	9.6
固定资产投资	-2.7	7.8	1.4	-8.8	-3.8	0.5	4.2	15.0	8.0	4.4
非住宅投资	-5.3	7.4	-0.2	-10.3	-7.0	-3.8	1.3	13.3	9.0	6.6
建筑	-12.5	-8.0	4.4	-13.7	-19.9	-20.0	-18.7	-5.6	-2.6	-2.6
设备	-8.3	13.1	-7.7	-18.0	-7.1	-0.3	9.4	26.0	12.1	6.5
知识产权产品	2.8	10.0	5.9	1.2	1.7	2.5	5.3	11.6	11.8	11.5
住宅投资	6.8	9.2	7.0	-3.3	7.7	15.7	13.9	21.1	5.5	-1.5
库存变动	…	…	…	…	…	…	…	…	…	…
净出口	…	…	…	…	…	…	…	…	…	…
出口	-13.6	4.5	-4.8	-23.8	-14.9	-10.7	-7.4	18.6	4.9	4.9
货物	-10.2	7.6	-2.4	-24.0	-9.9	-4.5	-3.6	27.2	5.8	5.3
服务	-19.8	-1.5	-9.3	-23.9	-24.0	-22.0	-14.6	3.4	3.2	4.0
进口	-8.9	14.0	-5.4	-22.1	-8.3	0.3	6.2	30.6	12.6	9.6
货物	-5.6	14.6	-4.8	-19.6	-3.6	5.7	10.5	32.3	10.6	8.1
服务	-22.6	11.5	-8.3	-32.4	-28.0	-21.3	-12.4	22.5	23.7	17.9
政府消费支出和投资	2.5	0.5	3.4	3.2	2.1	1.2	1.3	-0.1	0.6	0.1
联邦政府	5.0	0.6	4.6	7.3	4.9	3.1	5.3	-0.9	-0.8	-1.1
国防	2.9	-0.9	3.5	3.2	2.5	2.3	1.0	0.0	-0.9	-3.7
其他	8.1	2.8	6.3	13.3	8.4	4.4	11.7	-1.9	-0.6	2.8
州及地方政府	0.9	0.4	2.7	0.6	0.4	0.0	-1.1	0.3	1.5	0.8
备注										
国内总收入	-2.9	7.2	1.0	-8.7	-3.8	-0.2	1.6	13.3	9.0	5.5

资料来源：美国商务部经济分析局。

2.1.03 美国国内生产总值构成对经济增长的拉动

单位:百分点

指　　标	2020 年	2021 年	2020 年				2021 年			
			一季度	二季度	三季度	四季度	一季度	二季度	三季度	四季度
国内生产总值	**-3.4**	**5.7**	**-5.1**	**-31.2**	**33.8**	**4.5**	**6.3**	**6.7**	**2.3**	**6.9**
个人消费支出	-2.55	5.27	-4.79	-24.10	25.51	2.26	7.44	7.92	1.35	1.76
消费品	0.96	2.69	0.04	-1.89	9.92	-0.07	5.69	2.99	-2.21	0.28
耐用消费品	0.54	1.39	-0.89	0.01	5.49	0.10	3.50	1.01	-2.52	0.22
非耐用消费品	0.42	1.31	0.93	-1.90	4.43	-0.17	2.19	1.98	0.30	0.06
服务	-3.52	2.58	-4.83	-22.21	15.59	2.34	1.75	4.93	3.57	1.48
私人投资总额	-0.99	1.72	-0.92	-9.64	11.71	4.01	-0.37	-0.65	2.05	5.82
固定资产投资	-0.47	1.37	-0.41	-5.63	4.88	2.92	2.25	0.61	-0.16	0.50
非住宅投资	-0.73	0.97	-1.14	-4.28	2.72	1.57	1.65	1.21	0.22	0.40
建筑	-0.39	-0.23	-0.02	-1.77	-0.46	-0.22	0.14	-0.08	-0.11	-0.22
设备	-0.48	0.69	-1.30	-1.99	2.73	1.29	0.75	0.66	-0.13	0.17
知识产权产品	0.14	0.51	0.18	-0.51	0.45	0.50	0.76	0.62	0.46	0.45
住宅投资	0.26	0.39	0.73	-1.36	2.16	1.34	0.60	-0.60	-0.38	0.10
库存变动	-0.52	0.35	-0.51	-4.01	6.84	1.10	-2.62	-1.26	2.20	5.32
净出口	-0.29	-1.40	-0.05	1.53	-3.25	-1.65	-1.56	-0.18	-1.26	-0.23
出口	-1.57	0.47	-1.95	-8.34	4.64	2.07	-0.30	0.80	-0.59	2.24
货物	-0.76	0.52	-0.32	-6.24	4.75	1.59	-0.10	0.48	-0.39	1.64
服务	-0.81	-0.05	-1.63	-2.09	-0.11	0.49	-0.20	0.32	-0.19	0.59
进口	1.28	-1.88	1.90	9.87	-7.89	-3.73	-1.26	-0.99	-0.68	-2.46
货物	0.65	-1.61	0.85	7.27	-7.37	-3.04	-1.21	-0.51	0.04	-2.16
服务	0.63	-0.26	1.05	2.59	-0.52	-0.69	-0.05	-0.48	-0.72	-0.31
政府消费支出和投资	0.43	0.09	0.63	0.97	-0.19	-0.09	0.77	-0.36	0.17	-0.46
联邦政府	0.33	0.04	0.16	1.42	-0.32	-0.22	0.78	-0.38	-0.35	-0.29
国防	0.11	-0.04	-0.03	0.16	0.11	0.22	-0.25	-0.04	-0.07	-0.24
其他	0.21	0.08	0.20	1.26	-0.43	-0.44	1.02	-0.34	-0.29	-0.05
州及地方政府	0.10	0.04	0.47	-0.45	0.13	0.14	-0.01	0.02	0.52	-0.17

注:季度数据为经季节调整后折合年率的环比增长速度。

资料来源:美国商务部经济分析局。

2.1.04 美国工业生产指数和工业生产能力利用率

年份	月份	工业生产指数（2012 年=100）	制造业	工业生产能力利用率（%）	制造业
2013 年		**99.3**	**99.6**	**77.2**	**75.0**
2014 年		**102.3**	**100.7**	**78.6**	**76.1**
2015 年		**100.9**	**100.2**	**77.0**	**76.4**
2016 年		**98.7**	**99.4**	**75.2**	**75.5**
2017 年		**100.0**	**100.0**	**76.5**	**76.4**
2018 年		**103.2**	**101.3**	**79.2**	**77.9**
2019 年		**102.3**	**99.3**	**77.4**	**76.0**
2020 年		**95.0**	**92.7**	**71.6**	**71.4**
	1 月	100.8	96.8	76.1	75.6
	2 月	101.4	98.5	76.3	75.7
	3 月	97.5	94.9	73.4	72.4
	4 月	82.1	78.8	63.4	61.0
	5 月	84.7	83.2	64.7	63.9
	6 月	92.6	91.0	68.7	68.6
	7 月	94.8	91.0	71.5	71.5
	8 月	98.2	95.7	72.3	72.6
	9 月	95.7	94.5	72.1	72.6
	10 月	96.7	96.9	72.9	73.7
	11 月	96.7	96.1	73.3	74.2
	12 月	98.3	95.5	74.1	74.7
2021 年		**100.3**	**98.7**	**75.4**	**76.0**
	1 月	99.6	96.4	75.0	75.8
	2 月	96.8	94.4	72.7	72.9
	3 月	99.4	98.5	74.8	75.4
	4 月	97.8	97.8	74.8	75.3
	5 月	98.8	98.6	75.3	76.0
	6 月	101.8	100.4	75.7	75.9
	7 月	101.1	98.1	76.2	77.0
	8 月	103.2	100.5	76.1	76.4
	9 月	99.9	98.6	75.1	75.7
	10 月	101.2	101.1	76.1	77.0
	11 月	101.8	100.6	76.6	77.5
	12 月	101.6	99.0	76.3	77.4

资料来源：美国联邦储备委员会。

2.1.05 美国劳动生产率变化

（2012 年=100）

年度 季度	非农产业		制造业		商 业	
	劳动生产率	单位工作产出	劳动生产率	单位工作产出	劳动生产率	单位工作产出
2013 年	**100.5**	**100.4**	**101.1**	**101.3**	**101.4**	**100.7**
2014 年	**101.4**	**101.2**	**100.7**	**101.1**	**102.5**	**101.5**
2015 年	**102.3**	**102.3**	**98.8**	**98.9**	**102.9**	**102.5**
2016 年	**102.7**	**102.3**	**98.6**	**98.8**	**103.5**	**102.5**
2017 年	**103.8**	**103.4**	**97.4**	**97.7**	**104.0**	**103.6**
2018 年	**105.3**	**105.0**	**97.4**	**97.8**	**105.7**	**105.3**
1 季度	104.9	104.5	97.3	97.6	105.2	104.8
2 季度	105.3	105.0	97.7	98.4	105.7	105.4
3 季度	105.6	105.4	97.5	98.3	105.9	105.6
4 季度	105.6	105.2	96.9	97.1	105.9	105.4
2019 年	**107.5**	**106.6**	**96.0**	**95.2**	**107.7**	**106.8**
1 季度	106.5	105.8	96.8	96.1	106.8	106.1
2 季度	107.5	106.6	96.0	95.5	107.7	106.9
3 季度	107.8	106.9	95.7	94.7	108.0	107.1
4 季度	108.2	107.2	95.4	94.5	108.4	107.4
2020 年	**110.1**	**109.0**	**96.2**	**93.7**	**110.4**	**109.4**
1 季度	107.5	106.1	95.8	94.1	107.9	106.4
2 季度	110.1	108.0	93.2	88.0	110.3	108.1
3 季度	111.8	111.1	97.6	95.8	112.2	111.6
4 季度	111.0	111.0	98.3	96.8	111.2	111.3
2021 年	**112.1**	**112.4**	**99.4**	**98.4**	**112.4**	**112.7**
1 季度	111.6	112.0	98.0	97.6	111.8	112.3
2 季度	112.5	112.8	100.2	98.9	112.7	113.1
3 季度	111.3	111.9	99.6	98.5	111.6	112.1
4 季度	113.1	113.0	99.6	98.5	113.4	113.3

资料来源：美国劳工统计局。

2.1.06 美国就业率和失业率

年份	月份	就业率（%）	失业率（%）
2013 年		**58.6**	**7.4**
2014 年		**59.0**	**6.2**
2015 年		**59.3**	**5.3**
2016 年		**59.7**	**4.9**
2017 年		**60.1**	**4.4**
2018 年		**60.4**	**3.9**
2019 年		**60.8**	**3.7**
2020 年		**56.8**	**8.1**
	1 月	61.1	3.5
	2 月	61.2	3.5
	3 月	59.9	4.4
	4 月	51.3	14.7
	5 月	52.8	13.2
	6 月	54.7	11.0
	7 月	55.2	10.2
	8 月	56.5	8.4
	9 月	56.6	7.9
	10 月	57.4	6.9
	11 月	57.4	6.7
	12 月	57.4	6.7
2021 年		**58.4**	**5.4**
	1 月	57.5	6.4
	2 月	57.6	6.2
	3 月	57.8	6.0
	4 月	57.9	6.0
	5 月	58.0	5.8
	6 月	58.0	5.9
	7 月	58.4	5.4
	8 月	58.5	5.2
	9 月	58.8	4.7
	10 月	58.9	4.6
	11 月	59.3	4.2
	12 月	59.5	3.9

注：数据经季节调整。

资料来源：美国劳工统计局。

2.1.07 美国价格涨跌率

单位:%

年份	月份	消费价格涨跌率		核心消费价格涨跌率①		生产价格涨跌率	
		环比	同比	环比	同比	环比	同比
2013年			**1.5**		**1.8**		**1.4**
2014年			**1.6**		**1.7**		**1.6**
2015年			**0.1**		**1.8**		**-0.9**
2016年			**1.3**		**2.2**		**0.4**
2017年			**2.1**		**1.8**		**2.3**
2018年			**2.4**		**2.1**		**2.9**
2019年			**1.8**		**2.2**		**1.7**
2020年			**1.2**		**1.7**		**0.2**
	1月	0.2	2.5	0.3	2.3	0.3	2.0
	2月	0.1	2.3	0.2	2.4	-0.6	1.1
	3月	-0.3	1.5	-0.1	2.1	-0.4	0.3
	4月	-0.8	0.3	-0.4	1.4	-1.3	-1.5
	5月	-0.1	0.1	-0.1	1.2	0.5	-1.1
	6月	0.5	0.6	0.2	1.2	0.3	-0.7
	7月	0.5	1.0	0.6	1.6	0.6	-0.3
	8月	0.4	1.3	0.4	1.7	0.2	-0.3
	9月	0.2	1.4	0.2	1.7	0.3	0.3
	10月	0.1	1.2	0.1	1.6	0.6	0.6
	11月	0.1	1.2	0.2	1.6	0.0	0.8
	12月	0.3	1.4	0.1	1.6	0.3	0.8
2021年			**4.7**		**3.6**		**7.0**
	1月	0.2	1.4	0.0	1.4	1.2	1.6
	2月	0.4	1.7	0.2	1.3	0.7	3.0
	3月	0.6	2.6	0.3	1.6	0.7	4.1
	4月	0.6	4.2	0.9	3.0	1.0	6.5
	5月	0.7	5.0	0.7	3.8	1.0	7.0
	6月	0.9	5.4	0.8	4.5	0.8	7.6
	7月	0.5	5.4	0.3	4.3	0.9	8.0
	8月	0.3	5.3	0.2	4.0	0.9	8.7
	9月	0.4	5.4	0.3	4.0	0.5	8.8
	10月	0.9	6.2	0.6	4.6	0.7	8.9
	11月	0.7	6.8	0.5	4.9	0.9	9.9
	12月	0.6	7.0	0.6	5.5	0.4	9.9

注:①为不包括食品和能源的消费者价格。

资料来源:美国劳工统计局。

2.1.08 美国进出口贸易

单位：亿美元

年份	月份	进出口额	出口额	进口额	出口额减进口额
2013 年		**50533.6**	**22869.8**	**27663.8**	**-4793.9**
2014 年		**52648.5**	**23774.1**	**28874.5**	**-5100.4**
2015 年		**50635.0**	**22686.5**	**27948.5**	**-5262.0**
2016 年		**49704.7**	**22321.1**	**27383.6**	**-5062.5**
2017 年		**53074.5**	**23837.6**	**29236.9**	**-5399.3**
2018 年		**56632.1**	**25335.1**	**31297.0**	**-5961.9**
2019 年		**56357.2**	**25197.3**	**31159.9**	**-5962.6**
2020 年		**48980.1**	**21234.1**	**27746.0**	**-6511.9**
	1 月	4556.3	2050.9	2505.4	-454.5
	2 月	4512.8	2048.2	2464.6	-416.4
	3 月	4221.4	1874.9	2346.5	-471.6
	4 月	3531.1	1500.7	2030.3	-529.6
	5 月	3471.3	1461.1	2010.2	-549.2
	6 月	3682.9	1588.1	2094.8	-506.8
	7 月	4025.6	1709.1	2316.5	-607.4
	8 月	4123.1	1742.9	2380.2	-637.3
	9 月	4187.5	1780.6	2406.9	-626.3
	10 月	4291.4	1827.3	2464.1	-636.8
	11 月	4376.8	1851.9	2524.9	-673.1
	12 月	4475.6	1908.8	2566.8	-658.0
2021 年		**58757.4**	**24799.5**	**33958.0**	**-9158.5**
	1 月	4541.9	1945.3	2596.5	-651.2
	2 月	4488.1	1906.3	2581.8	-675.5
	3 月	4821.1	2053.6	2767.5	-714.0
	4 月	4809.0	2077.4	2731.7	-654.3
	5 月	4867.3	2097.2	2770.2	-673.0
	6 月	4940.9	2109.3	2831.6	-722.3
	7 月	4964.8	2133.9	2831.0	-697.1
	8 月	5015.2	2145.0	2870.2	-725.2
	9 月	4971.8	2080.1	2891.7	-811.6
	10 月	5164.5	2247.5	2917.0	-669.5
	11 月	5301.9	2250.6	3051.3	-800.7
	12 月	5386.5	2283.5	3103.0	-819.6

注：包括货物和服务贸易。

资料来源：美国商务部普查局。

2.1.09 美国外国直接投资

单位：亿美元

年份 季度	流入	流出	流入减流出
2013 年	**2013.9**	**3034.3**	**-1020.4**
2014 年	**2017.3**	**3330.1**	**-1313.0**
2015 年	**4676.3**	**2643.6**	**2033.0**
2016 年	**4594.2**	**2844.7**	**1749.5**
2017 年	**3089.6**	**3277.8**	**-188.2**
1 季度	833.0	1161.5	-328.5
2 季度	776.5	762.8	13.7
3 季度	732.5	1036.2	-303.6
4 季度	610.9	317.4	293.5
2018 年	**2032.3**	**-1574.1**	**3606.4**
1 季度	437.9	-612.8	1050.7
2 季度	-40.6	-1128.4	1087.8
3 季度	1041.3	488.5	552.9
4 季度	773.5	-874.8	1648.4
2019 年	**2251.1**	**286.0**	**1965.1**
1 季度	629.0	-464.5	1093.5
2 季度	613.1	570.9	42.2
3 季度	456.3	-140.8	597.1
4 季度	552.7	320.4	232.3
2020 年	**1508.3**	**2349.2**	**-840.9**
1 季度	228.6	92.9	135.8
2 季度	198.4	1395.7	-1197.3
3 季度	372.6	518.9	-146.3
4 季度	708.6	341.8	366.9
2021 年	**3673.8**	**4031.0**	**-357.3**
1 季度	702.9	933.5	-230.6
2 季度	537.5	1374.0	-836.5
3 季度	1245.9	562.0	683.9
4 季度	1187.5	1161.6	25.9

资料来源：美国商务部经济分析局。

2.1.10 美国预警指标和景气指标

年份 月份	先行指标	消费者信心指数	制造业采购经理人指数	服务业采购经理人指数
2018 年				
1 月	108.1	124.3	55.5	53.3
2 月	108.5	130.0	55.3	55.9
3 月	108.9	127.0	55.6	54.0
4 月	109.5	125.6	56.5	54.6
5 月	109.6	128.8	56.4	56.8
6 月	110.2	127.1	55.4	56.5
7 月	110.9	127.9	55.3	56.0
8 月	111.3	134.7	54.7	54.8
9 月	111.9	135.3	55.6	53.5
10 月	111.3	137.9	55.7	54.8
11 月	111.4	136.4	55.3	54.7
12 月	111.4	126.6	53.8	54.4
2019 年				
1 月	111.4	121.7	54.9	54.2
2 月	111.5	131.4	53.0	56.0
3 月	111.7	124.2	52.4	55.3
4 月	111.9	129.2	52.6	53.0
5 月	111.7	131.3	50.5	50.9
6 月	111.8	124.3	50.6	51.5
7 月	112.2	135.8	50.4	53.0
8 月	112.0	134.2	50.3	50.7
9 月	111.6	126.3	51.1	50.9
10 月	111.5	126.1	51.3	50.6
11 月	111.6	126.8	52.6	51.6
12 月	111.3	128.2	52.4	52.8
2020 年				
1 月	112.0	130.4	51.9	53.4
2 月	111.8	132.6	50.7	49.4
3 月	103.1	120.0	48.5	39.8
4 月	96.8	85.7	36.1	26.7
5 月	100.0	85.9	39.8	37.5
6 月	102.0	98.3	49.8	47.9
7 月	105.2	91.7	50.9	50.0
8 月	106.8	86.3	53.1	55.0
9 月	107.5	101.8	53.2	54.6
10 月	108.2	101.4	53.4	56.9
11 月	109.1	92.9	56.7	58.4
12 月	109.5	87.1	57.1	54.8
2021 年				
1 月	110.3	88.9	59.2	58.3
2 月	110.5	90.4	58.6	59.8
3 月	111.5	109.7	59.1	60.4
4 月	113.4	117.0	60.5	64.7
5 月	114.8	117.5	62.1	70.4
6 月	115.6	128.9	62.1	64.6
7 月	116.5	125.1	63.4	59.9
8 月	117.5	115.2	61.1	55.1
9 月	117.2	109.8	60.7	54.9
10 月	118.2	113.8	58.4	58.7
11 月	119.1	111.9	58.3	58.0
12 月	112.0	115.8	57.7	57.6

注:2017 年 9 月起,先行指标由 2010 年为 100 改为 2016 年为 100。
资料来源:世界大型企业联合会(Conference Board)和 Markit 公司。

2.1.11 美国财政指标

单位:亿美元

年份 月份	收入		支出		收入减支出
	总额	同比增长(%)	总额	同比增长(%)	
2013 财年	**27751.1**	**13.3**	**34548.8**	**-2.0**	**-6797.8**
2014 财年	**30214.9**	**8.9**	**35062.8**	**1.5**	**-4847.9**
2015 财年	**32498.9**	**7.6**	**36918.5**	**5.3**	**-4419.6**
2016 财年	**32679.7**	**0.6**	**38526.2**	**4.4**	**-5846.5**
2017 财年	**33161.8**	**1.5**	**39816.3**	**3.3**	**-6654.5**
2018 财年	**33299.1**	**0.4**	**41090.4**	**3.2**	**-7791.4**
2019 财年	**34628.0**	**4.0**	**44469.6**	**8.2**	**-9841.6**
2020 财年	**34199.6**	**-1.2**	**65518.7**	**47.3**	**-31319.2**
10 月	2455.2	-2.8	3799.9	7.6	1344.7
11 月	2251.9	9.3	4340.2	5.6	2088.4
12 月	3358.1	7.4	3490.9	7.0	132.9
1 月	3722.9	9.5	4048.8	22.2	326.0
2 月	1879.5	12.4	4232.3	5.5	2352.8
3 月	2367.7	3.5	3557.5	-5.3	1189.9
4 月	2418.6	-54.8	9798.9	161.1	7380.2
5 月	1738.6	-25.1	5726.1	30.2	3987.5
6 月	2408.3	-27.9	11049.0	222.7	8640.7
7 月	5635.0	124.2	6264.9	68.8	629.9
8 月	2232.2	-2.1	4232.3	-1.2	2000.1
9 月	3731.7	-0.2	4977.8	70.9	1246.1
2021 财年	**40459.8**	**18.3**	**68182.3**	**4.1**	**27722.5**
10 月	2377.0	-3.2	5217.7	37.3	2840.7
11 月	2195.5	-2.5	3648.2	-15.9	1452.7
12 月	3461.2	3.1	4896.8	40.3	1435.6
1 月	3846.5	3.3	5474.8	35.2	1628.3
2 月	2483.1	32.1	5592.4	32.1	3109.2
3 月	2676.1	13.0	9272.2	160.6	6596.0
4 月	4391.9	81.6	6647.7	-32.2	2255.8
5 月	4637.5	166.7	5957.0	4.0	1319.5
6 月	4492.0	86.5	6233.6	-43.6	1741.6
7 月	2620.0	-53.5	5640.5	-10.0	3020.5
8 月	2683.8	20.2	4390.1	3.7	1706.4
9 月	4595.2	23.1	5211.4	4.7	616.2

注:美国财年是按上年 10 月至当年 9 月计算的,所列月份为日历月份。

资料来源:美国财政部。

2.1.12 美国联邦基金利率和贴现率

单位:%

年份	日 期	联邦基金利率	贴现率
2008 年			
	1 月 22 日	3.50	4.00
	1 月 30 日	3.00	3.50
	3 月 16 日	3.00	3.25
	3 月 18 日	2.25	2.50
	4 月 30 日	2.00	2.25
	10 月 8 日	1.50	1.75
	10 月 29 日	1.00	1.25
	12 月 16 日	0-0.25	0.50
2010 年			
	2 月 19 日	0-0.25	0.75
2015 年			
	12 月 16 日	0.25-0.5	1.00
2016 年			
	12 月 14 日	0.50-0.75	1.25
2017 年			
	3 月 15 日	0.75-1.00	1.50
	6 月 14 日	1.00-1.25	1.75
	12 月 13 日	1.25-1.50	2.00
2018 年			
	3 月 21 日	1.50-1.75	2.25
	6 月 13 日	1.75-2.00	2.50
	9 月 26 日	2.00-2.25	2.75
	12 月 19 日	2.25-2.50	3.00
2019 年			
	7 月 31 日	2.00-2.25	2.75
	9 月 18 日	1.75-2.00	2.50
	10 月 30 日	1.50-1.75	2.25
2020 年			
	3 月 3 日	1.00-1.25	1.75
	3 月 15 日	0.00-0.25	0.25
2021 年			
	3 月 16 日	0.25-0.50	0.50

资料来源:美国联邦储备委员会。

2.2.01 欧元区国内生产总值及其构成增长率(环比)

单位:%

	2020 年	2021 年	2020 年				2021 年			
			一季度	二季度	三季度	四季度	一季度	二季度	三季度	四季度
国内生产总值	**−6.4**	**5.3**	**−3.5**	**−11.6**	**12.6**	**−0.3**	**−0.1**	**2.2**	**2.3**	**0.3**
按需求构成分类										
国内需求										
私人消费支出	−7.9	3.5	−4.3	−12.7	14.1	−3.0	−2.3	3.9	4.5	−0.6
政府消费支出	1.1	3.8	−0.2	−2.8	5.5	0.6	−0.5	2.3	0.3	0.5
固定资本形成	−7.0	4.3	−4.4	−19.6	14.1	2.5	0.1	1.3	−0.9	3.5
国外需求										
出口	−9.1	10.9	−3.6	−18.7	16.4	4.5	1.3	2.8	1.7	2.9
进口	−9.0	8.7	−2.8	−20.1	11.7	4.5	1.2	3.1	1.4	4.6
按产业构成分类										
农业、林业、渔业	−0.1	−1.7	−2.0	0.2	1.2	1.0	−3.6	0.8	−0.7	1.4
工业(除建筑业)	−6.8	7.8	−3.6	−14.7	16.0	3.7	1.0	0.5	0.4	0.0
制造业	−7.3	8.5	−3.9	−16.1	17.6	4.2	1.1	0.3	0.6	−0.2
建筑业	−5.3	5.0	−2.3	−13.6	15.5	2.0	−1.2	1.8	−0.8	1.1
贸易零售、交通、旅馆、餐饮	−13.7	7.5	−6.1	−21.9	23.3	−3.5	−0.9	4.4	7.3	0.2
信息、通信	1.2	6.6	−0.4	−5.1	8.1	−1.2	2.1	1.7	1.5	2.8
金融及保险	−0.8	2.0	−1.0	−2.6	3.5	−0.2	1.0	0.5	−0.4	0.2
房地产	−0.8	1.7	−0.8	−2.5	3.2	−0.3	0.0	0.8	0.7	0.1
专业技术服务	−7.9	6.7	−3.0	−14.5	11.9	1.6	0.6	1.8	3.1	1.1
公共管理和其他公共服务	−3.0	3.6	−2.2	−6.7	9.4	−1.5	0.1	1.8	1.6	−1.1
艺术、娱乐及其他服务	−17.1	2.6	−7.1	−23.3	24.0	−11.7	−0.5	5.7	11.1	−3.3

注:本表为经季节调整后的数据。

资料来源:欧盟统计局。

2.2.02 欧元区国内生产总值及其构成增长率(同比)

单位:%

指标	2020 年	2021 年	2020 年				2021 年			
			一季度	二季度	三季度	四季度	一季度	二季度	三季度	四季度
国内生产总值	**−6.4**	**5.3**	**−3.1**	**−14.5**	**−4.0**	**−4.4**	**−1.1**	**14.4**	**3.9**	**4.6**
按需求构成分类										
国内需求										
私人消费支出	−7.9	3.5	−3.6	−16.1	−4.6	−7.5	−5.6	12.3	2.9	5.4
政府消费支出	1.1	3.8	0.9	−2.2	2.6	3.0	2.6	7.9	2.6	2.5
固定资本形成	−7.0	4.3	6.4	−20.3	−3.9	−10.1	−5.9	18.6	3.0	4.0
国外需求										
出口	−9.1	10.9	−3.0	−21.1	−8.8	−4.7	0.1	26.7	10.6	9.0
进口	−9.0	8.7	2.8	−20.6	−9.4	−9.3	−5.6	21.8	10.6	10.7
按产业构成分类										
农业、林业、渔业	−0.1	−1.7	−0.9	−0.4	0.2	0.4	−1.3	−0.7	−2.6	−2.2
工业(除建筑业)	−6.8	7.8	−4.3	−18.2	−5.1	−1.1	3.6	22.0	5.7	1.9
制造业	−7.3	8.5	−4.1	−19.7	−5.7	−1.2	4.0	24.3	6.4	1.8
建筑业	−5.3	5.0	−2.9	−15.7	−3.2	−0.6	0.6	18.5	1.7	0.9
贸易零售、交通、旅馆、餐饮	−13.7	7.5	−6.3	−26.8	−9.8	−12.8	−7.9	23.1	7.1	11.3
信息、通信	1.2	6.6	3.5	−3.9	3.1	1.0	3.5	10.9	4.1	8.3
金融及保险	−0.8	2.0	0.0	−3.0	0.3	−0.5	1.5	4.7	0.8	1.2
房地产	−0.8	1.7	0.1	−2.7	−0.1	−0.5	0.3	3.7	1.2	1.6
专业技术服务	−7.9	6.7	−2.3	−16.8	−7.1	−5.7	−2.3	16.4	7.2	6.8
公共管理和其他公共服务	−3.0	3.6	−2.0	−8.6	0.0	−1.6	0.7	9.8	1.9	2.4
艺术、娱乐及其他服务	−17.1	2.6	−6.6	−28.5	−11.6	−21.9	−16.4	15.1	3.2	12.9

注:本表为经季节调整后的数据。

资料来源:欧盟统计局。

2.2.03 欧元区国内生产总值构成对经济增长的拉动

单位：百分点

	2020 年	2021 年	2020 年				2021 年			
			一季度	二季度	三季度	四季度	一季度	二季度	三季度	四季度
国内生产总值	**-6.36**	**5.34**	**-3.52**	**-11.63**	**12.64**	**-0.32**	**-0.13**	**2.21**	**2.25**	**0.26**
按需求构成分类										
国内需求										
私人消费支出	-4.19	1.79	-2.30	-6.72	7.36	-1.58	-1.17	1.94	2.26	-0.30
政府消费支出	0.22	0.86	-0.03	-0.59	1.28	0.13	-0.12	0.51	0.06	0.10
固定资本形成	-1.55	0.94	-1.02	-4.55	2.97	0.54	0.03	0.28	-0.21	0.75
国外需求										
出口	-4.36	4.94	-1.73	-9.03	7.30	2.05	0.55	1.34	0.82	1.37
进口	4.02	-3.63	1.30	9.35	-4.91	-1.88	-0.49	-1.32	-0.61	-1.96
按产业构成分类										
农业、林业、渔业	0.00	-0.03	-0.03	0.00	0.02	0.02	-0.06	0.01	-0.01	0.02
工业(除建筑业)	-1.19	1.34	-0.64	-2.57	2.70	0.64	0.17	0.08	0.08	0.00
制造业	-1.07	1.23	-0.57	-2.37	2.45	0.62	0.16	0.05	0.09	-0.03
建筑业	-0.25	0.24	-0.11	-0.64	0.71	0.09	-0.05	0.09	-0.04	0.05
贸易零售、交通、旅馆、餐饮	-2.34	1.18	-1.04	-3.61	3.40	-0.56	-0.14	0.68	1.15	0.04
信息、通信	0.05	0.32	-0.02	-0.23	0.41	-0.06	0.10	0.08	0.07	0.13
金融及保险	-0.03	0.08	-0.04	-0.11	0.16	-0.01	0.04	0.02	-0.02	0.01
房地产	-0.08	0.18	-0.08	-0.26	0.37	-0.03	0.00	0.09	0.07	0.01
专业技术服务	-0.82	0.68	-0.31	-1.53	1.21	0.16	0.06	0.18	0.32	0.12
公共管理和其他公共服务	-0.51	0.65	-0.37	-1.14	1.70	-0.27	0.01	0.32	0.28	-0.19
艺术、娱乐及其他服务	-0.53	0.07	-0.22	-0.69	0.62	-0.33	-0.02	0.15	0.30	-0.10

注：季度数据为经季节调整后的环比增长率。

资料来源：欧盟统计局。

2.2.04 欧元区工业生产指标

单位:%

年份	月份	工业生产增长速度	制造业增长速度	制造业生产能力利用率
2015年		**2.6**	**2.9**	**81.2**
2016年		**1.8**	**1.9**	**81.6**
2017年		**2.8**	**3.2**	**83.2**
2018年		**0.8**	**1.0**	**83.7**
2019年		**-1.0**	**-1.0**	**81.9**
2020年		**-8.0**	**-8.5**	**73.9**
	1月	-1.6	-1.0	
	2月	-1.8	-1.8	
	3月	-13.0	-14.0	80.8
	4月	-28.1	-29.8	
	5月	-19.3	-20.7	
	6月	-11.0	-11.7	68.1
	7月	-6.0	-6.3	
	8月	-6.5	-7.2	
	9月	-5.8	-6.3	72.1
	10月	-3.9	-4.6	
	11月	1.0	1.5	
	12月	1.7	1.9	76.8
2021年		**7.8**	**8.5**	**81.7**
	1月	2.4	2.4	
	2月	-0.5	-0.5	
	3月	12.6	13.7	79.8
	4月	40.6	44.2	
	5月	21.3	23.5	
	6月	10.8	11.9	82.6
	7月	8.4	9.4	
	8月	5.6	6.7	
	9月	4.0	4.5	82.4
	10月	0.1	0.3	
	11月	-1.4	-1.9	
	12月	1.6	1.7	82.0

注:工业生产增长速度按同比计算。

资料来源:欧盟统计局数据库和欧洲央行统计月报。

2.2.05 欧元区劳动力市场

单位:%

年份	月份	失业率	男	女	劳动生产率增长率
2015年		**10.9**	**10.8**	**11.1**	**1.1**
2016年		**10.1**	**9.8**	**10.4**	**0.4**
2017年		**9.1**	**8.8**	**9.5**	**1.0**
2018年		**8.2**	**7.9**	**8.6**	**0.2**
2019年		**7.6**	**7.3**	**8.0**	**0.3**
2020年		**8.0**	**7.7**	**8.3**	**-4.9**
	1月	7.5	7.1	7.9	
	2月	7.4	7.1	7.8	
	3月	7.2	7.0	7.5	-3.4
	4月	7.4	7.3	7.5	
	5月	7.6	7.5	7.8	
	6月	8.0	7.8	8.3	-12.2
	7月	8.5	8.2	8.8	
	8月	8.6	8.3	9.0	
	9月	8.6	8.2	9.1	-2.0
	10月	8.4	8.0	8.8	
	11月	8.2	7.9	8.6	
	12月	8.2	7.9	8.6	-2.1
2021年		**7.7**	**7.4**	**8.1**	**4.2**
	1月	8.2	8.0	8.5	
	2月	8.2	7.9	8.5	
	3月	8.1	7.7	8.6	0.7
	4月	8.2	7.7	8.7	
	5月	8.0	7.6	8.5	
	6月	7.9	7.4	8.4	12.7
	7月	7.7	7.3	8.1	
	8月	7.5	7.2	7.9	
	9月	7.4	7.1	7.7	1.9
	10月	7.3	7.0	7.6	
	11月	7.1	6.8	7.5	
	12月	7.0	6.7	7.3	2.2

注:除年度数据以外,劳动生产率增长率为该月份所在季度数据的同比增长率。

资料来源:欧盟统计局。

2.2.06 欧元区价格涨跌率

单位:%

年度 月度	消费者价格涨跌率		核心 CPI①		生产者价格涨跌率	
	环比	同比	环比	同比	环比	同比
2015 年		**0.2**		**1.1**		**-2.6**
2016 年		**0.2**		**0.8**		**-2.2**
2017 年		**1.5**		**1.0**		**3.1**
2018 年		**1.8**		**1.0**		**3.3**
2019 年		**1.2**		**1.0**		**0.6**
2020 年		**0.3**		**0.7**		**-2.6**
1 月	-1.0	1.4	-1.7	1.1	0.2	-0.8
2 月	0.2	1.2	0.4	1.2	-0.7	-1.4
3 月	0.5	0.7	1.1	1.0	-1.5	-2.8
4 月	0.3	0.3	0.7	0.9	-2.1	-4.6
5 月	-0.1	0.1	0.0	0.9	-0.6	-5.0
6 月	0.3	0.3	0.3	0.8	0.8	-3.7
7 月	-0.4	0.4	-0.3	1.2	0.7	-3.2
8 月	-0.4	-0.2	-0.6	0.4	0.1	-2.6
9 月	0.1	-0.3	0.2	0.2	0.4	-2.3
10 月	0.2	-0.3	0.1	0.2	0.4	-2.0
11 月	-0.3	-0.3	-0.5	0.2	0.3	-2.0
12 月	0.3	-0.3	0.4	0.2	0.9	-1.1
2021 年		**2.6**		**1.5**		**12.3**
1 月	0.2	0.9	-0.5	1.4	1.7	0.4
2 月	0.2	0.9	0.1	1.1	0.5	1.5
3 月	0.9	1.3	1.0	0.9	1.2	4.4
4 月	0.6	1.6	0.5	0.7	0.9	7.6
5 月	0.3	2.0	0.2	1.0	1.3	9.6
6 月	0.3	1.9	0.3	0.9	1.5	10.3
7 月	-0.1	2.2	-0.4	0.7	2.5	12.4
8 月	0.4	3.0	0.3	1.6	1.1	13.5
9 月	0.5	3.4	0.5	1.9	2.7	16.1
10 月	0.8	4.1	0.3	2.0	5.4	21.9
11 月	0.4	4.9	0.0	2.6	1.8	23.7
12 月	0.4	5.0	0.4	2.6	3.0	26.3

注:①不包括未加工食品和能源。

资料来源:欧盟统计局数据库。

2.2.07 欧元区进出口贸易

单位:亿欧元

年度	月度	进出口额	进口额	出口额	出口额减进口额
2015 年		**38433**	**18002**	**20431**	**2429**
2016 年		**38255**	**17766**	**20490**	**2724**
2017 年		**41459**	**19526**	**21933**	**2407**
2018 年		**43751**	**20925**	**22826**	**1900**
2019 年		**44753**	**21273**	**23480**	**2207**
2020 年		**40339**	**19000**	**21339**	**2339**
	1 月	3767	1795	1973	178
	2 月	3726	1738	1988	251
	3 月	3376	1553	1824	271
	4 月	2694	1339	1355	16
	5 月	2867	1389	1479	90
	6 月	3117	1478	1639	162
	7 月	3289	1554	1735	182
	8 月	3323	1559	1764	205
	9 月	3438	1604	1834	230
	10 月	3475	1613	1863	250
	11 月	3542	1652	1890	238
	12 月	3571	1651	1920	269
2021 年		**47403**	**23059**	**24343**	**1284**
	1 月	3550	1636	1914	278
	2 月	3613	1688	1925	237
	3 月	3777	1799	1978	179
	4 月	3833	1852	1981	130
	5 月	3860	1864	1997	133
	6 月	3857	1873	1984	111
	7 月	3912	1892	2020	128
	8 月	3974	1944	2030	87
	9 月	3995	1970	2025	55
	10 月	4137	2065	2073	8
	11 月	4288	2153	2135	-18
	12 月	4340	2219	2122	-97

注:贸易额不包括欧元区各成员国相互之间的贸易额,月度为经季节调整后的数据。

资料来源:欧盟统计局数据库。

2.2.08 欧元区外国直接投资

单位:亿欧元

年度 月度	流 入	流 出	流入减流出
2015 年	**8399**	**10600**	**-2202**
2016 年	**2948**	**4311**	**-1363**
2017 年	**2769**	**3425**	**-656**
2018 年	**-4198**	**-3026**	**-1172**
2019 年	**-737**	**157**	**-894**
2020 年	**1601**	**-149**	**1749**
1 月	-32	-39	7
2 月	25	42	-17
3 月	-590	-498	-92
4 月	256	-58	314
5 月	1697	1199	498
6 月	-136	-539	403
7 月	105	596	-491
8 月	21	165	-144
9 月	-200	-425	226
10 月	-168	251	-419
11 月	803	425	378
12 月	-181	-1267	1086
2021 年	**-1676**	**1073**	**-2748**
1 月	57	567	-510
2 月	-64	323	-387
3 月	-66	125	-191
4 月	165	306	-141
5 月	549	-510	-39
6 月	184	-84	268
7 月	-264	349	-614
8 月	-548	-102	-446
9 月	30	242	-212
10 月	-69	149	-218
11 月	319	422	-103
12 月	-871	-716	-155

注:外国直接投资额不包括欧元区各成员国相互之间的直接投资额。

资料来源:欧洲央行统计月报。

2.2.09 欧元区预警指标和景气指标

年份	月份	先行指标	消费者信心指数	企业家信心指数	制造业采购经理人指数	服务业采购经理人指数
2020年						
	1月	99.1	-7.8	-6.8	47.9	52.5
	2月	98.9	-6.5	-6.0	49.2	52.6
	3月	95.7	-11.5	-10.9	44.5	26.4
	4月	90.4	-22.0	-32.5	33.4	12.0
	5月	92.9	-18.9	-27.4	39.4	30.5
	6月	96.4	-14.6	-21.5	47.4	48.3
	7月	97.2	-14.9	-16.1	51.8	54.7
	8月	97.6	-14.6	-12.7	51.7	50.5
	9月	97.8	-13.6	-11.3	53.7	48.0
	10月	98.0	-15.5	-9.1	54.8	46.9
	11月	98.2	-17.6	-10.0	53.8	41.7
	12月	98.4	-13.8	-6.7	55.2	46.4
2021年						
	1月	98.8	-15.5	-6.1	54.8	45.4
	2月	99.2	-14.9	-3.2	57.9	45.7
	3月	99.7	-10.9	2.0	62.5	49.6
	4月	100.3	-8.1	11.0	62.9	50.5
	5月	100.7	-5.1	11.6	63.1	55.2
	6月	101.0	-3.3	12.9	63.4	58.3
	7月	101.1	-4.4	14.7	62.8	59.8
	8月	101.2	-5.3	13.9	61.4	59.0
	9月	101.1	-4.0	14.2	58.6	56.4
	10月	101.1	-4.9	14.4	58.3	54.6
	11月	101.0	-6.8	14.3	58.4	55.9
	12月	100.9	-8.4	14.6	58.0	53.1

资料来源：OECD数据库、欧盟统计局数据库和Markit公司。

2.2.10 欧元区货币供应量增长速度

单位:%

年度	月度	M1	M2	M3
2015 年		**13.2**	**6.1**	**6.0**
2016 年		**9.0**	**5.1**	**4.9**
2017 年		**8.4**	**4.9**	**4.7**
2018 年		**7.1**	**4.2**	**3.8**
2019 年		**7.7**	**5.5**	**5.2**
2020 年		**12.0**	**8.8**	**8.7**
	1 月	7.9	5.5	5.2
	2 月	8.4	5.8	5.6
	3 月	10.3	7.3	7.3
	4 月	11.7	8.2	8.0
	5 月	12.8	9.3	9.1
	6 月	12.5	9.2	9.1
	7 月	13.6	10.1	10.1
	8 月	13.0	9.4	9.3
	9 月	13.8	10.3	10.3
	10 月	14.2	10.6	10.6
	11 月	14.3	10.7	10.8
	12 月	15.5	11.7	12.2
2021 年		**11.6**	**8.3**	**8.5**
	1 月	16.7	12.4	12.7
	2 月	16.4	12.1	12.3
	3 月	13.5	10.1	10.0
	4 月	12.4	9.2	9.3
	5 月	11.4	8.2	8.4
	6 月	11.6	8.2	8.3
	7 月	11.3	7.9	8.0
	8 月	11.1	7.8	8.1
	9 月	11.2	7.6	7.6
	10 月	10.8	7.5	7.7
	11 月	10.1	7.2	7.4
	12 月	9.9	7.0	7.0

注:M1、M2 和 M3 的增长速度均按同比计算。

资料来源:欧洲央行。

2.2.11　欧洲央行利率

单位:%

年份　　日期	隔夜存款利率	央行基准利率	隔夜贷款利率
2008 年			
11 月 12 日	2.75	3.25	3.75
12 月 10 日	2.00	2.50	3.00
2009 年			
1 月 21 日	1.00	2.00	3.00
3 月 11 日	0.50	1.50	2.50
4 月 8 日	0.25	1.25	2.25
5 月 13 日	0.25	1.00	1.75
2011 年			
4 月 13 日	0.50	1.25	2.00
7 月 13 日	0.75	1.50	2.25
11 月 9 日	0.50	1.25	2.00
12 月 14 日	0.25	1.00	1.75
2012 年			
7 月 11 日	0.00	0.75	1.50
2013 年			
5 月 8 日	0.00	0.50	1.00
11 月 13 日	0.00	0.25	0.75
2014 年			
6 月 11 日	-0.10	0.15	0.40
9 月 10 日	-0.20	0.05	0.30
2015 年			
12 月 3 日	-0.30	0.05	0.30
2016 年			
3 月 10 日	-0.40	0.00	0.25
2019 年			
9 月 12 日	-0.50	0.00	0.25

资料来源:欧洲央行统计月报。

2.3.01 日本国内生产总值及其构成增长率（环比）

单位：%

指　　标	2020年	2021年	2020年				2021年			
			一季度	二季度	三季度	四季度	一季度	二季度	三季度	四季度
国内生产总值	**-4.5**	**1.6**	**0.4**	**-7.9**	**5.3**	**1.9**	**-0.5**	**0.6**	**-0.7**	**1.1**
国内需求	-3.7	0.6	0.6	-5.2	2.6	1.1	-0.4	0.7	-0.8	0.9
个人需求	-5.8	0.5	0.8	-7.3	2.8	1.2	-0.3	1.0	-1.2	1.6
个人消费	-5.2	1.3	0.8	-8.6	5.3	1.6	-0.8	0.7	-1.0	2.4
家庭消费	-5.9	1.1	0.6	-9.1	5.3	1.6	-0.8	0.7	-1.0	2.5
扣除估算租金	-7.0	1.3	0.8	-10.9	6.5	1.9	-1.0	0.9	-1.2	3.0
个人住宅投资	-7.9	-1.9	-4.9	-0.1	-4.7	-0.1	0.9	1.0	-1.6	-1.0
个人企业设备投资	-6.5	-0.7	2.7	-6.9	-0.4	1.2	0.4	2.0	-2.4	0.3
政府需求	2.7	0.9	-0.1	1.0	1.9	0.9	-0.8	-0.1	0.2	-1.0
政府消费	2.3	2.1	0.1	0.4	2.1	0.7	-0.6	0.7	1.1	-0.4
政府投资	3.9	-3.7	-1.0	3.7	1.0	2.2	-1.7	-3.4	-3.0	-3.8
国外需求										
出口	-11.8	11.6	-4.6	-17.8	8.7	10.7	2.2	3.1	-0.3	0.9
进口	-7.2	5.2	-3.6	-1.6	-7.1	5.6	3.0	3.8	-1.0	-0.4
备注										
国内收入	-3.6	0.3	0.6	-7.0	5.1	1.9	-1.1	0.1	-1.5	0.5
收入	-13.0	4.2	-1.9	-13.6	2.1	0.5	4.8	2.8	-2.0	3.9
支付	-17.1	2.9	-7.3	-9.4	1.8	-12.1	10.1	3.6	-1.7	5.7
国民收入	-3.9	0.4	0.6	-7.3	5.0	2.1	-1.0	0.2	-1.6	0.6
固定资本形成总额	-4.6	-1.5	0.8	-3.7	-0.7	1.2	0.0	0.6	-2.4	-0.8

资料来源：日本内阁府。

2. 3. 02 日本国内生产总值及其构成增长率(同比)

单位:%

指标	2020 年	2021 年	2020 年				2021 年			
			一季度	二季度	三季度	四季度	一季度	二季度	三季度	四季度
国内生产总值	**-4.5**	**1.6**	**-1.8**	**-10.1**	**-5.4**	**-0.8**	**-1.8**	**7.3**	**1.2**	**0.4**
国内需求	-3.7	0.6	-1.4	-7.1	-5.2	-1.1	-2.1	4.0	0.6	0.3
个人需求	-5.8	0.5	-2.5	-10.1	-7.9	-2.9	-3.9	4.6	0.7	1.1
个人消费	-5.2	1.3	-2.3	-10.6	-6.7	-1.5	-3.0	6.8	0.5	1.5
家庭消费	-5.9	1.1	-2.5	-11.4	-7.4	-2.1	-3.8	6.8	0.4	1.5
扣除估算租金	-7.0	1.3	-3.1	-13.7	-8.9	-2.5	-4.5	8.3	0.5	1.7
个人住宅投资	-7.9	-1.9	-4.7	-5.8	-11.2	-9.6	-4.0	-2.7	0.1	-0.7
个人企业设备投资	-6.5	-0.7	-2.1	-9.1	-11.6	-3.7	-5.7	3.4	1.0	0.0
政府需求	2.7	0.9	1.7	1.9	3.1	4.0	3.1	2.1	0.3	-1.8
政府消费	2.3	2.1	1.8	1.3	2.7	3.5	2.6	3.0	2.0	0.9
政府投资	3.9	-3.7	0.7	4.9	4.6	5.9	5.1	-1.9	-5.7	-11.6
国外需求										
出口	-11.8	11.6	-4.8	-21.8	-15.3	-5.6	1.0	27.0	16.3	5.9
进口	-7.2	5.2	-2.8	-4.7	-13.9	-7.2	-0.8	5.2	11.8	5.1
备注										
国内收入	-3.6	0.3	-1.6	-8.9	-4.3	0.2	-1.4	6.0	-0.7	-2.1
收入	-13.0	4.2	-2.2	-17.8	-18.1	-13.2	-6.8	10.5	5.7	9.5
支付	-17.1	2.9	-3.9	-16.5	-18.3	-25.2	-10.3	2.2	-1.5	17.8
国民收入	-3.9	0.4	-1.6	-9.2	-4.9	0.2	-1.6	6.3	-0.3	-2.0
固定资本形成总额	-4.6	-1.5	-1.9	-6.0	-8.4	-2.4	-3.2	1.3	-0.6	-3.0

资料来源:日本内阁府。

2.3.03 日本国内生产总值构成对经济增长的拉动

单位:百分点

指标	2020年	2021年	2020年				2021年			
			一季度	二季度	三季度	四季度	一季度	二季度	三季度	四季度
国内生产总值	**−4.5**	**1.6**	**0.4**	**−7.9**	**5.3**	**1.9**	**−0.5**	**0.6**	**−0.7**	**1.1**
国内需求	−3.7	0.6	0.6	−5.2	2.7	1.1	−0.4	0.7	−0.8	0.9
个人需求	−4.4	0.4	0.6	−5.5	2.1	0.9	−0.2	0.7	−0.9	1.2
个人消费	−2.9	0.7	0.4	−4.7	2.9	0.9	−0.4	0.4	−0.5	1.3
家庭消费	−3.1	0.6	0.3	−4.8	2.8	0.8	−0.4	0.4	−0.5	1.3
扣除估算租金	−3.1	0.6	0.3	−4.8	2.8	0.8	−0.4	0.4	−0.5	1.3
个人住宅投资	−0.3	−0.1	−0.2	0.0	−0.2	0.0	0.0	0.0	−0.1	0.0
个人企业设备投资	−1.1	−0.1	0.4	−1.1	−0.1	0.2	0.1	0.3	−0.4	0.1
个人存货变化	−0.1	−0.1	−0.1	0.4	−0.5	−0.2	0.1	0.0	0.1	−0.1
政府需求	0.7	0.2	0.0	0.3	0.5	0.3	−0.2	0.0	0.1	−0.3
政府消费	0.5	0.4	0.0	0.1	0.5	0.2	−0.1	0.2	0.2	−0.1
政府投资	0.2	−0.2	−0.1	0.2	0.1	0.1	−0.1	−0.2	−0.2	−0.2
政府存货变化	0.0	0.0	0.0	0.0	0.0	0.0	0.0	0.0	0.0	0.0
国外需求										
净出口	−0.8	1.0	−0.2	−2.7	2.6	0.7	−0.1	−0.1	0.1	0.2
出口	−2.1	1.8	−0.8	−3.0	1.3	1.7	0.4	0.5	−0.1	0.2
进口	1.3	−0.8	0.7	0.3	1.3	−0.9	−0.5	−0.6	0.2	0.1
备注										
贸易收益/损失	0.9	−1.3	0.2	0.9	−0.2	0.1	−0.6	−0.5	−0.8	−0.6
国内收入	−3.6	0.3	0.6	−7.0	5.1	1.9	−1.1	0.1	−1.5	0.5
国外净收入	−0.4	0.2	0.0	−0.6	0.1	0.3	0.1	0.1	−0.1	0.1
收入	−0.8	0.2	−0.1	−0.8	0.1	0.0	0.2	0.2	−0.1	0.2
支付	0.4	−0.1	0.2	0.2	0.0	0.2	−0.2	−0.1	0.0	−0.1
国民收入	−3.9	0.4	0.6	−7.3	5.0	2.1	−1.0	0.2	−1.6	0.6
固定资本形成总额	−1.2	−0.4	0.2	−1.0	−0.2	0.3	0.0	0.2	−0.6	−0.2

注:环比贡献。

资料来源:日本内阁府。

2.3.04 日本工业生产指标

单位:%

年份 月份	工业生产增长率	制造业增长率	制造业产能利用率指数（2015 年=100）	服务业活动指数（2010 年=100）
2014 年	**2.0**	**1.9**	**100.1**	**99.6**
2015 年	**-1.2**	**-1.1**	**100.0**	**100.0**
2016 年	**0.0**	**0.0**	**99.4**	**100.6**
2017 年	**3.1**	**3.1**	**99.1**	**101.5**
2018 年	**1.1**	**1.1**	**98.6**	**102.8**
2019 年	**-3.0**	**-3.0**	**98.1**	**103.1**
2020 年	**-10.4**	**-10.3**	**97.7**	**96.0**
1 月	-2.6	-2.6	98.4	97.7
2 月	-5.8	-5.8	98.3	96.3
3 月	-5.4	-5.4	98.2	107.5
4 月	-15.5	-15.6	97.6	86.9
5 月	-27.0	-27.0	97.7	83.1
6 月	-18.4	-18.4	97.6	94.0
7 月	-15.9	-15.9	97.6	94.9
8 月	-14.0	-14.0	97.6	93.8
9 月	-9.1	-9.1	97.3	98.0
10 月	-3.4	-3.5	97.3	98.4
11 月	-4.1	-4.1	97.3	97.1
12 月	-2.9	-2.9	97.3	104.2
2021 年	**5.8**	**5.7**	**96.6**	**97.1**
1 月	-5.3	-5.3	97.1	92.3
2 月	-2.0	-2.0	97.1	90.9
3 月	3.4	3.3	97.0	109.3
4 月	15.8	15.8	96.7	95.5
5 月	21.1	21.1	96.5	91.5
6 月	23.0	23.1	96.6	96.7
7 月	11.6	11.6	96.5	96.8
8 月	8.8	8.8	96.4	93.8
9 月	-2.3	-2.3	96.2	97.1
10 月	-4.1	-4.1	96.1	97.6
11 月	5.1	5.1	96.2	98.0
12 月	2.7	2.7	96.2	105.2

注:工业生产和制造业增长率均为同比。

资料来源:日本经济产业省。

2.3.05 日本就业人数和失业率

年份	月份	劳动力总数（万人）	就业人数（万人）	失业人数（万人）	失业率（%）
2014年		**6609**	**6371**	**236**	**3.6**
2015年		**6625**	**6402**	**222**	**3.4**
2016年		**6678**	**6470**	**208**	**3.1**
2017年		**6732**	**6542**	**190**	**2.8**
2018年		**6849**	**6682**	**167**	**2.4**
2019年		**6912**	**6750**	**162**	**2.4**
2020年		**6902**	**6710**	**192**	**2.8**
	1月	6928	6764	165	2.4
	2月	6931	6761	167	2.4
	3月	6938	6758	175	2.5
	4月	6845	6664	178	2.6
	5月	6865	6674	190	2.8
	6月	6867	6676	191	2.8
	7月	6870	6672	198	2.9
	8月	6893	6689	205	3.0
	9月	6901	6696	207	3.0
	10月	6925	6711	217	3.1
	11月	6939	6739	204	2.9
	12月	6926	6719	210	3.0
2021年		**6907**	**6713**	**195**	**2.8**
	1月	6929	6726	206	3.0
	2月	6936	6730	204	2.9
	3月	6915	6721	187	2.7
	4月	6914	6712	197	2.8
	5月	6908	6704	202	2.9
	6月	6916	6715	201	2.9
	7月	6933	6739	193	2.8
	8月	6911	6719	192	2.8
	9月	6890	6702	190	2.8
	10月	6864	6683	184	2.7
	11月	6872	6685	192	2.8
	12月	6897	6712	187	2.7

注：月度数据均经过季节调整。

资料来源：日本统计局。

2.3.06 日本消费价格涨跌率和生产者价格涨跌率

单位：%

年份	月份	消费价格涨跌率		生产者价格涨跌率	
		环比	同比	环比	同比
2014年			**2.7**		**3.2**
2015年			**0.8**		**−2.3**
2016年			**−0.1**		**−3.5**
2017年			**0.5**		**2.3**
2018年			**1.0**		**2.6**
2019年			**0.5**		**0.2**
2020年			**0.0**		**−1.1**
	1月	−0.1	0.7	0.0	1.5
	2月	−0.2	0.4	−0.4	0.7
	3月	0.0	0.4	−0.8	−0.4
	4月	−0.1	0.1	−1.6	−2.4
	5月	0.0	0.1	−0.5	−2.7
	6月	−0.2	0.1	0.6	−1.6
	7月	0.1	0.3	0.6	−0.9
	8月	0.1	0.2	0.1	−0.6
	9月	−0.2	0.0	−0.2	−0.8
	10月	−0.1	−0.4	−0.3	−2.2
	11月	−0.3	−0.9	−0.1	−2.4
	12月	−0.2	−1.2	0.5	−2.1
2021年			**−0.2**		**4.8**
	1月	0.5	−0.7	0.6	−1.5
	2月	−0.1	−0.5	0.5	−0.6
	3月	0.1	−0.4	1.0	1.2
	4月	−0.8	−1.1	0.9	3.7
	5月	0.3	−0.8	0.7	4.9
	6月	0.1	−0.5	0.9	5.2
	7月	0.2	−0.3	1.1	5.8
	8月	0.0	−0.4	0.2	5.9
	9月	0.4	0.2	0.4	6.5
	10月	−0.2	0.1	1.5	8.4
	11月	0.2	0.6	0.6	9.2
	12月	0.0	0.8	0.0	8.7

资料来源：日本统计局和日本央行。

2.3.07 日本进出口贸易和外国直接投资

单位：亿日元

年份	月份	进出口贸易			外国直接投资		
		出口额	进口额	出口减进口	流入	流出	流入减流出
2014年		**730930**	**859091**	**-128161**	**20745**	**146622**	**-125877**
2015年		**756139**	**784055**	**-27916**	**6272**	**167591**	**-161319**
2016年		**700358**	**660420**	**39938**	**44915**	**193502**	**-148587**
2017年		**782865**	**753792**	**29072**	**21144**	**195262**	**-174118**
2018年		**814788**	**827033**	**-12246**	**27949**	**177041**	**-149092**
2019年		**769317**	**785995**	**-16678**	**43842**	**282027**	**-238185**
2020年		**683991**	**680108**	**3883**	**67130**	**163163**	**-96033**
	1月	61263	61335	-73	-4964	12760	-17724
	2月	62831	56695	6136	806	11755	-10949
	3月	58886	61305	-2419	4680	22697	-18017
	4月	49848	61315	-11467	-1081	15716	-16797
	5月	45579	54279	-8699	2555	11657	-9102
	6月	47472	53119	-5647	48274	28879	19395
	7月	51456	52558	-1101	-1014	17606	-18620
	8月	55739	52919	2820	3812	8045	-4233
	9月	60376	54617	5759	5747	5883	-136
	10月	62826	56941	5885	-2300	4955	-7255
	11月	62322	54837	7486	3645	6653	-3008
	12月	63340	56279	7061	6970	16558	-9588
2021年		**830914**	**847607**	**-16694**	**31246**	**162547**	**-131301**
	1月	67036	60210	6827	10608	26054	-15446
	2月	62416	63196	-781	1140	10840	-9700
	3月	66689	64104	2585	6282	18647	-12365
	4月	68010	68829	-819	-10595	11227	-21822
	5月	68679	68827	-148	180	9887	-9707
	6月	69979	71800	-1821	7090	5289	1801
	7月	70159	70534	-375	-1517	16788	-18305
	8月	70672	73814	-3142	3486	19075	-15589
	9月	68318	73948	-5631	6979	8120	-1141
	10月	70535	74300	-3765	1750	4743	-2993
	11月	73666	78341	-4675	2887	13744	-10857
	12月	73999	78121	-4123	2955	18134	-15179

注：月度贸易额为季节调整后数据。

资料来源：日本财务省。

2.3.08 日本景气指数

年份	月份	先行指数	同步指数	滞后指数	消费者信心指数	企业家信心指数
2020 年						
	1 月	90.8	95.3	101.8	39.2	42.1
	2 月	91.4	94.5	101.1	38.2	26.7
	3 月	86.2	91.1	100.5	31.1	18.0
	4 月	79.4	80.5	97.3	21.3	14.3
	5 月	78.0	73.4	92.6	24.1	31.6
	6 月	83.9	77.6	92.9	28.5	40.8
	7 月	87.3	80.6	92.4	29.5	37.4
	8 月	89.8	82.0	91.7	29.3	42.0
	9 月	93.5	84.6	91.6	32.8	46.9
	10 月	95.5	88.3	91.5	33.3	47.8
	11 月	97.6	88.5	91.3	33.6	39.6
	12 月	98.1	89.0	91.0	31.8	39.6
2021 年						
	1 月	99.2	91.4	91.2	30.0	42.9
	2 月	99.9	90.1	90.9	33.7	52.2
	3 月	102.9	93.2	93.6	36.1	48.9
	4 月	104.1	95.2	93.7	34.8	44.4
	5 月	103.6	92.6	93.2	34.2	47.4
	6 月	105.1	94.7	94.5	37.6	51.8
	7 月	104.9	94.3	95.0	37.5	49.8
	8 月	102.3	91.4	93.9	36.6	45.3
	9 月	100.9	89.3	93.6	38.0	54.8
	10 月	102.1	90.9	93.4	39.2	54.6
	11 月	103.7	94.4	94.0	39.2	51.2
	12 月	104.7	94.8	94.7	38.8	48.5

注：先行指数、同步指数和滞后指数以 2015 年为 100。

消费者信心指数和企业家信心指数是 50 为基点的百分点差值。

资料来源：日本内阁府。

2.3.09 日本利率

单位:%

年份 月份	官方利率	基本贷款利率	隔夜拆借利率
2014年	**0.30**	**1.475**	**0.068**
2015年	**0.30**	**1.475**	**0.073**
2016年	**0.30**	**1.475**	**-0.026**
2017年	**0.30**	**1.475**	**-0.048**
2018年	**0.30**	**1.475**	**-0.060**
2019年	**0.30**	**1.475**	**-0.052**
2020年	**0.30**	**1.475**	**-0.035**
1月	0.30	1.475	-0.032
2月	0.30	1.475	-0.016
3月	0.30	1.475	-0.047
4月	0.30	1.475	-0.036
5月	0.30	1.475	-0.047
6月	0.30	1.475	-0.048
7月	0.30	1.475	-0.028
8月	0.30	1.475	-0.035
9月	0.30	1.475	-0.054
10月	0.30	1.475	-0.020
11月	0.30	1.475	-0.032
12月	0.30	1.475	-0.026
2021年	**0.30**	**1.475**	**-0.035**
1月	0.30	1.475	-0.017
2月	0.30	1.475	-0.016
3月	0.30	1.475	-0.017
4月	0.30	1.475	-0.012
5月	0.30	1.475	-0.017
6月	0.30	1.475	-0.029
7月	0.30	1.475	-0.036
8月	0.30	1.475	-0.034
9月	0.30	1.475	-0.022
10月	0.30	1.475	-0.027
11月	0.30	1.475	-0.040
12月	0.30	1.475	-0.026

资料来源:日本央行统计月报。

2.4.01 其他主要国家和地区国内生产总值同比增长率

单位:%

年度	季度	加拿大	英国	南非	巴西	印度	俄罗斯	韩国	墨西哥	中国香港	中国台湾	越南	印度尼西亚
2009年		**-2.9**	**-4.2**	**-1.3**	**-0.1**	**8.5**	**-7.8**	**0.8**	**-5.3**	**-2.5**	**-1.6**	**5.4**	**4.6**
2010年		**3.1**	**2.1**	**3.1**	**7.5**	**10.3**	**4.5**	**6.8**	**5.1**	**6.8**	**10.3**	**6.4**	**6.2**
2011年		**3.1**	**1.5**	**3.3**	**4.0**	**6.6**	**4.3**	**3.7**	**3.7**	**4.8**	**3.7**	**6.2**	**6.2**
2012年		**1.8**	**1.5**	**2.2**	**1.9**	**5.5**	**4.0**	**2.4**	**3.6**	**1.7**	**2.2**	**5.3**	**6.0**
2013年		**2.3**	**1.9**	**2.5**	**3.0**	**6.4**	**1.8**	**3.2**	**1.4**	**3.1**	**2.5**	**5.4**	**5.6**
2014年		**2.9**	**3.0**	**1.4**	**0.5**	**7.4**	**0.7**	**3.2**	**2.8**	**2.8**	**4.7**	**6.0**	**5.0**
2015年		**0.7**	**2.6**	**1.3**	**-3.6**	**8.0**	**-2.0**	**2.8**	**3.3**	**2.4**	**1.5**	**6.7**	**4.9**
2016年		**1.0**	**2.3**	**0.7**	**-3.3**	**8.3**	**0.2**	**2.9**	**2.6**	**2.2**	**2.2**	**6.2**	**5.0**
2017年		**3.0**	**2.1**	**1.2**	**1.3**	**6.8**	**1.8**	**3.2**	**2.1**	**3.8**	**3.3**	**6.8**	**5.1**
2018年		**2.8**	**1.7**	**1.5**	**1.8**	**6.5**	**2.8**	**2.9**	**2.2**	**2.8**	**2.8**	**7.1**	**5.2**
2019年		**1.9**	**1.7**	**0.1**	**1.4**	**4.0**	**2.0**	**2.2**	**-0.2**	**-1.7**	**3.1**	**7.0**	**5.0**
2020年		**-5.2**	**-9.4**	**-6.4**	**-4.1**	**-7.3**	**-3.0**	**-0.9**	**-8.2**	**-6.5**	**3.4**	**2.9**	**-2.1**
	1季度	-0.4	-2.1	0.5	-0.1	3.0	1.4	1.5	-1.0	-9.3	3.0	3.7	3.0
	2季度	-12.6	-21.2	-16.8	-10.7	-24.4	-7.8	-2.6	-18.7	-9.4	0.6	0.4	-5.3
	3季度	-5.1	-7.8	-5.8	-3.7	-7.4	-3.5	-1.0	-8.5	-4.1	4.3	2.7	-3.5
	4季度	-3.1	-6.4	-3.5	-0.9	0.5	-1.8	-1.1	-4.4	-3.4	5.3	4.5	-2.2
2021年		**4.6**	**7.5**	**4.9**	**4.6**	**8.3**	**4.7**	**4.0**	**4.8**	**6.4**	**6.5**	**2.6**	**3.7**
	1季度	0.2	-5.0	-2.6	1.3	1.6	-0.3	1.9	-3.8	8.0	9.2	4.7	-0.7
	2季度	11.7	24.6	19.1	12.3	20.1	10.5	6.0	19.9	7.6	7.8	6.7	7.1
	3季度	3.8	7.0	2.9	4.0	8.4	4.0	4.0	4.5	5.5	3.4	-6.0	3.5
	4季度	3.3	6.5	1.7	1.6	5.4	5.0	4.1	1.0	4.8	4.9	5.2	5.0

注:印度为财政年度。2009-2011 财年数据依据 2004-05 年不变价,2012 财年以后数据依据 2011-12 年不变价。

资料来源:各经济体官方统计网站。

2.4.02 其他主要国家和地区居民消费价格同比涨跌率

单位:%

年度	季度	加拿大	英国	南非	巴西	印度	俄罗斯	韩国	墨西哥	中国香港	中国台湾	越南	印度尼西亚
2010 年		**1.8**	**2.5**	**4.1**	**5.0**	**12.0**	**6.8**	**2.9**	**4.2**	**2.3**	**1.0**	**9.2**	**5.1**
2011 年		**2.9**	**3.9**	**5.0**	**6.6**	**8.9**	**8.4**	**4.0**	**3.4**	**5.3**	**1.4**	**18.7**	**5.4**
2012 年		**1.5**	**2.6**	**5.7**	**5.4**	**9.3**	**5.1**	**2.2**	**4.1**	**4.1**	**1.9**	**9.1**	**4.3**
2013 年		**0.9**	**2.3**	**5.8**	**6.2**	**11.1**	**6.8**	**1.3**	**3.8**	**4.3**	**0.8**	**6.6**	**6.4**
2014 年		**1.9**	**1.5**	**6.1**	**6.3**	**6.6**	**7.8**	**1.3**	**4.0**	**4.4**	**1.2**	**4.1**	**6.4**
2015 年		**1.1**	**0.4**	**4.5**	**9.0**	**4.9**	**15.5**	**0.7**	**2.7**	**3.0**	**-0.3**	**0.6**	**6.4**
2016 年		**1.4**	**1.0**	**6.6**	**8.7**	**4.9**	**7.0**	**1.0**	**2.8**	**2.4**	**1.4**	**2.7**	**3.5**
2017 年		**1.6**	**2.6**	**5.2**	**3.4**	**3.3**	**3.7**	**1.9**	**6.0**	**1.5**	**0.6**	**3.5**	**3.8**
2018 年		**2.3**	**2.3**	**4.5**	**3.7**	**3.9**	**2.9**	**1.5**	**4.9**	**2.4**	**1.4**	**3.5**	**3.2**
2019 年		**1.9**	**1.7**	**4.1**	**3.7**	**3.7**	**4.5**	**0.4**	**3.6**	**2.9**	**0.6**	**2.8**	**3.0**
2020 年		**0.7**	**1.0**	**3.2**	**3.2**	**6.6**	**3.4**	**0.5**	**3.4**	**0.3**	**-0.2**	**3.2**	**1.9**
2021 年		**3.4**	**2.6**	**4.6**	**8.3**	**5.1**	**6.7**	**2.5**	**5.7**	**1.6**	**2.0**	**1.8**	**1.6**
	1 月	1.0	0.7	3.2	4.6	4.1	5.2	0.9	3.5	2.6	-0.2	-1.0	1.6
	2 月	1.1	0.4	2.9	5.2	5.0	5.7	1.4	3.8	0.5	1.4	0.7	1.4
	3 月	2.2	0.7	3.2	6.1	5.5	5.8	1.9	4.7	0.6	1.2	1.2	1.4
	4 月	3.4	1.5	4.4	6.8	4.2	5.5	2.5	6.1	0.8	2.1	2.7	1.4
	5 月	3.6	2.1	5.2	8.1	6.3	6.0	2.6	5.9	1.0	2.5	2.9	1.7
	6 月	3.1	2.5	4.9	8.4	6.3	6.5	2.3	5.9	0.7	1.8	2.4	1.3
	7 月	3.7	2.0	4.7	9.0	5.6	6.5	2.6	5.8	3.7	1.9	2.6	1.5
	8 月	4.1	3.2	4.9	9.7	5.3	6.7	2.6	5.6	1.6	2.3	2.8	1.6
	9 月	4.4	3.1	5.0	10.3	4.4	7.4	2.4	6.0	1.4	2.6	2.1	1.6
	10 月	4.7	4.2	5.0	10.7	4.5	8.1	3.2	6.2	1.7	2.5	1.8	1.7
	11 月	4.7	5.1	5.4	10.7	4.9	8.4	3.8	7.4	1.8	2.8	2.1	1.8
	12 月	4.8	5.4	5.9	10.1	5.6	8.4	3.7	7.4	2.4	2.6	1.8	1.9
2022 年													
	1 月	5.1	5.5	5.7	10.4	6.0	8.7	3.6	7.1	1.2	2.8	1.9	2.2

资料来源:各经济体官方统计网站。

2.4.03 其他主要国家和地区失业率

单位:%

年度	月份	加拿大	英国	南非	巴西	印度	俄罗斯	韩国	墨西哥	中国香港	中国台湾	越南	印度尼西亚
2010 年		**8.1**	**7.8**	**24.7**	**7.3**	**5.5**	**7.4**	**3.7**	**5.3**	**4.3**	**5.2**	**2.9**	**5.6**
2011 年		**7.5**	**8.0**	**24.6**	**6.9**	**5.4**	**6.5**	**3.4**	**5.2**	**3.4**	**4.4**	**2.2**	**5.2**
2012 年		**7.3**	**7.9**	**24.7**	**7.2**	**5.4**	**5.4**	**3.2**	**4.9**	**3.3**	**4.2**	**2.0**	**4.5**
2013 年		**7.1**	**7.5**	**24.6**	**7.0**	**5.4**	**5.5**	**3.1**	**4.9**	**3.4**	**4.2**	**2.2**	**4.3**
2014 年		**6.9**	**6.1**	**24.9**	**6.7**	**5.4**	**5.2**	**3.5**	**4.8**	**3.3**	**4.0**	**2.1**	**4.1**
2015 年		**6.9**	**5.3**	**25.1**	**8.4**	**5.4**	**5.6**	**3.6**	**4.3**	**3.3**	**3.8**	**2.3**	**4.5**
2016 年		**7.0**	**4.8**	**26.5**	**11.6**	**5.4**	**5.6**	**3.7**	**3.9**	**3.4**	**3.9**	**2.3**	**4.3**
2017 年		**6.3**	**4.3**	**27.0**	**12.8**	**5.4**	**5.2**	**3.7**	**3.4**	**3.1**	**3.8**	**2.2**	**3.9**
2018 年		**5.8**	**4.0**	**26.9**	**12.3**	**5.3**	**4.8**	**3.8**	**3.3**	**2.8**	**3.7**	**2.2**	**4.4**
2019 年		**5.7**	**3.7**	**28.5**	**11.9**	**5.3**	**4.5**	**3.8**	**3.5**	**2.9**	**3.7**	**2.2**	**3.6**
2020 年		**9.5**	**4.5**	**29.2**	**13.7**	**8.0**	**5.6**	**4.0**	**4.4**	**5.8**	**3.9**	**2.5**	**4.3**
2021 年		**7.5**	**4.6**	**34.3**	**13.4**	**7.8**	**4.8**	**3.7**	**4.1**	**5.5**	**4.0**		
	1月	9.4	5.1		14.2	6.5	5.8	5.4	4.7	7.0	3.8		
	2月	8.2	5.0		14.4	6.9	5.7	4.0	4.4	7.2	3.7		
	3月	7.5	4.9	32.6	14.7	6.5	5.4	3.9	3.9	6.8	3.7	2.4	6.3
	4月	8.1	4.8		14.7	8.0	5.2	3.7	4.7	6.4	3.7		
	5月	8.2	4.8		14.6	11.9	4.9	3.8	4.0	6.0	4.2		
	6月	7.8	4.7	34.4	14.2	9.2	4.8	3.7	4.0	5.5	4.8	2.6	
	7月	7.5	4.6		13.7	7.0	4.5	3.3	4.4	5.0	4.4		
	8月	7.1	4.5		13.1	8.3	4.4	2.8	4.3	4.7	4.1		
	9月	6.9	4.3	34.9	12.6	6.9	4.3	3.0	4.2	4.5	3.9	3.7	6.5
	10月	6.7	4.2		12.1	7.7	4.3	3.2	3.9	4.3	3.8		
	11月	6.0	4.1		11.6	7.0	4.3	3.1	3.7	4.1	3.7		
	12月	6.0	4.1	35.3	11.1	8.0	4.3	3.8	3.5	3.9	3.7		
2022 年													
	1月	6.5	3.9		11.2	6.6	4.4	3.6	3.7	3.9	3.7		

注:①南非失业率为所在月度的季度失业率。

②英国和中国香港月度数据为截至当月的 3 个月移动平均失业率。

③加拿大、英国、韩国和中国香港为经季节因素调整后的失业率。

资料来源:各经济体官方统计网站。

2.4.04 其他主要国家和地区进出口额

单位：亿美元

年份	月份	加拿大			英国			南非			巴西		
		出口额	进口额	出口减进口	出口额	进口额	出口减进口	出口额	进口额	出口减进口	出口额	进口额	出口减进口
2010 年		**3861.8**	**3905.4**	**-43.6**	**4024.9**	**5540.0**	**-1515.1**	**818.3**	**801.3**	**17.0**	**2019.2**	**1914.4**	**104.8**
2011 年		**4548.4**	**4512.5**	**35.9**	**5016.7**	**6732.1**	**-1715.4**	**980.5**	**1002.6**	**-22.1**	**2560.4**	**2369.6**	**190.8**
2012 年		**4556.0**	**4740.0**	**-184.0**	**4788.0**	**7028.0**	**-2240.0**	**999.7**	**1041.5**	**-41.8**	**2425.8**	**2333.9**	**91.9**
2013 年		**4583.0**	**4736.0**	**-153.0**	**5468.0**	**6622.0**	**-1154.0**	**959.1**	**1034.7**	**-75.7**	**2420.0**	**2505.6**	**-85.6**
2014 年		**4763.0**	**4753.0**	**10.0**	**5108.0**	**6941.0**	**-1833.0**	**930.4**	**998.8**	**-68.4**	**2251.0**	**2391.6**	**-140.6**
2015 年		**4101.0**	**4301.0**	**-201.0**	**4658.0**	**6300.0**	**-1642.0**	**810.0**	**856.5**	**-46.4**	**1911.3**	**1790.9**	**120.4**
2016 年		**3899.9**	**4129.0**	**-229.0**	**4109.0**	**6367.0**	**-2258.0**	**762.2**	**751.0**	**11.1**	**1852.4**	**1434.1**	**418.2**
2017 年		**4206.7**	**4436.5**	**-223.0**	**4410.0**	**6410.0**	**-2000.0**	**889.5**	**832.0**	**57.5**	**2177.4**	**1575.4**	**602.0**
2018 年		**4507.0**	**4705.0**	**-201.0**	**4864.4**	**6723.0**	**-1858.6**	**939.7**	**933.5**	**6.2**	**2392.9**	**1885.6**	**507.2**
2019 年		**4466.0**	**4638.0**	**-172.0**	**4696.9**	**6958.0**	**-2261.1**	**900.2**	**880.8**	**19.4**	**2254.0**	**1773.0**	**481.0**
2020 年		**3906.7**	**4137.1**	**-230.4**	**4033.2**	**6347.1**	**-2313.9**	**858.4**	**688.5**	**169.8**	**2129.0**	**1523.0**	**606.0**
2021 年		**5033.8**	**4992.0**	**41.8**	**4680.5**	**6943.9**	**-2263.4**	**1226.3**	**930.3**	**296.0**	**2806.4**	**2193.9**	**612.5**
	1 月	372.8	350.8	22.0	274.2	483.0	-208.8	72.4	64.6	7.8	149.6	151.7	-2.1
	2 月	358.8	349.6	9.2	365.9	485.0	-119.1	86.7	67.1	19.5	163.7	145.4	18.3
	3 月	428.2	444.2	-16.0	483.0	582.0	-99.0	112.3	77.1	35.2	243.3	178.6	64.7
	4 月	391.0	406.6	-15.6	375.6	543.3	-167.7	111.8	76.5	35.4	260.1	161.0	99.1
	5 月	411.5	423.4	-11.9	381.7	560.9	-179.2	116.3	77.5	38.9	261.8	176.5	85.3
	6 月	452.3	431.9	20.4	380.8	631.7	-250.9	119.4	78.2	41.2	282.4	178.4	104.0
	7 月	410.5	416.7	-6.2	370.6	585.9	-215.3	99.7	74.3	25.4	255.2	181.3	73.9
	8 月	428.0	426.3	1.7	332.0	548.4	-216.5	107.5	78.9	28.6	272.2	195.5	76.7
	9 月	415.2	411.9	3.3	393.5	623.6	-230.2	97.9	88.9	9.0	243.8	199.8	44.0
	10 月	442.5	443.4	-1.0	463.6	622.9	-159.3	99.6	86.3	13.3	226.0	205.4	20.6
	11 月	464.8	445.2	19.6	402.7	655.2	-252.6	104.7	81.7	23.0	204.7	216.1	-11.4
	12 月	458.3	442.2	16.1	457.0	622.0	-165.0	98.1	79.3	18.8	243.6	204.2	39.4
2022 年													
	1 月										196.7	198.5	-1.8

注：加拿大和英国数据经过季节调整。

资料来源：各经济体官方统计网站和世界贸易组织。

2.4.04 续表 1

单位：亿美元

年份	月份	印度			俄罗斯			韩国			墨西哥		
		出口额	进口额	出口减进口	出口额	进口额	出口减进口	出口额	进口额	出口减进口	出口额	进口额	出口减进口
2010 年		**2142.6**	**3249.7**	**−1107.1**	**4000.2**	**2484.0**	**1516.2**	**4672.1**	**4251.4**	**420.7**	**2983.6**	**3106.3**	**−122.7**
2011 年		**3029.1**	**4644.6**	**−1615.5**	**5219.7**	**3232.1**	**1987.6**	**5554.1**	**5243.5**	**310.6**	**3493.8**	**3610.7**	**−116.9**
2012 年		**2968.1**	**4885.9**	**−1917.8**	**5292.6**	**3354.5**	**1938.1**	**5478.7**	**5195.9**	**282.8**	**3707.1**	**3804.8**	**−97.7**
2013 年		**3148.0**	**4654.0**	**−1506.0**	**5218.4**	**3412.7**	**1805.7**	**5596.3**	**5155.8**	**440.5**	**3800.1**	**3909.7**	**−109.5**
2014 年		**3227.0**	**4629.0**	**−1402.0**	**4968.1**	**3078.8**	**1889.3**	**5726.6**	**5255.1**	**471.5**	**3969.1**	**4115.8**	**−146.7**
2015 年		**2680.0**	**3941.0**	**−1261.0**	**3414.2**	**1930.2**	**1484.0**	**5267.6**	**4365.0**	**902.6**	**3805.5**	**4052.8**	**−247.3**
2016 年		**2645.0**	**3616.0**	**−971.0**	**2817.1**	**1914.9**	**902.2**	**4954.3**	**4061.9**	**892.4**	**3739.5**	**3975.2**	**−235.7**
2017 年		**2992.0**	**4499.0**	**−1507.0**	**3531.0**	**2383.8**	**1147.2**	**5737.1**	**4784.8**	**952.3**	**4094.0**	**4203.9**	**−109.9**
2018 年		**3247.6**	**5145.0**	**−1897.4**	**4431.3**	**2487.0**	**1944.3**	**6048.6**	**5352.0**	**696.6**	**4507.1**	**4643.0**	**−135.9**
2019 年		**3243.0**	**4861.0**	**−1618.0**	**4198.6**	**2546.0**	**1652.6**	**5422.3**	**5033.4**	**388.9**	**4607.0**	**4552.9**	**54.1**
2020 年		**2754.1**	**3684.9**	**−930.9**	**3313.5**	**2397.7**	**915.8**	**5125.0**	**4676.0**	**449.0**	**4176.7**	**3831.9**	**344.8**
2021 年		**3911.9**	**5747.1**	**−1835.2**	**4944.0**	**3039.1**	**1905.0**	**6444.3**	**6148.6**	**295.8**	**4942.2**	**5037.1**	**−94.9**
	1 月	274.5	419.9	−145.4	267.8	176.6	91.2	480.1	442.6	37.6	326.7	339.1	−12.4
	2 月	279.3	405.4	−126.1	302.0	210.4	91.6	447.1	423.8	23.3	361.8	314.9	46.9
	3 月	344.5	483.8	−139.3	361.9	258.5	103.3	537.0	497.4	39.6	430.2	459.7	−29.5
	4 月	306.3	457.2	−150.9	368.6	262.8	105.9	512.2	508.9	3.3	407.7	392.7	15.0
	5 月	322.7	385.5	−62.8	349.3	246.0	103.3	507.3	479.0	28.3	408.0	404.6	3.4
	6 月	324.6	418.6	−94.0	435.1	252.9	182.2	547.8	504.2	43.6	426.7	419.1	7.6
	7 月	354.3	464.0	−109.7	447.1	262.9	184.2	554.6	536.7	17.9	408.9	449.5	−40.6
	8 月	332.8	470.9	−138.1	429.7	260.2	169.6	531.7	515.9	15.8	403.1	442.2	−39.0
	9 月	337.9	563.9	−226.0	453.3	255.0	198.2	559.2	516.4	42.8	416.8	440.8	−24.0
	10 月	356.5	553.7	−197.2	465.8	268.0	197.8	556.6	538.4	18.2	419.6	446.6	−27.0
	11 月	300.4	529.4	−229.0	489.6	279.0	210.6	603.5	573.5	30.0	455.9	457.0	−1.1
	12 月	378.1	594.8	−216.7	574.0	306.8	267.2	607.3	611.8	−4.5	476.9	471.0	5.9
2022 年													
	1 月	345.0	519.3	−174.3	459.3	247.5	211.7	553.2	602.1	−48.9	339.0	401.9	−62.9

资料来源：各经济体官方统计网站。

2.4.04 续表 2

单位:亿美元

年份 月份	中国香港			中国台湾			越南			印度尼西亚		
	出口额	进口额	出口减进口	出口额	进口额	出口减进口	出口额	进口额	出口减进口	出口额	进口额	出口减进口
2010 年	**3907.2**	**4334.4**	**-427.2**	**2746.5**	**2514.0**	**232.4**	**722.3**	**848.3**	**-126.0**	**1575.8**	**1294.5**	**281.3**
2011 年	**4292.2**	**4840.0**	**-547.8**	**3083.0**	**2816.1**	**266.9**	**969.0**	**1067.5**	**-98.5**	**2007.9**	**1762.0**	**245.9**
2012 年	**4431.4**	**5047.2**	**-615.9**	**3011.8**	**2704.7**	**307.1**	**1145.3**	**1137.8**	**7.5**	**1885.0**	**1903.8**	**-18.8**
2013 年	**5355.5**	**6222.8**	**-867.3**	**3114.3**	**2780.1**	**334.2**	**1320.3**	**1320.3**	**0.0**	**1835.5**	**1873.7**	**-38.2**
2014 年	**5241.3**	**6007.7**	**-766.3**	**3200.9**	**2818.5**	**382.4**	**1502.2**	**1478.5**	**23.7**	**1762.9**	**1781.8**	**-18.9**
2015 年	**5104.9**	**5587.7**	**-482.9**	**2853.4**	**2372.2**	**481.2**	**1620.7**	**1656.1**	**-35.4**	**1503.4**	**1427.3**	**76.1**
2016 年	**5166.4**	**5465.2**	**-298.8**	**2803.2**	**2305.7**	**497.5**	**1765.8**	**1748.1**	**17.8**	**1444.9**	**1356.5**	**88.4**
2017 年	**5498.6**	**5889.1**	**-390.5**	**3172.5**	**2592.7**	**579.8**	**2150.1**	**2129.2**	**20.9**	**1685.7**	**1568.9**	**116.8**
2018 年	**5684.5**	**6266.1**	**-581.6**	**3359.1**	**2863.4**	**495.7**	**2437.0**	**2368.6**	**68.4**	**1802.1**	**1887.1**	**-85.0**
2019 年	**5349.0**	**5778.0**	**-429.0**	**3293.0**	**2858.0**	**435.0**	**2642.7**	**2539.0**	**103.7**	**1685.0**	**1707.0**	**-22.0**
2020 年	**5487.7**	**5697.7**	**-209.9**	**3453.7**	**2865.6**	**588.1**	**2705.9**	**2529.0**	**176.9**	**1631.0**	**1416.0**	**215.0**
2021 年	**6699.0**	**7123.6**	**-424.5**	**4464.6**	**3811.7**	**652.9**	**3352.7**	**3306.3**	**46.4**	**2298.3**	**1960.3**	**338.1**
1 月	520.3	547.8	-27.5	342.7	280.8	61.9	285.5	264.6	20.9	152.9	133.3	19.6
2 月	410.9	427.0	-16.1	277.9	232.8	45.1	202.0	206.6	-4.6	152.6	132.7	19.9
3 月	546.6	584.7	-38.0	358.8	322.2	36.6	291.3	283.3	8.0	183.5	167.9	15.7
4 月	530.9	567.3	-36.3	349.1	287.6	61.5	265.5	277.7	-12.2	184.9	162.0	22.9
5 月	526.7	566.9	-40.1	374.1	312.4	61.7	261.9	282.7	-20.8	169.3	142.3	27.0
6 月	556.1	606.5	-50.4	366.5	315.0	51.5	272.0	276.6	-4.6	185.4	172.2	13.2
7 月	559.2	599.9	-40.8	379.5	320.3	59.2	278.6	291.1	-12.5	177.1	151.1	26.0
8 月	579.0	612.1	-33.1	395.4	360.5	34.9	272.3	273.4	-1.1	214.3	166.8	47.5
9 月	599.3	644.1	-44.8	396.3	331.9	64.4	270.3	266.7	3.6	206.1	162.3	43.8
10 月	575.0	616.8	-41.8	401.2	340.1	61.1	288.7	261.3	27.4	220.3	162.9	57.3
11 月	643.7	651.8	-8.2	415.8	358.6	57.2	318.7	306.1	12.6	228.4	193.3	35.1
12 月	651.4	698.9	-47.5	407.2	349.5	57.7	345.9	316.2	29.7	223.6	213.5	10.1
2022 年												
1 月				399.8	350.7	49.1	308.0	294.5	13.5	191.6	182.3	9.3

资料来源:各经济体官方统计网站和世界贸易组织。